外向型企业
知识产权服务指南

主　编　谢维雁　冯　雷
副主编　雷若寒

知识产权出版社

全国百佳图书出版单位

—北京—

图书在版编目（CIP）数据

外向型企业知识产权服务指南/谢维雁，冯雷主编；雷若寒副主编. —北京：知识产权出版社，2024.5

ISBN 978 - 7 - 5130 - 9348 - 4

Ⅰ.①外…　Ⅱ.①谢…②冯…③雷…　Ⅲ.①企业—知识产权—管理—中国—指南

Ⅳ.①D923.4 - 62

中国国家版本馆 CIP 数据核字（2024）第 083245 号

内容提要

本指南围绕我国外向型企业有关的知识产权基础知识、企业知识产权运营的全流程服务、企业在经营过程中涉及的知识产权常见问题的解决办法，以及来自海外的知识产权调查和诉讼等方面进行介绍。本指南可以为我国外向型企业的知识产权管理人员和员工，知识产权行政主管部门、公共服务机构的工作人员及相关研究人员等提供参考。

责任编辑：王玉茂　章鹿野	责任校对：王　岩
封面设计：任志霞	责任印制：刘译文

外向型企业知识产权服务指南

主　编　谢维雁　冯　雷
副主编　雷若寒

出版发行：知识产权出版社 有限责任公司		网　　址：http：//www.ipph.cn	
社　　址：北京市海淀区气象路 50 号院		邮　　编：100081	
责编电话：010 - 82000860 转 8541		责编邮箱：wangyumao@cnipr.com	
发行电话：010 - 82000860 转 8101/8102		发行传真：010 - 82000893/82005070/82000270	
印　　刷：三河市国英印务有限公司		经　　销：新华书店、各大网上书店及相关专业书店	
开　　本：787mm×1092mm　1/16		印　　张：18	
版　　次：2024 年 5 月第 1 版		印　　次：2024 年 5 月第 1 次印刷	
字　　数：371 千字		定　　价：100.00 元	

ISBN 978 - 7 - 5130 - 9348 - 4

出版权专有　侵权必究

如有印装质量问题，本社负责调换。

前　　言

一、本指南目的

本指南提到的企业均指外向型企业。近年来，随着全球经济、社会面临的巨大变化，在当前科技与产业革命的背景下，中国经济面临新的机遇和挑战。从 2020 年开始，国家多次强调构建以国内大循环为主体，国内国际双循环相互促进的新发展格局，以推动我国开放型经济向更高层次发展。❶

1. 为企业提供知识产权相关问题的指引

近年来，我国的外向型企业在运营过程中屡遭海外知识产权调查和诉讼，不仅给企业造成了经济和声誉上的损失，而且耗费了企业巨大的精力处理涉诉问题。在双循环发展格局的指导下，外向型企业应充分了解海外不断变化的投资环境，增强合规经营的意识。鉴于外向型企业在海外投资常见的知识产权风险，本指南将列出企业在运营过程中可能遇到的知识产权重点问题，并给出风险防范与应对的参考，从而更好地维护外向型企业的利益，促进企业自身的发展以及技术的进步。

国家层面对知识产权的重视有目共睹，出台了一系列的重大方针政策和战略规划。随着我国《民法典》❷的实施、知识产权相关法律的修改，有关知识产权的法律体系也在逐步健全。虽然作为市场主体的企业运用知识产权的能力已有很大进步，但总体而言，企业在知识产权的创造、保护、运用和管理方面的能力还有待进一步提高。特别是随着海外业务的扩大，企业海外的知识产权风险也随之增加。国家对知识产权从立法、司法和执法等方面进行全方位的保护，出台各类政策优化对知识产权的运用。知识产权行政主管部门亦通过各种方式贯彻落实对企业知识产权的保护，指导企业创造高价值知识产权，应对各类知识产权风险，帮助企业产品顺利出海。

---

❶ 新华社. 中共中央关于制定国民经济和社会发展第十四个五年规划和二〇三五年远景目标的建议［EB/OL］. (2020 – 11 – 03)［2022 – 01 – 26］. http: //www. gov. cn/zhengce/2020 – 11/03/content_5556991. html.

❷ 为表述简洁，在不影响读者理解的情况下，本书中有关我国法律文本直接使用简称，其完整表述前面应有"中华人民共和国"。——编辑注

2. 贯彻落实国家有关知识产权的重大方针政策

国家知识产权局于 2021 年 12 月 31 日发布的《知识产权公共服务"十四五"规划》，提出要加强涉外知识产权的公共服务，提升服务的国际化能力和水平，要发挥海外知识产权纠纷应对指导中心的作用，为企业提供高水平和专业化的指导，并为企业海外参展提供有效的知识产权保护和咨询服务。建立健全的海外知识产权风险防控机制，让企业轻松上阵参与国际市场，提升企业的国际竞争力。本指南的内容既可为企业相关人员作参考，同时积极响应《知识产权公共服务"十四五"规划》提出的要鼓励支持编制有关知识产权公共服务的实务读物，提升强化知识产权管理部门、公共服务机构的知识产权公共服务素养和实务能力等方面的内容。

同时，为深入贯彻党的二十大和十九届历次全会精神，立足新发展阶段、贯彻新发展理念、构建新发展格局，推动知识产权服务高质量发展，知识产权的信息服务要做到可及性和便利化，要满足创新主体的需求。遵循《知识产权公共服务"十四五"规划》提出的需求导向服务规范、问题导向提升效能的原则，本指南的内容按照外向型企业的知识产权获取、运用、保护、管理以及海外知识产权风险、知识产权信息服务等内容来编写。

二、外向型企业知识产权指南服务对象和服务内容

本指南服务的对象不仅包括外向型企业的知识产权管理人员及相关人员，还包括政府知识产权行政主管部门、公共服务机构的工作人员。本指南内容包括外向型企业有关的知识产权基础知识、企业知识产权运营的全流程服务指引，以及企业在经营过程中遇到的涉及知识产权常见问题的解决办法指引等。

目　　录

第一章　外向型企业与知识产权

第一节　外向型企业知识产权内涵

一、外向型企业的概念及范围

外向型企业见于 20 世纪 90 年代，是指在生产过程中基本立足于国内，商品交换活动面向国际市场，参与国际分工和国际竞争，以出口为导向的企业。[1] 近年来也有学者认为外向型企业是指在国内建立，以海外市场为主体的企业。外向型企业不仅推动了我国外向型经济体系的建立，是我国经济高速增长的主要贡献者，而且是引进国外先进技术的主体力量。[2]

本指南将外向型企业简单界定为企业在生产经营业务中，有出口业务、合资合作、跨国经营的企业。这类企业既包括生产加工型企业，也包括服务型企业和销售型企业。由于外向型企业面向国际市场，因此受国际市场以及国外政策和法律等因素的影响较大，特别是在当前以科技创新驱动发展的背景下，外向型企业在贸易中会面临更多的知识产权风险。虽然外向型企业当前的知识产权意识有所提高，但在国际环境中仍然面临诸多知识产权问题。例如面临海外知识产权侵权诉讼、接到律师函、遭遇临时禁令、知识产权相关贸易调查、海关执法、商业秘密纠纷、标准必要专利的知识产权问题以及技术引进中的知识产权风险，或企业因对自身知识产权保护不够，导致在海外被侵权等问题。

二、外向型企业涉及的知识产权主要类型

由于本指南将有出口业务、合资合作、跨国经营的企业视为外向型企业，涉及

---

[1] 徐莲英，傅玉华. 论外向型企业内涵及其特征 [J]. 求是学刊，1997 (2)：47 - 49.
[2] 陈帅男. 贸易摩擦背景下我国外向型企业面临的困境与应对策略 [J]. 对外经贸实务，2020 (7)：25 - 28.

此类企业的范围非常广泛，不仅包括生产型企业，而且包括销售型企业和服务型企业。这些企业涉及的知识产权主要为工业产权，其客体包括专利、商标、地理标志、集成电路布图设计、商业秘密、植物新品种等，同时包括计算机软件在内的著作权。本指南将重点内容放在指引服务企业经营过程中涉及的上述知识产权的获取、运用、保护与管理、侵权风险等方面。

第二节　外向型企业知识产权基础知识

一、专利权

专利技术是指受《专利法》保护的发明创造，专利权是指一项发明创造向专利主管部门提出专利申请，经依法审查合格后向专利申请人授予在法定期限内对该项发明创造享有的独占权或专有权。我国专利分为发明、实用新型和外观设计三类。

根据《专利法》第二条规定，发明和实用新型都是一种新的技术方案。发明是对产品、方法或其改进提出的新的技术方案。因而，发明可以涉及产品，也可以涉及制造方法。由于实用新型是对产品的形状、构造或者其结合所提出的适于实用的新的技术方案，因此，实用新型专利只能涉及产品，而不涉及方法。无固定形状的物质，不能申请实用新型专利。外观设计是指对产品的整体或者局部的形状、图案或者其结合以及色彩与形状、图案的结合所作出的富有美感并适于工业应用的新设计。外观设计的载体是产品，不涉及方法。虽然外观设计也是专利的一种，但它与发明和实用新型不同，它不是技术方案，而是一种设计方案。

根据《专利法》第二十二条和第六十四条规定，专利的授权条件，发明和实用新型须符合新颖性、创造性、实用性的要求。发明或实用新型专利权的保护范围以其权利要求书记载的内容为准，说明书及附图可以用于解释权利要求书的内容。外观设计须符合新颖性、区别性和不与他人在先权利相冲突。外观设计专利权的保护范围以表示在图片或照片中的产品的外观设计为准，简要说明可以用于解释图片或照片所表示的该产品的外观设计。

外向型企业由于业务涉及海外市场，有可能向海外申请专利，在向海外申请专利时须遵守《专利法》第十九条规定。在中国完成的发明或者实用新型向国外申请专利的，应当事先报经国务院专利行政部门进行保密审查。否则，在国外申请专利后，又在国内申请专利将不被授予专利权。

根据《专利法》第三十条规定，一般一项发明创造只能作为一件专利申请提出，同样的发明创造只能被授予一次专利权。但属于一个总的发明构思的两项以上的发明或者实用新型，可以作为一件专利申请提出。同一产品两项以上的相似外观设计，或者用于同一类别并且成套出售或者使用的产品的两项以上外观设计，也可以作为一件申请提出。

根据《专利法》第十一条规定，获授权的发明和实用新型，可以排除他人为生产经营目的制造、使用、许诺销售、销售、进口其专利产品，或者使用其专利方法以及使用、许诺销售、销售、进口依照该专利方法直接获得的产品。获授权的外观设计专利权，可以排除他人为生产经营目的制造、许诺销售、销售、进口其外观设计专利产品。

二、商标权

商标，在我国也称牌子或者品牌，是指商品或者服务的生产经营者采用的用于区别他人的商品或服务，具有显著性的标志。商标注册是取得商标专用权的基本途径。经国家知识产权局商标局核准注册的商标受法律保护，享有独占性的权利，包括使用权、禁止权、许可权和转让权等。我国的注册商标包括商品商标、服务商标和集体商标、证明商标。根据《商标法》第八条规定，可以作为商标申请注册的标志要能与他人的商品或服务区别开来，可以是文字、图形、字母、数字、三维标志、颜色组合和声音等，以及上述要素的组合。显著性是商标的核心，商标作为知识产权的一类，也是智力成果，它附着在商品或者服务上使用，产生一定的价值。

商标具有区别于他人商品或服务的作用，能够表明商品或服务的来源，企业通过对商品的长期使用以及对品牌的宣传，使商品或服务的质量、声誉与商标紧密联系在一起，消费者通过商标就可以联想到商品或服务的质量和声誉。对于外向型企业而言，商标对企业向海外发展业务有极其重要的作用。在布局海外业务时，提前在海外注册商标既可以避免侵权风险，也可以防止他人侵权，这样有助于企业顺利在海外参与市场竞争。过去，我国一些企业因为没有在国外申请注册商标而被侵权的案件屡次发生，使得多年树立的品牌价值在海外无法实现。

三、著作权

根据《著作权法》，著作权是指自然人、法人或者其他组织对文学、艺术和科学作品享有的财产权利和精神权利的总称。在我国，著作权通常又称版权。根据《著作权法》第三条规定，作品是指文学、艺术和科学领域内具有独创性并能以一定形式表现的智力成果，包括：文字作品；口述作品；音乐、戏剧、曲艺、舞蹈、杂技等艺术作品；美术、建筑作品；摄影作品；视听作品；工程设计图、产品设计图、地图、示意图等图形作品和模型作品；计算机软件；以及其他符合作品特征的智力成果。受《著作权法》保护的作品要符合独创性和能以有形形式表达的条件。

在企业知识产权实际运营与保护的实践中，著作权与商标权、发明专利、外观设计专利、集成电路布图设计等密切相关。企业的同一产品可能涉及多个类别的知识产权。

四、地理标志

我国《民法典》第一百二十三条规定，民事主体依法就地理标志享有专有的权利。地理标志商标在我国属于比较特殊的商标，在《商标法》中属于集体商标或证明商标。《商标法》第十六条规定，地理标志是指标示某商品来源于某地区，该商品的特定质量、信誉或者其他特征，主要由该地区的自然因素或者人文因素所决定的标志。《与贸易有关的知识产权协定》（TRIPS）明确要求，世界贸易组织（WTO）成员要对地理标志进行保护。

地理标志产品在我国由《地理标志产品保护规定》给予保护。《地理标志产品保护规定》第二条规定，地理标志产品，是指产自特定地域，所具有的质量、声誉或其他特性本质上取决于该产地的自然因素和人文因素，经审核批准以地理名称进行命名的产品。地理标志产品包括来自本地区的种植、养殖产品和原材料全部来自本地区或部分来自其他地区，并在本地区按照特定工艺生产和加工的产品。虽然《商标法》规定地理标志主要由自然因素或者人文因素所决定，但不论是地理标志商标还是地理标志产品，目前在审查实践中须同时具备自然因素和人文因素才能给予保护。

地理标志产品具有地域性、表明产品的质量和信誉，能反映一个地域的历史。地理标志产品要满足特定的环境、特定的产品、特定的品质和声誉或其他特征、品质与环境具有因果关系等条件。地理标志不一定必须包含地名，也不一定必须在农产品上使用，手工艺品和酒类都可以申请地理标志。地理标志保护的是产品的外在，而地理标志产品保护的是产品的质量。

我国现阶段地理标志的保护模式有两种，一种是通过集体商标或证明商标对地理标志加以保护，其次是对地理标志产品加以保护。地理标志的注册和地理标志产品的认定由国家知识产权局管理。由于现行保护模式的分立，人们通常易对地理标志和地理标志产品的保护产生混淆。

保护地理标志，可以保证产品品质，获取消费者信任，带动产业发展和当地经济发展。地理标志所有者要提高地理标志保护的意识，在本身产品已售罄的情况下如果放任侵权行为的存在，长期会产生劣币驱逐良币的不良后果。最终影响当地的产业发展。外向型企业一旦作为政府认定的地理标志使用者或受益者，则应当保护地理标志及其产品，以利于提升其国际知名度，使产品声誉获得海外消费者的认可，促进地理标志产品的贸易发展，开拓国际市场，并且能促进相关产业链的发展。

五、商业秘密

《反不正当竞争法》第九条第四款规定，商业秘密是指不为公众所知悉，具有商业价值，并经权利人采取保密措施的技术信息、经营信息等商业信息。这也是构成商业秘密的要件。技术秘密和经营秘密是商业秘密保护的两类客体。商业秘密在《反不正当竞争法》和《民法典》中均有规定。商业秘密与专利以公开技术方案换取法律的保护不同，商业秘密是非公开信息，可以自己使用，也可以转让给他人或者许可他人使用。《民法典》对技术秘密成果的归属、使用权、转让权和收益分配办法作了规定。通过技术许可合同和技术转让合同对商业秘密许可和转让也作了规定。商业秘密所有人可以转让或许可他人使用其所有的商业秘密。

任何一家企业都有自身的商业秘密，企业根据自身的战略规划和知识产权布局，对拥有的信息和资源，有的通过申请专利和注册商标加以保护，而有的信息则可能是当前不适宜加以公开，因此可作为商业秘密加以保护。

在外向型企业中，技术信息一般可以包括研发战略、技术方案、工程设计、电路设计、制造方法、配方、工艺流程、算法、技术指标、计算机软件源程序、数据库、各类图纸、样品、样机、模型、模具等。经营信息包括发展规划、竞争方案、客户名单、管理方法、产销策略、货源情报、广告策划、财务状况、投融资计划、招投标中的标书和标底、谈判方案等。商业秘密载体也可能是多种多样的，如信函、传真、备忘录、纪要、协议、合同、报告、手册、文档、软件代码、图纸、电子邮件等，甚至可以存在于人的大脑记忆中。

六、集成电路布图设计

《集成电路布图设计保护条例》第二条规定，集成电路，是指半导体集成电路，即以半导体材料为基片，将至少有一个是有源元件的两个以上元件和部分或者全部互连线路集成在基片之中或者基片之上，以执行某种电子功能的中间产品或者最终产品。通俗地说，它就是确定用以制造集成电路的电子元件在一个传导材料中的几何图形排列和连接的布局设计。而集成电路布图设计，是指集成电路中至少有一个是有源元件的两个以上元件和部分或者全部互连线路的三维配置，或者为制造集成电路而准备的上述三维配置。

集成电路布图设计是一种图形设计，不是工业品外观设计，不能适用专利法保护。它既不是一定思想的表达形式，也不具备艺术性，不构成作品，不能采用著作权法加以保护。在我国，它主要由《集成电路布图设计保护条例》加以保护。

《集成电路布图设计保护条例》第四条规定，受保护的布图设计应当具有独创性。独创性，是指该布图设计是创作者自己的智力劳动成果，并且在其创作时该布图设计在布图设计创作者和集成电路制造者中不是公认的常规设计；同时，受保护的由常规设计组成的布图设计，其组合作为整体应当具有独创性。可见，集成电路布图设计保护的是布图设计的全部或者其中任何具有独创性的部分。对布图设计的保护，不延及思想、处理过程、操作方法或者数学概念等。

布图设计专有权经国务院知识产权行政部门登记产生，未登记不受保护。布图设计专有权，是指通过申请注册后，依法获得的利用集成电路设计布图实现布图设计价值得到商业利益的权利。包括复制权、将布图设计或者含有该布图设计的集成电路或者含有该集成电路的物品投入商业利用的权利。集成电路布图设计专有权是TRIPS 规定的知识产权保护客体之一。

集成电路产业是信息产业的基础和核心，其布图设计成为各国经济发展和国际贸易关注的焦点。集成电路布图设计则是集成电路产业的重中之重，布图设计具有巨大的商业价值。众所周知，布图设计保护面临着中国芯片设计企业快速发展的挑战，对外向型企业而言，布图设计的知识产权保护仍然是开拓和维持海外市场竞争的重要手段之一。

七、计算机软件

《计算机软件保护条例》第二条和第三条规定，计算机软件是计算机系统中与硬件相互依存的一部分，包括计算机程序及其有关文档。计算机程序，是指为了得到某种结果而可以由计算机等具有信息处理能力的装置执行的代码化指令序列，或者可以被自动转换成代码化指令序列的符号化指令序列或者符号化语句序列。同一计算机程序的源程序和目标程序为同一作品。文档，是指用来描述程序的内容、组成、设计、功能规格、开发情况、测试结果及使用方法的文字资料和图表等，如程序设计说明书、流程图、用户手册等。

受保护的计算机软件必须由开发者独立开发，并已固定在某种有形物体上。由于计算机软件兼具作品性和工具性特点，计算机软件一般采用著作权给予保护，采用著作权保护不延及开发软件所用的思想、处理过程、操作方法或者数学概念。在某些特殊情况下，也可以通过专利权给予保护，但要符合专利客体的条件。计算机软件本身并不是专利的客体，但含有计算机程序的发明可以申请专利。

在符合商业秘密保护的条件下，也可通过商业秘密对有关文档给予保护。计算机软件的价值还体现在创作过程中的算法模型、组织结构、处理流程。运用著作权保护的计算机软件源代码和目标代码存在明显的缺陷，而采用商业秘密保护可弥补这一不足，可以保护程序设计流程图、组织结构和算法模型等信息。

第二章　外向型企业知识产权的获取

第一节　外向型企业国内知识产权的获取途径

一、专利权

（一）专利行政主管部门

国家知识产权局和地方各级知识产权管理部门是专利的行政主管机关。国家知识产权局负责管理全国的专利工作，统一受理和审查专利申请，依法授予专利权；执行《专利法》及其实施细则，研究相关专利管理机关的执法职能，监督各项专利法律、法规的执行，对违法侵权行为进行处罚。地方各级知识产权管理部门负责该行政区域内的专利管理工作。国家国防科技工业局（原国防科学技术工业主管部门）和国防部军委装备发展部（原中国人民解放军总装备部）分别负责地方系统和军队系统的国防专利管理工作。

（二）授权条件

1. 积极条件

积极条件主要包括新颖性、创造性、实用性。

（1）发明和实用新型

授予专利权的发明和实用新型应当具备新颖性、创造性和实用性。

（2）外观设计

授予专利权的外观设计应当具备新颖性、区别性，且不得与在先合法权利相冲突。

2. 消极条件

根据《专利法》第五条和第二十五条规定，不授予专利权的情形主要包括以下八种：①对违反法律、社会公德或者妨害公共利益的发明创造；②对违反法律、行政法规的规定获取或者利用遗传资源，并依赖该遗传资源完成的发明创造；③科学发现；④智力活动的规则和方法；⑤疾病的诊断和治疗方法；⑥动物和植物品种；⑦原子核变换方法以及用原子核变换方法获得的物质；⑧对平面印刷品的图案、色彩或者二者的结合作出的主要起标识作用的设计。

（三）单一性申请和分案申请

1. 单一性申请

根据《专利法》第三十一条规定，一件发明或者实用新型专利申请应当限于一项发明或者实用新型，属于一个总的发明构思的两项以上发明或者实用新型，可以作为一件申请提出。

2. 分案申请

以下三种情况需要提出分案申请：①原权利要求书中包含不符合单一性规定的两项以上发明；②在修改的申请文件中所增加或替换的独立权利要求与原权利要求书中的发明之间不具有单一性；③独立权利要求之一缺乏新颖性或创造性，其余的权利要求之间缺乏单一性。

（四）申请、审查和批准程序

根据《专利法》有关规定，发明、实用新型和外观设计专利的申请审批程序稍有不同。发明专利的审批周期比后两者长，其申请流程包括受理申请、初审、公布、实质审查、公告授权共五个阶段。而实用新型和外观设计专利申请在审批中没有早期公布和实质审查，只有受理、初审和公告授权三个阶段。

中国申请人既可以委托国家认可的专利代理机构办理申请业务，也可以不委托代理机构自行到国家知识产权局专利局办理。在中国没有经常居所或者营业所的外国人、外国企业或者外国其他组织在中国申请专利和办理其他专利业务的，则应当委托专利代理机构办理。

发明、实用新型和外观设计专利的申请审查流程如图2-1-1所示。

1. 专利申请的受理

专利申请可以采取纸质形式和电子形式两种方式。专利申请的受理机构是国家知识产权局专利局，审查和决定机构也是国家知识产权局专利局。国家知识产权局专利局受理的专利申请如涉及国防利益需要保密的，则将移交到国防专利机构进行审查。但授予国防专利权的决定仍由国家知识产权局专利局作出，由国家知识产权局专利局委托国防专利局颁发国防专利证书。

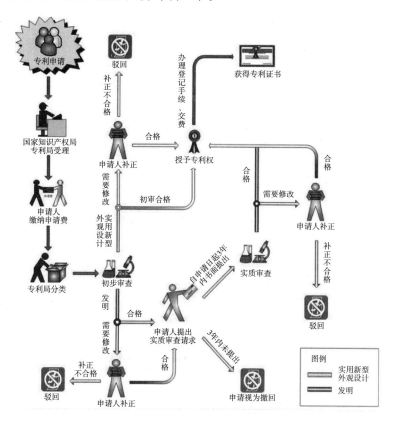

图2-1-1 发明、实用新型和外观设计专利的申请审查流程❶

（1）纸件申请

以纸质形式申请专利的，申请人可以向国家知识产权局专利局业务受理大厅或专利局各代办处受理窗口当面提交申请文件，或者将申请文件邮寄到国家知识产权局专利局受理处或专利局各代办处。提交的申请文件为一式一份。申请发明专利的，应当提交请求书、权利要求书、说明书及其摘要、说明书附图（必要时）。申请实用新型专利的，应当提交请求书、权利要求书、说明书及其摘要、说明书附图。申请外观设计专利的，应当提交请求书、该外观设计的图片或者照片以及对该外观设计的简要说明。当面提交和邮寄新申请专利的办理流程分别如图2-1-2和图2-1-3所示。

---

❶ 国家知识产权局．专利申请审批流程［EB/OL］．（2020－06－05）［2022－12－13］．https：//www. cnipa. gov. cn/art/2020/6/5/art_1517_92471. html.

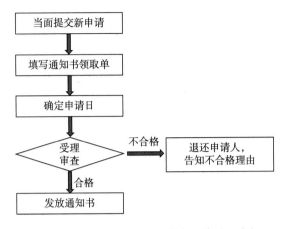

图 2 - 1 - 2　当面提交新申请专利的受理流程

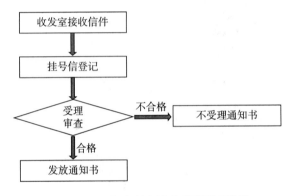

图 2 - 1 - 3　邮寄新申请专利的受理流程

（2）电子申请

以电子形式申请专利的，应当通过国家知识产权局"专利业务办理系统"进行。国家知识产权局于 2023 年 1 月 11 日开通"专利业务办理系统"，整合优化专利电子申请、专利费用信息网上补充及管理、专利事务服务、《专利合作条约》（PCT）国际专利申请、外观设计国际注册申请等多个业务系统。该系统支持网页版、移动端和客户端，注册用户可提交发明专利申请、实用新型专利申请、外观设计专利申请、PCT 专利申请、外观设计国际注册申请、PCT 进入国家阶段申请及相关业务，并可办理专利法律手续及专利事务服务、缴纳专利费用等业务。

此前已经在中国专利电子申请网客户端（CPC 客户端）和 PCT 申请国际阶段审查管理系统（CEPCT）离线电子申请客户端提交的业务可以在此系统继续办理。专利电子申请以电子文件形式提交相关专利申请文件及手续，提交文件的格式应符合《国家知识产权局专利业务办理系统办事指南》的相关要求。需注意的是，"专利业务办理系统"不接收保密专利申请文件，请求保密审查的专利申请文件，应当通过纸件方式提交至国家知识产权局专利局受理部门。

（3）受理审查

国家知识产权局专利局收到专利申请文件后，进行受理审查。专利申请文件未出现《专利法实施细则》第四十四条中规定的不受理情形的，予以受理，给予申请号，确定申请日，发出专利申请受理通知书和缴纳申请费通知书。

受理审查的内容具体有以下六项：①发明或者实用新型专利申请是否缺少请求书、说明书（实用新型无附图）或者权利要求书，或者外观设计专利申请缺少请求书、图片或者照片、简要说明；②是否使用中文；③申请文件的格式是否符合规定；④请求书中是否缺少申请人姓名或者名称，或者缺少地址；⑤是否符合《专利法》第十七条或者第十八条第一款的规定；⑥是否有专利申请类别（发明、实用新型或者外观设计）不明确或者难以确定的情形。

2. 初步审查❶

（1）发明专利初步审查

国家知识产权局专利局受理发明专利申请文件后，进行初步审查。初步审查的范围包括以下三个方面。

第一，形式审查。审查专利申请是否包含了必要的申请文件、申请文件格式，以及与专利申请有关的其他文件和手续是否符合《专利法》及其实施细则的规定。发明专利申请的形式审查内容如表2-1-1所示。

表2-1-1　发明专利申请的形式审查

审查范围	审查主要内容
专利申请文件	①是否提交了请求书、说明书及其摘要、权利要求书和附图；②其撰写是否符合《专利法》及其实施细则规定的形式要求，附图是否符合绘制要求
与专利申请有关的其他文件	是否在《专利法》及其实施细则规定的期限内或国家知识产权局专利局指定的期限内提交：生物材料的保藏证明、遗传资源来源披露、要求优先权相关文件、不丧失新颖性证明文件、提前公布声明、撤回专利申请声明以及著录项目变更等
委托代理机构办理	是否有委托书
外国人、外国企业或者外国其他组织申请	是否符合《专利法》第十八条的规定

---

❶ 参见《专利审查指南（2023）》《专利法》《专利法实施细则》。

审查范围	审查主要内容
分案申请	审查是否提出分案申请、分案申请的时限、原申请的申请号、分案申请的申请人和发明人以及提交的申请文件是否完整

第二，明显实质性缺陷审查。审查专利申请是否存在《专利法》规定的不授予专利权的情形、是否按规定事先进行了保密审查、申请和行使专利权是否遵循诚实信用原则、发明和实用新型是否符合《专利法》规定的新的技术方案、外观设计是否符合《专利法》规定的新的设计。依赖遗传资源完成的发明创造，审查专利申请人是否在专利申请文件中说明该遗传资源的直接来源和原始来源、是否符合申请的单一性要求、申请人对申请文件的修改是否超出范围。发明专利申请的明显实质性审查内容如表2-1-2所示。

表2-1-2 发明专利申请的明显实质性缺陷审查

审查范围	审查主要内容
一般定义符合性	是否符合《专利法》第二条第二款、第二十六条第三款、第四款规定，是否对解决技术问题的技术方案作出清楚、完整描述，是否仅描述技术指标、优点、效果
不授予专利权的情况	是否存在《专利法》第五条、第二十五条规定的情形：①违反法律、社会公德或者妨害公共利益的发明创造；②遗传资源的获取或利用违反法律、行政法规的规定；③专利申请的内容涉及科学发现、智力活动的规则和方法、疾病的诊断和治疗方法、动植物品种、原子核变换方法以及用原子核变换方法获得的物质、对平面印刷品的图案、色彩或者二者结合作出的主要起标识作用的设计
新颖性或实用性	是否符合《专利法》第二十二条第二款或第四款规定，发明创造应当具备新颖性、实用性
向外国申请专利	是否符合《专利法》第十八条、第十九条第一款和《专利法实施细则》第八条第二款规定，是否事先报经国家知识产权局专利局进行保密审查
诚信和垄断审查	是否符合《专利法》第二十条第一款规定：是否遵循诚实信用原则，是否有滥用专利权损害公共利益或他人合法权益

审查范围	审查主要内容
单一性	是否符合《专利法》第三十一条第一款规定：包含两项以上发明的申请，审查是否符合单一性要求
申请文件修改	是否符合《专利法》第三十三条规定：对申请文件的修改是否超出原说明书和权利要求书记载的范围
说明书	是否符合《专利法实施细则》第二十条规定：说明书是否记载发明的技术内容
权利要求书	是否符合《专利法实施细则》第二十二条规定：权利要求书是否记载了表明的技术特征，是否使用了与技术方案内容无关的词语

第三，其他文件的形式审查。其他相关文件的形式审查主要包括：①中国申请人向外国转让专利申请权或者专利权是否按规定办理了相关手续；②是否有不丧失新颖性的情形及证明文件；③是否提出享有优先权及提交的文件是否完备；④申请文件的文字、语言是否规范，各种证件和证明文件是外文的是否有中文译本；⑤是否存在不可抗拒事由延误期限，并办理相关恢复手续；⑥专利申请是否涉及国防利益，需要保密审查；⑦委托手续是否符合要求，申请人代表是否符合要求；⑧生物材料保藏手续是否完善；⑨是否存在撤回专利申请的情形；⑩对于无附图或者缺少部分附图，申请人是否在指定时间补交或者取消附图；⑪分案申请是否符合规定；⑫是否请求早日公布发明专利申请；⑬是否存在专利申请权纠纷而终止程序或采取保全措施，有关程序恢复手续是否符合规定；⑭是否提出减缴或者缓缴各种费用的请求。

此外，还需进行费用审查。审查缴纳相关费用的金额和期限是符合《专利法》及其实施细则的规定。

发明专利申请在形式上不符合规定要求，或者有明显实质缺陷，国家知识产权局专利局会通知申请人在规定或指定期限内补正，期满未答复的，视为撤回申请；若申请在形式上符合规定，也无明显实质性缺陷，自申请日起满18个月，即行公布其申请。国家知识产权局专利局也可根据申请人要求提前公布。

（2）实用新型专利初步审查

实用新型专利申请的初步审查范围与发明专利申请大致相同，包括申请文件的形式、与专利申请有关的其他申请文件和手续是否符合《专利法》及其实施细则的规定，申请文件是否存在明显的实质性缺陷、有关费用的审查等内容。实用新型专利申请的形式审查参见发明专利申请，具体内容不再赘述。实用新型专利申请的明显实质性缺陷审查内容如表2-1-3所示。

表2-1-3 实用新型专利申请的明显实质性缺陷审查

审查范围	审查主要内容
一般定义符合性	是否符合《专利法》第二条第三款规定，是否对产品的形状、构造或其结合提出的适于实用的新的技术方案
不授予专利权的情况	是否存在《专利法》第五条、第二十五条规定的情形：①违反法律、社会公德或者妨害公共利益的发明创造；②遗传资源的获取或利用违反法律、行政法规的规定；③专利申请的内容涉及科学发现、智力活动的规则和方法、疾病的诊断和治疗方法、动植物品种、原子核变换方法及用原子核变换方法获得的物质
外国人、外国企业或者外国其他组织申请	是否符合《专利法》第十八条规定：是否委托专利代理机构办理
向外国申请专利	是否符合《专利法》第十九条第一款和《专利法实施细则》第八条第二款规定：是否事先报经国家知识产权局专利局进行保密审查
诚信和垄断审查	是否符合《专利法》第二十条第一款规定：是否遵循诚实信用原则，是否有滥用专利权损害公共利益或他人合法权益
新颖性或实用性	是否符合《专利法》第二十二条第二款或第四款规定：对实用新型专利申请是否明显不具备新颖性和实用性审查
单一性	是否符合《专利法》第三十一条第一款规定：对实用新型专利申请明显缺乏单一性的缺陷进行审查
分案申请	是否符合《专利法实施细则》第四十九条规定：分案申请是否超出原申请记载的范围
同样的申请	是否存在《专利法》第九条规定的情形：同样的发明创造只能授予一项专利权，针对同样的发明创造申请专利，专利权授予最先申请的人
说明书和权利要求书	是否符合《专利法》第三十三条和《专利法实施细则》第二十条至第二十五条规定：①对实用新型专利申请文件的修改不得超出原图片或照片表示的范围；②说明书的内容是否符合规定；③附图的使用是否符合规定；④权利要求书的记载的内容、用语、使用及撰写是否符合规定

　　实用新型专利申请的其他相关文件的形式审查与发明专利申请有所区别。主要包括：①中国申请人向外国转让专利申请权或者专利权是否按规定办理了相关手续；②是否有不丧失新颖性的情形及证明文件；③提出享有优先权及提交的文件是否完备；④申请文件的文字、语言、格式是否规范，各种证件和证明文件是外文的是否有中文译文，证明材料是否符合规定；⑤是否存在不可抗拒事由延误期限，并办理

相关恢复手续；⑥委托手续是否符合要求，申请人代表是否符合要求；⑦是否存在撤回专利申请的情形；⑧是否存在专利申请权纠纷而终止程序或采取保全措施，有关程序恢复手续是否符合规定；⑨是否提出减缴或者缓缴各种费用的请求；⑩各种申请手续办理是否符合规定，著录事项变更是否附具变更理由的证明材料。

在费用审查方面，主要审查缴纳相关费用的金额和期限是符合《专利法》和《专利法实施细则》的规定。

（3）外观设计专利初步审查

外观设计的初步审查范围包括专利申请文件、与专利申请的其他手续和文件的形式审查、申请文件的明显实质性缺陷审查，以及有关费用的审查。

第一，形式审查。外观设计专利申请的形式审查内容主要有必要的申请文件、申请文件格式、与专利申请有关的其他文件和手续是否符合《专利法》及其实施细则的规定。但其形式审查内容与发明和实用新型专利申请不同，具体审查内容如表2-1-4所示。

表2-1-4　外观设计专利申请的形式审查

审查范围	审查主要内容
申请文件及办理手续	是否提交了请求书、图片或照片，以及简要说明文件；是否打字或印刷，字迹和图片是否清晰；各种手续是否以规定的形式办理；著录事项变更是否附证明材料
申请文件的文字、语言、格式	申请文件的文字、语言、格式是否规范，各种证件和证明文件是外文的是否有中文译文
请求书	请求书的内容是否完整、符合规定
简要说明	简要说明内容是否符合规定
产品样品或模型	必要时，是否提交了产品样品或模型，且符合规定
合案申请	各项外观设计编号标注是否符合规定
申请文件修改	是否符合规定

第二，明显实质性缺陷审查，主要审查内容见表2-1-5。

表2-1-5　外观设计专利申请的明显实质性缺陷审查

审查范围	审查内容
一般定义符合性	是否符合《专利法》第二条第四款规定：是否对产品的整体或局部的形状、图案或者其结合以及色彩与形状、图案的结合所作出的富有美感并适于工业应用的新设计

审查范围	审查内容
不授予专利权的情况	是否存在《专利法》第五条第一款、第二十五条规定的情形：①违反法律、社会公德或者妨害公共利益；②该申请是否为对平面印刷品的图案、色彩或者二者的结合作出的主要起标识作用的设计
外国人、外国企业或者外国其他组织申请	是否符合《专利法》第十八条规定的情形：是否委托专利代理机构办理
新颖性、区别性、与在先权利是否冲突	是否符合《专利法》第二十三条规定：对外观设计专利申请是否明显不具备新颖性、区别性，是否与在先的合法权利相冲突进行审查
图片或照片	是否符合《专利法》第二十七条第二款规定：申请人提交的图片或照片是否清楚显示要求专利保护的产品的外观设计
单一性	是否符合《专利法》第三十一条第二款规定：是否属于同一产品两项以上的相似外观设计，或者用于同一类别并且成套出售或者使用的产品的两项以上的外观设计
申请文件的修改	是否符合《专利法》第三十三条规定：申请人对申请文件的修改是否超出原图片或照片表示的范围
分案申请	是否符合《专利法实施细则》第四十九条第一款规定：分案申请是否超出原申请记载的范围

第三，有关费用的审查。与实用新型专利申请的审查内容大致相同，不再赘述。

（4）实用新型和外观设计初步审查结果

初步审查是实用新型和外观设计专利申请受理之后，授予专利权之前的一个必要程序。实用新型和外观设计专利申请经初步审查未发现驳回理由的，专利审查员作出授权通知，纸件申请及电子申请均颁发相应的电子专利证书，同时进行登记和公告。

申请人以电子形式申请并获得专利授权的，通过国家知识产权局"专利业务办理系统"下载电子专利证书。操作流程为登录专利业务办理系统→选择通知书办理→电子专利证书查询→输入查询条件→查询→下载专利电子证书。

申请人以纸质形式申请并获得专利授权的，按照领取电子专利证书通知书中告知的方式下载电子专利证书。可登录国家知识产权局"专利业务办理系统"，操作流程为选择电子证书下载→输入申请号→输入专利证书提取码→输入验证码→下载电子证书→保存至本地电脑。

3. 公布

经初步审查符合《专利法》要求的发明专利申请，通常自申请日起满 18 个月后公布，也可以根据申请人的请求提早公布。

4. 实质审查

发明专利申请，自申请日起 3 年内，申请人可以随时向国家知识产权局专利局提出实质审查的请求，申请人无正当理由逾期不请求实质审查的，该申请即视为撤回。国家知识产权局专利局也可以在认为必要时自行对发明专利申请进行实质审查。实质审查主要是审查发明申请的新颖性、创造性和实用性。

对发明专利申请进行实质审查的目的在于确定发明专利申请是否应当被授予专利权，特别是确定其是否符合《专利法》有关新颖性、创造性和实用性的规定。

（1）审查顺序

专利审查员在进行审查时，通常先审查专利申请主题的实用性，只有在一件申请主题具备实用性后，才考虑审查申请主题的新颖性，在申请的主题具备了新颖性后，最后才考虑审查其创造性。

（2）实用性

实用性是指所申请的主题必须能够在产业上制造或使用，而且该产品能够产生积极、有益的效果。

（3）新颖性

新颖性是指审查确认该发明不属于现有技术，也没有任何单位或者个人就同样的发明或者实用新型在申请日以前向国务院专利行政部门提出过申请，并记载在申请日以后（含申请日）公布的专利申请文件或者公告的专利文件中。现有技术是指申请日以前在国内外为公众所知悉的技术，包括申请日（有优先权的，指优先权日）以前在国内外出版物上公开发表、在国内外公开使用或者以其他方式为公众所知的技术。现有技术在申请日以前处于公众能够获取的状态，处于保密状态的技术不属于现有技术。然而，如果负有保密义务的人违反规定、协议或者默契泄露秘密，导致技术内容公开，使公众能够得知这些技术，这些技术也就构成了现有技术的一部分。

（4）创造性

创造性是指与现有技术相比，该发明有突出的实质性特点和显著的进步。创造性审查方法及内容如表 2 - 1 - 6 所示。

表 2-1-6　创造性审查方法及内容

评价范围	方法及内容
评价因素	专利审查员在评价发明是否具备创造性时，不仅要考虑技术方案本身，而且要结合发明所属的技术领域、所解决的技术问题、所产生的技术效果来综合考虑
突出的实质性特点	判断步骤：①确定最接近的现有技术；②确定发明的区别技术特征和发明实际解决的技术问题；③判断要求保护的发明对本领域的技术人员来说是否显而易见
显著的进步	在判断是否具有显著的进步时，主要考虑该发明是否具有有益的技术效果。有益的效果表现在以下四个方面：①发明与现有技术相比具有更好的技术效果；②提供了一种技术构思不同的技术方案，其技术效果能基本达到现有的技术水平；③发明代表某种新技术发展趋势；④尽管发明在某些方面有负面效果，但在其他方面具有明显积极的技术效果

5. 公告授权

发明专利申请经实质审查，实用新型和外观设计专利申请经初步审查未发现驳回理由的，专利审查员作出授权通知和发出办理登记手续通知。颁发专利证书，并同时在专利登记簿上登记和专利公报上公告。专利权自公告之日起生效。申请人应在收到通知之日起 2 个月内办理登记手续，缴纳规费。未按规定办理的手续的，视为放弃取得专利权。专利申请费用标准如表 2-1-7 所示。专利申请实质审查流程如图 2-1-4 所示，图中 A 表示《专利法》，R 表示《专利法实施细则》，N 表示不符合规定，Y 表示符合规定，数字表示法律法规的条款项。

表 2-1-7　专利申请费用标准（2023 年 6 月 29 日公布）

费用种类	发明	实用新型	外观设计
申请费	900 元	500 元	500 元
公布印刷费	50 元	—	—
说明书附加费从第 31 页起每页	50 元	50 元	—
说明书附加费从第 301 页起每页	100 元	100 元	—
权利要求附加费从第 11 页起每项	150 元	150 元	—
优先权要求费（每项）	80 元	80 元	80 元
实质审查费	2500 元	—	—

续表

费用种类	发明	实用新型	外观设计
复审费	1000 元	300 元	300 元
著录事项变更费：发明人、申请人、专利权人变更	200 元	200 元	200 元
恢复权利请求费	1000 元	1000 元	1000 元
第一次延长期请求费（每月）	300 元	300 元	300 元
再次延长期请求费（每月）	2000 元	2000 元	2000 元
无效宣告请求费	3000 元	1500 元	1500 元
专利文件副本证明费（每份）	30 元	30 元	30 元
专利权评价报告请求费	—	2400 元	2400 元

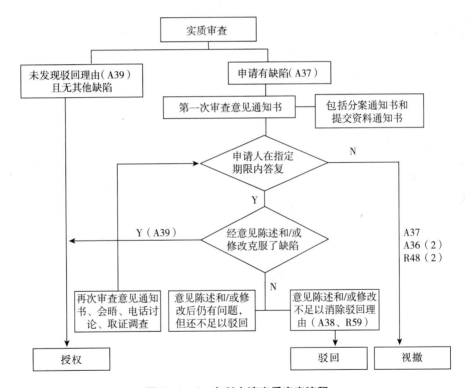

图 2-1-4　专利申请实质审查流程

其他详细费用明细参见《专利和集成电路布图设计缴费服务指南》。操作流程为登录国家知识产权局官方网址的首页，选择服务→专利→专利申请指南→费用即可查询。

查询专利申请、审查相关事项、授权或驳回后相关事项可登录国家知识产权局官方网址的首页，选择服务→专利→办事服务→专利申请指南→审批程序即可。

二、商标权

（一）主管部门

我国的商标管理实行集中注册、分级管理的体制。国家知识产权局商标局是商标的行政主管机关，主管全国商标审查注册、行政裁决等具体工作，参与规范商标注册行为；对商标审查协作单位的业务工作进行指导；指导和协调地方各级商标行政主管机关进行商标管理；地方各级商标行政主管机关对该辖区内的商标事务进行管理。

（二）获权原则

在中国，商标权采用注册取得原则，通过国家知识产权局商标局核准注册的商标是享有商标权的基本途径，但同时也不断强化对未注册商标的特殊保护。

经国家知识产权局商标局核准注册的商标为注册商标，商标注册人对该注册商标享有商标专用权，受法律保护。

（三）中国商标注册取得的条件

商标要获得注册必须符合法律规定的条件。我国商标法不仅从积极方面对商标构成要素和注册条件作了规定，而且从消极方面对不能作为商标使用的标志、不能作为商标注册的标志也作了具体的列举规定。商标注册应当具备合法性、显著性、非功能性及不与他人在先权利和权益相冲突四个要件。

1. 积极条件

《商标法》第八条规定："任何能够将自然人、法人或者其他组织的商品与他人的商品区别开的标志，包括文字、图形、字母、数字、三维标志、颜色组合和声音等，以及上述要素的组合，均可以作为商标申请注册。"

2. 消极条件

《商标法》第十条规定了不得作为商标使用的标志；第十一条规定了不具备注册商标要求的显著性；第十二条规定了三维标志申请注册商标的，如果仅由商品自身的性质产生的形状、为获得技术效果而需有的商品形状或者使商品具有实质性价值的形状，不得注册；第十三条、第十五条、第二十八条、第三十一条、第三十二条规定了与他人在先权利相冲突。由此可知，商标注册的条件如表 2 - 1 - 8 所示。

表 2-1-8　商标注册的条件

类别	内容
积极条件	具备显著性：能够与他人的商品或服务区别开的标志，包括文字、图形、字母、数字、三维标志、颜色组合和声音等，以及上述要素的组合
消极条件	不得作为商标使用的标志：①同中华人民共和国的国家名称、国旗、国徽、国歌、军旗、军徽、军歌、勋章等相同或者近似的，以及同中央国家机关的名称、标志、所在地特定地点的名称或者标志性建筑物的名称、图形相同的；②同外国的国家名称、国旗、国徽、军旗等相同或者近似的，但经该国政府同意的除外；③同政府间国际组织的名称、旗帜、徽记等相同或者近似的，但经该组织同意或者不易误导公众的除外；④与表明实施控制、予以保证的官方标志、检验印记相同或者近似的，但经授权的除外；⑤同"红十字""红新月"的名称、标志相同或者近似的；⑥带有民族歧视性的；⑦带有欺骗性，容易使公众对商品的质量等特点或者产地产生误认的；⑧有害于社会主义道德风尚或者有其他不良影响的
	不得与在先权利冲突：①申请注册的商标，应当有显著特征，便于识别，并不得与他人在先取得的合法权利相冲突；②县级以上行政区划的地名或者公众知晓的外国地名，不得作为商标。但是，地名具有其他含义或者作为集体商标、证明商标组成部分的除外；已经注册的使用地名的商标继续有效
	不具备显著性的标志：①仅有该商品的通用名称、图形、型号的；②仅直接表示商品的质量、主要原料、功能、用途、重量、数量及其他特点的；③其他缺乏显著特征的；④三维标志是仅由商品自身的性质产生的形状、为获得技术效果而需有的商品形状或者使商品具有实质性价值的形状

除表 2-1-8 中列明的注册条件外，国家知识产权局于 2023 年 1 月 19 日发布《关于含地名商标申请注册与使用的指引》，商标申请人或使用人应当避免将该指引中说明情形的标志作为商标进行注册或者使用，否则可能因违反商标法的规定被驳回。已经注册的，也可能将面临被依法宣告无效的风险。该指引在含地名商标的常见情形中，除了国家名称、县级以上行政区划的地名和公众知晓的外国地名，还有以下六种情形。

第一，以生产某种商品或者提供某种服务而闻名的县级以下（不含县级）行政区划的地名或者我国公众不知晓的外国地名。如果其相应地域本身以生产某种商品或者提供某种服务而闻名，使用在指定的商品或者服务上容易使相关公众发生产地误认，则当事人应当避免将上述标志作为商标进行注册或者使用。

例如，"西街口"（指定商品：新鲜水果、新鲜蒜）、"今治"（指定商品：纺织品毛巾，毛毯等）。"西街口"是云南省昆明市石林彝族自治县下辖一镇名，该镇出产的西街口人参果、西街口大蒜等农副产品具有较高知名度。"今治"是日本一个市名，该市的毛巾产量位居日本第一，在相关公众中具有一定知名度。

第二，带有政治意义的地名。应当避免将具有一定政治意义的地名，包括红色革命根据地、重大政治事件发生地等作为商标进行注册或者使用，例如"西柏坡"。

第三，国家级新区或者国家级重点开发区域名称。应当避免将与我国整体发展战略关系密切的国家级新区、国家级重点开发区域名称及其规范简称相同或者近似的标志，作为商标进行注册或者使用。例如，雄安特区（国家级新区）、浦东新区（国家级新区）、广州经济技术开发区（国家级经济开发区）等。

但申请人能够提供书面证明文件，证明已经国务院及其授权部门同意的除外。

第四，宗教活动地点、场所等名称。应当避免将与宗教及民间信仰等活动地点、场所的名称相同或者近似的标志作为商标进行注册或者使用。例如，"玄妙观"（常见道观名称）、"雍和宫"（中国藏传佛教寺院）等。

第五，包含地名的国家重大事项名称。应当避免将与我国政治、经济、文化、社会发展关系密切的国家重大工程、重大项目名称等相同或者近似的标志作为商标注册或者使用。例如"港珠澳大桥"（申请人系未提交授权资质的自然人谢某）。

但申请人能够提供书面证明文件证明已获得相关部门授权，且不会对我国社会公共利益和公共秩序产生消极、负面影响的除外。

第六，山川、河流、景点、建筑物等名称。应当避免不以使用为目的，大量将山川、河流、景点名称、建筑物等公共资源名称作为商标进行注册或者使用。

对上述地名作为商标注册的禁止性规定，包含以下两种除外情形：①商标所含地名与其他具备显著特征的要素相互独立，地名仅起真实表示申请人所在地作用的；②地名作为集体商标、证明商标组成部分的。

为避免以上情形，商标申请人或使用人可通过名称及案例检索予以确认，具体途径包括：①查询中国行政区划县级以上地名，可以登录我国民政部官方网站查询；②查询含地名商标被驳回在先案例。

考虑商标审查审理工作遵循个案审查原则，对不同案件在审查审理时可能因多种因素而得出不完全相同的结论，因此，在先案例仅供参考使用。对已公开的在先案例的检索查询，可以参考：①中国商标网商标评审裁定/决定文书官方网站；②北京法院网裁判文书官方网站；③中国裁判文书网官方网站。

（四）商标注册途径

商标的注册申请审批环节依次为提交申请、形式审查、实质审查、初步审定公告、异议及审查核实、注册授权公告。中国商标网提供的注册流程如图 2 - 1 - 5 所示。

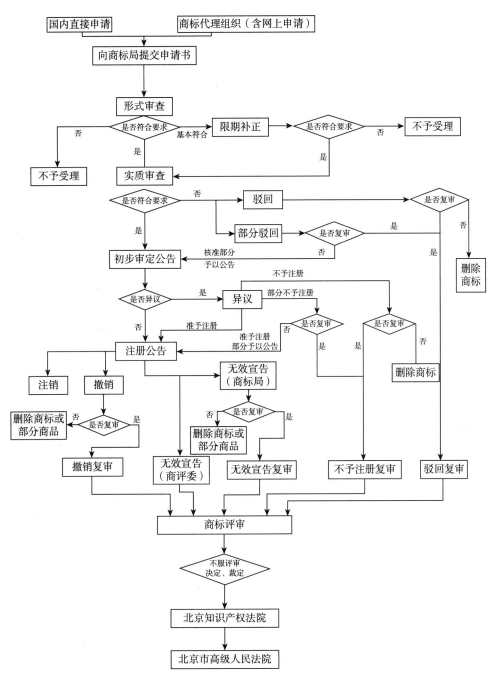

图 2 - 1 - 5 商标注册流程

1. 办理途径

目前，国家知识产权局商标局是我国受理商标注册申请的唯一机构。中国申请人可以自行办理注册申请，也可以委托在国家知识产权局商标局备案的商标代理机构办理。根据《商标法》第十八条规定，外国人或者外国企业在中国申请商标注册和办理其他商标事宜的，应当委托依法设立的商标代理机构办理。但在中国有经常居所或者营业所的外国人或外国企业，可以自行办理。申请人申请商标注册途径有以下三种。

第一，符合自行办理要求的申请人自行到国家知识产权局商标局的商标注册大厅、商标局驻中关村国家自主创新示范区办事处、商标局在除北京外设立的商标审查协作中心或商标局委托地方市场监管部门或者知识产权部门设立的商标业务受理窗口等地方办理，按规定办理商标申请业务。

第二，委托在国家知识产权局商标局备案的商标代理机构办理商标申请服务。申请人除应提交自行办理所需文件外，还应提交委托商标代理机构办理商标注册事宜的商标代理委托书，商标代理委托书应当载明代理内容及权限。外国人或者外国企业的商标代理委托书还应当载明委托人的国籍。代理机构可以将申请文件直接递交、邮寄递交或通过快递方式递交国家知识产权局商标局，也可以通过网上申请系统提交。

第三，通过服务系统在线提交商标注册申请。申请人登录中国商标网官方网站，选择网上申请→网上用户申请登录→签署商标网上服务系统用户使用协议→申请系统用户注册→提交申请文件。

2. 提交的申请文件

申请人可以通过一份申请就多个类别的商品申请注册同一商标。申请人可以将其重要产品或服务所用的核心商标申请多个类别加以保护。每一件商标、每一件申请办理任何注册事项都视为一件申请，应向国家知识产权局商标局提交申请文件。注册商标申请文件如表2-1-9所示。

表2-1-9　注册商标申请文件

项目	申请文件
与商标相关的文件	①商标注册申请书1份，商标图样1份，有颜色组合或者着色图样的商标还应提交着色图样及黑白稿1份；不指定颜色的，应当提交黑白图样；申请文件凡未指明或特别说明提交份数的，提交1份；②以三维标志申请商标注册的，还应提交至少包含三面视图的三维形状的图样；③以声音标志申请商标注册的，应当以五线谱或者简谱对申请用作商标的声音加以描述并附加文字说明；无法以五线谱或者简谱描述的，应当以文字加以描述；商标描述与声音样本应当一致

项目	申请文件
申请人身份证明文件	①自然人提交包括但不限于身份证、护照的复印件；②个体工商户提交营业执照复印件、身份证明复印件；③企业提交营业执照复印件，非企业可提交事业单位法人证书、社会团体法人登记证书、民办非企业单位登记证书、基金会法人登记证书、律师事务所执业许可证复印件等身份证明文件；④同一申请人同时办理多件商标的注册申请事宜时，只需要提供一份身份证明复印件
委托手续	委托商标代理机构办理的，申请人还应提交商标代理委托书
翻译手续	申请人提交的各类文件和材料有外文的，还应提交中文译文
优先权手续	要求优先权提供的文件，申请人应当在提出商标注册申请时提出书面声明
网上提交手续	通过商标网上服务系统提交申请的，申请人应当在复印件上盖章或签字，将已加盖公章或签字的复印件经彩色扫描后上传

3. 审查

商标注册申请的审查包括形式审查和实质审查两部分。符合实质审查要求后，在初步审定公告期间，如有人提出异议，还需根据利害关系人或在先权利人的请求针对特定的事项进行实质审查核实。

（1）形式审查

形式审查是接收商标申请后，在受理商标申请之前的一个必经程序。经形式审查认为符合商标法及其实施条例要求的，才予以受理。

形式审查包括：①申请文件是否符合法律规定，手续是否齐备，申请人是否具备资格；申请书格式是否正确、申请书填写是否符合规定、身份证明文件复印件或主体资格证明文件复印件等是否清晰、委托代理书是否符合要求；②申请人缴纳有关费用的期限和金额是否符法律的规定；③外国申请人是否委托了我国依法设立的商标代理机构。

形式审查合格后，包括经过补正符合形式审查要求的商标申请，编定申请号，发放商标注册申请受理通知书。

（2）实质审查

实质审查的内容包括：商标是否符合法定的构成要素、商标注册申请是否存在法律禁止使用的情形、是否具备商标的显著特征、三维标志商标是否具备功能性等。根据审查情况给予初步审定或者驳回申请的决定。

4. 初步审定公告

经实质审查的商标注册申请，符合法律的规定，国家知识产权局商标局作出允许注册的决定，并在《商标公告》中予以公告。

5. 异议

在初步审定公告期内，如果申请注册的商标存在违反《商标法》的五种情形（①与他人在先申请或者注册的商标权利冲突；②存在不以使用为目的的恶意商标注册申请的情形；③商标代理机构超出代理服务范围的商标注册申请；④损害驰名商标的权利；⑤与在先使用的未注册商标和他人现有的在先权利冲突等情况），自公告之日起3个月内，在先权利人、利害关系人可以向国家知识产权局商标局提出异议。国家知识产权局商标局经调查、核实审查，自公告期满之日起12个月内作出是否予以注册的决定。

6. 注册授权公告

在初步审定公告期间，如没有人提出异议，或者虽有异议，但是异议不成立，该商标予以注册，并发放商标注册证，同时作出授权公告。

商标注册申请审核各阶段示意如图2-1-6所示。

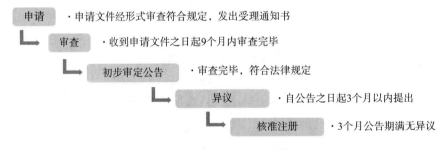

图2-1-6 商标注册申请审核各阶段示意

7. 注册申请费用

商标注册申请及服务收费标准如表2-1-10所示。

表 2 - 1 - 10　商标注册申请及服务收费标准（2019 年 7 月标准）

收费项目	纸质申请收费标准（按类别）	接受电子发文的网上申请收费标准（按类别）
受理商标注册费	300 元（限定本类 10 个商品。10 个以上商品，每超过 1 个商品，每个商品加收 30 元）	270 元（限定本类 10 个商品。10 个以上商品，每超过 1 个商品，每个商品加收 27 元）
补发商标注册证费	500 元	450 元
受理转让注册商标费	500 元	450 元
受理商标续展注册费	500 元	450 元
受理续展注册迟延费	250 元	225 元
受理商标评审费	750 元	675 元（部分待开通）
变更费	150 元	0 元
出具商标证明费	50 元	45 元
受理集体商标注册费	1500 元	1350 元
受理证明商标注册费	1500 元	1350 元
商标异议费	500 元	450 元
撤销商标费	500 元	450 元（部分待开通）
商标使用许可合同备案费	150 元	135 元

8. 其他注意的事项

企业为了保证商标注册的成功率，在商标申请注册前，还需登录中国商标网官方网站，进行商标近似查询。经查询，在相同的商标类别或近似类别上没有相同或近似的商标，欲申请的商标就可以注册。经申请注册后如要查询该商标的状态，也可以继续选择商标网上查询，用申请/注册号进行商标状态查询，或者通过申报类别、申请/注册号、申请人名称等进行商标综合查询。

商标注册采用"一类一标"，一份商标注册申请只能限定在 45 个类别的其中一类提出，而不能一标多类注册。企业如果条件允许，除了注册和自己业务相关的商标，最好在其他不同类别的商品或服务上也注册若干相同商标，以防止他人在这些类别的商品或者服务上注册使用相同的商标。

涉及文字和图案商标的，商标审查要素比较多，为了提升注册成功率，可将文字和图案分开注册，注册成功后可以随意组合命名用，也可以单独使用。

9. 商标的快速审查方法指引

商标注册申请快速审查须同时符合以下两个方面的条件。

（1）商标注册申请快速审查的条件

根据《商标注册申请快速审查办法（试行）》，符合下列条件之一的商标注册申请，可以请求快速审查。

第一，涉及国家或省级重大工程、重大项目、重大科技基础设施、重大赛事、重大展会等名称，且商标保护具有紧迫性的。

第二，在特别重大自然灾害、特别重大事故灾难、特别重大公共卫生事件、特别重大社会安全事件等突发公共事件期间，与应对该突发公共事件直接相关的。

第三，为服务经济社会高质量发展，推动知识产权强国建设纲要实施确有必要的。

第四，其他对维护国家利益、社会公共利益或者重大区域发展战略具有重大现实意义的。

（2）其他条件

其他条件包括：①经全体申请人同意；②采用电子申请方式；③所申请注册的商标仅由文字构成；④非集体商标、证明商标的注册申请；⑤指定商品或服务项目与上述所列情形密切相关，且为《类似商品和服务区分表》列出的标准名称；⑥未提出优先权请求。

此外，快速审查申请应采用纸件形式向国家知识产权局提交的材料包括：①商标注册申请快速审查请求书；②符合有关快速审查条件的材料；③中央和国家机关相关部门、省级人民政府或其办公厅出具的对快速审查请求的推荐意见，或者省级知识产权管理部门出具的对快速审查请求理由及相关材料真实性的审核意见。

10. 快速审查流程

国家知识产权局商标局受理申请→符合规定作出审查决定（不符规定按普通程序审查）→作出同意快速审查之日起20个工作日内审查完毕。

三、著作权

（一）与著作权有关的管理部门

我国的著作权管理实行双轨制，包括行政管理和司法管理。著作权行政主管部门根据有关法律法规，负责著作权的行政管理和行政执法工作。

1. 国家著作权行政主管部门

国家版权局是著作权的国家行政主管部门。负责全国的著作权,包括软件著作权的管理工作;查处在全国有重大影响的著作权侵权案件;指导地方著作权行政管理部门工作;批准设立著作权的涉外代理机构和合同纠纷仲裁机构,并负责著作权的涉外管理。

2. 地方著作权行政主管部门

地方著作权行政主管部门主要包括省、自治区、直辖市的版权局。

其中,版权行政管理处对涉外出版物,包括图书、音像制品、数字出版物、计算机软件的著作权授权合同及质押合同进行审批和登记;作品著作权的自愿登记和涉外著作权的认证;指导、监督著作权集体管理和著作权的涉外贸易活动;开展著作权保护工作。

版权执法处(版权争议调解处)负责查处著作权侵权与著作权权益有关的案件;调解著作权纠纷。

3. 海关

海关是著作权的边境保护机构。海关总署负责对著作权进行备案;进出境海关负责收发货物申报的著作权状况,扣留涉嫌侵犯已备案著作权的货物并对侵权状况调查认定,决定对货物予以放行或没收及依法处置没收的货物。

4. 司法机关

司法机关通过各级法院审理著作权的有关纠纷和侵权案件来保护权利人合法权益。

(二) 著作权内容

著作权包括人身权和财产权。根据《著作权法》第十条规定,人身权的内容包括发表权、署名权、修改权、保护作品完整权;财产权的内容包括复制权、发行权、出租权、展览权、表演权、放映权、广播权、信息网络传播权、摄制权、改编权、翻译权、汇编权以及应当由著作权人享有的其他权利。

(三) 授权原则及取得条件

1. 授权原则

我国著作权采用自动取得原则,在作品创作完成后,只要符合法律规定的作品,即产生著作权。

根据《著作权法》规定，中国公民、法人或者非法人组织的作品，不论是否发表，创作完成后依法享有著作权；外国人、无国籍人的作品根据其作者所属国或者经常居住地国同中国签订的协议或者共同参加的国际条约享有的著作权，在中国也享有著作权；外国人、无国籍人的作品首先在中国境内出版的，可以取得著作权；未与中国签订协议或者共同参加国际条约的国家的作者以及无国籍人的作品首次在中国参加的国际条约的成员国出版的，或者在成员国和非成员国同时出版的，在中国可以取得著作权。

2. 著作权获取条件

根据《著作权法实施条例》规定，构成作品需具备以下两个条件。

（1）具有独创性

作品由作者独立创作产生，体现了作者某种程度的取舍、选择、安排、设计的创造性劳动。独创性仅仅体现在作品的表现形式上，而不延及思想。

（2）能以某种有形形式复制

复制的方式包括印刷、复印、拓印、录音、录像、翻录、翻拍、数字化等方式将作品制作一份或者多份。

对于著作权登记，著作权人可以在版权局对作品的著作权进行登记，但登记不是著作权产生的法定条件。登记的作用在于：发生著作权纠纷时，权利人可以快速方便地以登记证书来举证。在诉讼中，法院可以直接将著作权登记证书作为认定事实的初步证据。同时，可以将举证责任转移给对方当事人。通过著作权登记，方便当事人在进行著作权交易时查询权利信息。

（四）中国版权保护中心

中国版权保护中心是国家设立的综合性的版权社会管理和社会服务机构。

1. 中国版权保护中心开展的业务

该中心主要开展的业务包括：①受国家版权局委托，进行作品和计算机软件的著作权登记，以及相关权利登记；②涉外作品合同登记；③受国家版权局委托进行著作权质权登记；④音像制品著作权转让和许可使用登记，以及出版境外音像制品著作权合同登记与认证，重印国外期刊著作权合同登记、出版或复制境外电子出版物和计算机软件著作权授权合同认证等工作；⑤由管理的中华版权代理有限公司代理国内外作者和出版机构的著作权业务；⑥由内设的版权鉴定委员会作为司法机关的鉴定机构，开展著作权的鉴定工作；⑦提供网络著作权监测、取证、维权及其他著作权相关法律事务服务工作；⑧提供著作权领域的政策法律研究、咨询、宣传和培训；⑨提供著作权的价值评估、资产管理和投融资等咨询服务。

2. 可以登记的作品

《著作权法》第三条规定的各类作品均可申请登记，主要包括：文字作品；口述作品；音乐、戏剧、曲艺、舞蹈、杂技艺术作品；美术、建筑作品；摄影作品；电影作品和以类似摄制电影的方法创作的作品；工程设计图、产品设计图、地图、示意图等图形作品和模型作品；计算机软件；符合作品特征的其他智力成果。

3. 作品著作权登记的流程

（1）办理步骤

申请人登录中国版权保护中心官方网站后，根据相应的登记需求选择不同的登记指南入口。

作品著作权登记流程如图 2-1-7 所示。

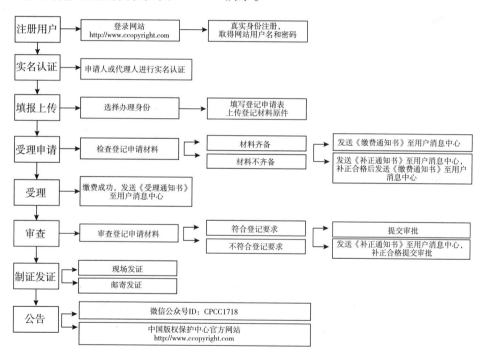

图 2-1-7　作品著作权登记流程❶

（2）申请作品著作权登记需要提交材料

申请作品著作权登记需要提交的材料主要包括：①作品著作权登记申请表；

---

❶ 中国版权保护中心国家版权登记门户网. 作品版权登记工作流程图 [EB/OL]. [2023-08-01]. https：//www. ccopyright. com. cn/index. php?optionid = 1059.

②申请人身份证明文件；③权利归属证明文件（个人作品不需要提供该项）；④作品样本；⑤作品登记承诺书；⑥提交作品实物样本时，需提供版权登记实物样本征集展示授权书；⑦委托他人代为申请时，还应提交申请人的委托授权书及代理人身份证明文件。以上材料均需在线填报并上传原件。

（3）收费标准

中国版权保护中心著作权自愿登记收费标准如表 2 - 1 - 11 所示。

表 2 - 1 - 11　中国版权保护中心著作权自愿登记收费标准（2018 年 10 月 26 日修订）

收费项目	计价单位	收费标准	备注
文字、口述作品	件	100 字以下 100 元	系列作品登记第二件起每件 100 元
		101～5000 字 150 元	
		5001～10000 字 200 元	
		1 万字以上 300 元	
音乐作品	件	词曲 300 元，曲 200 元	系列作品登记第二件起每件 100 元
戏剧作品	件	300 元	系列作品登记第二件起每件 100 元
曲艺作品	件	300 元	系列作品登记第二件起每件 100 元
舞蹈作品	件	300 元	系列作品登记第二件起每件 100 元
杂技作品	件	300 元	系列作品登记第二件起每件 100 元
美术作品	件	300 元	系列作品登记第二件起每件 100 元
摄影作品	件	300 元	系列作品登记第二件起每件 100 元
工程设计图、产品设计图	件	500 元	系列作品登记第二件起每件 100 元
地图、示意图	件	500 元	系列作品登记第二件起每件 100 元
模型作品	件	500 元	系列作品登记第二件起每件 100 元
建筑作品	件	1500 元	系列作品登记第二件起每件 100 元
电影作品	件	2000 元	系列作品登记第二件起每件 100 元
以类似摄制电影的方法创作的作品	件	超短片 <1 分钟 200 元	系列作品登记第二件起每件 50 元
		1～5 分钟 300 元	系列作品登记第二件起每件 50 元
		5～10 分钟 400 元	系列作品登记第二件起每件 100 元
		10～25 分钟 800 元	系列作品登记第二件起每件 200 元
		25～45 分钟 1000 元	系列作品登记第二件起每件 300 元
		超过 45 分钟 2000 元	系列作品登记第二件起每件 400 元
		电视剧 100 元/集	—

收费项目	计价单位	收费标准	备注
汇编作品	件	2000 元	系列作品登记第二件起每件 100 元
多媒体汇编作品	件	2000 元	系列作品登记第二件起每件 100 元
其他作品	件	2000 元	系列作品登记第二件起每件 100 元
变更登记	次	按照申请登记收费标准的 50% 收取	—
补办证书	次	按工本费 50 元/个收取	—
撤销登记	次	80 元	—
录音制品	件	歌曲 300 元/首，专辑 2000 元 其他，半小时以内 300 元，半小时以上 500 元	系列作品协商确定
录像制品	件	半小时以内 300 元 每多半小时加 100 元	系列作品协商确定
版式设计	件	500 元	系列作品协商确定
广播、电视节目	件	半小时以内 300 元 半小时以上，1 小时以内 500 元 1 小时以上 800 元	系列作品协商确定
表演	件	按照表演作品的类型著作权登记收费标准执行	系列作品协商确定
复制登记档案材料	页/张	A4 纸 1 元/页，光盘 10 元/张	其他纸张视具体情况确定收费数额
证书邮寄费	件	挂号信（1～4 个证书）15 元 挂号信（5～30 个证书）20 元 挂号信（30 个以上证书），每增加 1～30 个证书的，在 20 元的基础上多收 20 元 邮政特快专递（EMS），邮寄到中国（港澳台地区除外）22 元/件	挂号信中的证书数量以同一著作权人同一次提交的申请表件数相加确定，邮寄到港澳台地区及国外的 EMS 视具体地区确定收费数额

4. 计算机软件的登记

计算机软件著作权登记证书可以作为权利纠纷的初步证明，帮助权利人在诉讼中减轻举证责任。并且，根据《鼓励软件产业和集成电路产业发展的若干政策》的规定，登记证书还可以作为软件企业申请减免税收的证明。

（1）计算机软件著作权申请登记流程

登录中国版权保护中心官网，在线填写并上传申请文件，确认无误后提交，登记机构对符合相关规定和要求的，予以受理，自受理日起 60 日内审查完成所受理的申请，申请符合相关规定和要求的，予以登记，发放相应的登记证书，并予以公告。如果申请文件存在缺陷的，则向申请人或代理人发送补正通知书，申请人或代理人需在 30 日内提交补正材料。

（2）软件著作权登记申请所需文件

软件著作权登记申请所需文件如表 2 - 1 - 12 所示。

表 2 - 1 - 12　软件著作权登记申请所需文件

申请文件	申请文件内容
软件著作权登记申请表	在线填报申请表中的信息项，在线打印申请确认签章页，签章后上传其扫描件（PDF 格式），确认无误后提交
软件（程序、文档）的鉴别材料	①一般交存：程序和文档的鉴别材料应当由源程序和任何一种文档前、后各连续 30 页组成。整个程序和文档不到 60 页的，应当提交整个源程序和文档。除特定情况外，程序每页不少于 50 行，文档每页不少于 30 行；②例外交存：请按照《计算机软件著作权登记办法》第十二条规定的方式之一提交软件的鉴别材料
身份证明文件	①提交原件的照片或扫描件；②身份证明文件以及与登记有关的其他证明文件是外文的，须一并提交经有翻译资质的机构翻译并加盖翻译机构公章的中文译本原件的照片或扫描件
权属证明文件	①委托开发的，提交委托开发合同原件的照片或扫描件；②合作开发的，提交合作开发合同原件的照片或扫描件；③下达任务开发的，应当提交上级部门的下达任务书或合同原件的照片或扫描件

申请文件	申请文件内容
其他证明文件	①修改（含翻译、合成）他人软件应当授权许可的，应当提交授权许可证明原件的照片或扫描件；②受让取得软件著作权的，应当提交软件著作权转让协议原件的照片或扫描件；③著作权人发生变更的，提交著作权继受的证明文件原件的照片或扫描件，且原登记证书须邮寄至中国版权保护中心

（3）收费标准

中国版保护中心自2017年4月1日起停止执收软件著作权登记费，主要包括软件著作权登记申请费（含申请例外交存手续费）、软件著作权登记证书费、软件著作权合同登记费、变更或补充登记费、软件源程序封存保管费和查询费。

（五）著作权集体管理组织

著作权集体管理组织是根据法律规定设立的非营利社会团体，通过权利人对其授权，对权利人的著作权或者与著作权有关的权利进行集体管理。

1. 著作权集体管理组织行使的权利

著作权集体管理组织对权利人自己通常难以有效行使的权利进行集体管理，这些权利包括表演权、放映权、广播权、出租权、信息网络传播权、复制权等。被授权的著作权集体管理组织可以以自己的名义为著作权人和与著作权有关的权利人主张权利，并可作为当事人进行涉及著作权或者与著作权有关的权利的诉讼、仲裁、调解活动。著作权集体管理组织根据授权向使用者收取使用费，向权利人转付使用费。

2. 权利人和使用人可以查阅的信息

权利人和使用人可以查阅的信息主要包括：①作品许可使用情况；②使用费收取和转付情况；③管理费提取和使用情况；④著作权集体管理组织的财务报告、工作报告和其他业务材料等。

3. 我国现有的著作权集体管理组织

我国现有的著作权集体管理组织包括中国文字著作权协会、中国音像著作权集体管理协会、中国音乐著作权协会、中国电影著作权协会、中国摄影著作权协会等。

（1）中国文字著作权协会

中国文字著作权协会（以下简称"中国文著协"）是从事著作权服务、保护和管理的非营利性社会团体，是文字作品著作权集体管理机构。该协会开展的主要业务有以下四个方面。

第一，中国文著协是全国报刊转载、教科书等法定许可使用文字作品，向使用者收取使用费和向权利人转付使用费用的唯一法定机构。

第二，提供数字版权认证和著作权的法律咨询服务。

第三，进行国际版权贸易。中国文著协作为国际复制权组织联合会（IFRRO）会员，与英国、澳大利亚、意大利、美国、加拿大、新加坡、日本、韩国、挪威、丹麦、瑞典、越南、巴西、阿根廷、俄罗斯、罗马尼亚等十几个国家的版权集体管理组织、版权机构建立了业务联系。例如，与英国复制权集体管理组织——英国版权许可代理机构（CLA）合作，授权其收取英国政府机构、大中小学和企业影印和数字化复制中文报刊和图片片段的版权费。

第四，权利人可加入中国文著协成为会员，享有中国文著协提供的服务。依法享有文字作品著作权的公民、法人或其他组织，与中国文著协签订《文字作品著作权集体管理合同》后方可成为会员。

（2）中国音像著作权集体管理协会

中国音像著作权集体管理协会（以下简称"中国音集协"）是管理录音录像制品/音乐类视听作品的著作权集体管理组织。中国音集协开展的主要业务有以下五个方面。

第一，代权利人收取使用者交纳的使用费并转付给权利人。例如，卡拉OK、互联网、营业场所背景音乐等权利人难以行使权利的领域向音乐类视听作品/录音录像制品的使用者发放许可、收取使用费，并将所收取的著作权使用费转付给权利人。

第二，经国家版权局授权还提供法定许可费用的收取和转付服务。

第三，与海外的同类组织合作，相互代表，代为管理和行使海外音像作品在中国（港澳台地区除外）的著作权。外方代为管理和行使中国（港澳台地区除外）音像作品在海外的著作权。

第四，为权利人和使用者提供法律服务。

第五，对非法使用音乐类视听作品/录音录像制品的行为以自己的名义主张权利。

（3）中国音乐著作权协会

中国音乐著作权协会（以下简称"中国音著协"）由国家版权局和中国音乐家协会共同发起成立的，是音乐著作权集体管理组织。该协会是一个维护作曲者、作词者和其他相关著作权人合法权益的非营利性机构，依据《著作权法》第八条、《著作权集体管理条例》以及协会章程开展各项工作。

中国音著协开展的工作主要有以下三个方面：①依照法律规定以自己的名义向

音乐使用者发放音乐著作权使用许可，收取使用费；②将收取的使用费按照规则分配转付给相应的音乐著作权人；③向侵权者提起诉讼。

在国际合作中，中国音著协不仅是国际作者和作曲者协会联合会（CISAC）的会员，而且是国际影画乐曲复制权协理联会（BIEM）成员和国际复制权联合会成员。该协会与海外70多个国家和地区的同类组织合作，签订相互代表协议，相互代表音乐作品的管理和著作权的行使，具体权利项包括复制权、表演权、广播权和信息网络传播权等。

中国音著协是国际标准音乐作品编码（ISWC）在中国（港澳台地区除外）的唯一代理机构，将其音乐著作权人（须为中国音著协会员）的作品纳入国际著作权信息识别系统，使得其音乐作品一旦在海外被使用，便可及时通过国际著作权保护体系实现相应的著作权权益。中国音著协官方网站设有音乐著作权大集成服务系统，可以为音乐著作权人、音乐使用者等产业主体提供高效便捷的著作权服务，一站式解决作者入会、作品登记、权利查询、许可管理、使用费分配等问题。

（4）中国电影著作权协会

中国电影著作权协会是从事电影生产、经营的社会团体，是电影作品权利人的著作权集体管理组织。

（5）中国摄影著作权协会

中国摄影著作权协会是摄影著作权管理机构，提供摄影作品的展览举办、培训、比赛、作品鉴定和交易等服务。

（六）中国版权协会

中国版权协会是由国家版权局主管的全国性版权专业社会团体，是中国版权领域具有广泛代表性的社会团体，主要承担社会服务工作。

中国版权协会开展的主要工作有以下六个方面：①协助权利人维权，提供法律咨询和相关服务；②协调著作权涉及的政府部门、权利人组织和作品使用者之间的关系；③宣传相关法律法规和著作权知识；④提供著作权鉴定；⑤为著作权代理和贸易提供服务；⑥调查举报侵权行为。

（七）与著作权有关的国际组织

1. 世界知识产权组织

世界知识产权组织（WIPO）是专门的知识产权国际保护机构，是知识产权服务、政策、信息与合作的全球论坛。就著作权而言，世界知识产权组织保护的范围包括文学艺术和科学作品、表演艺术家、录音和广播的演出。

在世界知识产权组织管理的 20 多项条约中，与著作权有关的主要有《视听表演北京条约》，涉及表演者对视听表演的知识产权；《保护文学和艺术作品伯尔尼公约》（以下简称《伯尔尼公约》）涉及作者、音乐家、诗人以及画家等创作者在什么条件下享有著作权，以及由谁以及怎样使用的内容；《世界知识产权组织版权条约》是《伯尔尼公约》的特别协议，涉及数字环境中对作品和作品作者的保护；《保护表演者、录音制品制作者和广播组织罗马公约》主要是对表演者的表演、录音制品制作者的录音制品和广播组织的广播节目予以保护；《保护录音制品制作者防止未经许可复制其录音制品公约》规定，每一缔约国均有义务为属于另一缔约国国民的录音制品制作者提供保护，禁止未经许可的复制以及进口该复制品。如果这种复制或进口以向公众发行为目的，则禁止此类复制品向公众发行；《世界知识产权组织表演和录音制品条约》规定表演者和录音制品制作者的知识产权，特别是数字环境中的知识产权；《关于为盲人、视力障碍者或其他印刷品阅读障碍者获得已出版作品提供便利的马拉喀什条约》为视障者和其他阅读障碍者提供强制性限制与例外的义务。

2. 联合国教育、科学及文化组织（UNESCO）

联合国教育、科学及文化组织（以下简称"联合国教科文组织"）不是专门保护知识产权的机构，它是各国政府间讨论关于教育、科学和文化问题的国际组织，是联合国在国际教育、科学和文化领域成员最多的专门机构。联合国教科文组织管理与版权相关的公约为《世界版权公约》。该公约由 7 条实体条文、14 条行政条文和两个附件组成，研究有关版权的国际保护与合作，内容涉及文学、艺术和科学方面的版权，要求成员国必须对复制权、公演权、广播权和翻译权予以保护。该公约不允许缔约国作任何保留。

3. 世界贸易组织

世界贸易组织是一个处理全球贸易规则的国际组织，主要职能在于确保贸易尽可能顺利、可预测和自由流动。世界贸易组织及其协定还涉及服务贸易和知识产权贸易。其中，TRIPS 首次将知识产权规则引入多边贸易体系。TRIPS 对知识产权的可获得性、范围及行使标准、执行、获得与维持程序、纠纷的预防及解决等，作了详细规定，已超出任何现有的知识产权国际公约，使知识产权问题与贸易问题密不可分。

就著作权而言，TRIPS 着眼于如何保护权利人的权益，确保世界贸易组织所有成员都达到最低保护标准。TRIPS 以在世界贸易组织成立之前已经存在的国际公约《伯尔尼公约》为基础，在某些保护标准不充分的情况下增加现有的国际标准，例如规定有商业规模的故意盗版必须受到刑事处罚。世界贸易组织成员方必须确保知识产权拥有者能够得到海关当局的协助，以防止盗版商品的进口。

4. 国际复制权组织联合会

国际复制权组织联合会是涉及文字和图像的集体管理组织，总部设于比利时布鲁塞尔。其成员包括各个国家和地区复制权集体管理组织、出版商协会、作家协会等机构，目前在全球有150多个成员。该组织提供作品的使用许可证，代为收取书刊、报纸和杂志的使用费，将收到的使用费转付给全球的作者和出版商。国际复制权组织联合会与世界知识产权组织合作，以高效、准确地向作者和出版者进行收入分配。

四、地理标志

由于消费者越来越关注产品的具体特征或特性，在某些情况下，产品的地理来源表明产品可能拥有物有所值的特性或特征。而地理标志的作用之一就是区分市场上的产品，能使消费者很容易区分带有原产地特征和不带原产地特征的产品。地理标志因此成为开发集体品牌的关键因素，这种集体品牌可以用于其品质取决于其地理来源的产品。消费市场中有这样的需求，就有了申请地理标志的驱动力。

（一）地理标志的主管机关

地理标志的主管机关是国家知识产权局，其负责全国地理标志商标注册和管理的工作，管理的地理标志保护分为地理标志产品的保护和作为集体商标、证明商标注册的地理标志保护。相应地，地理标志的申请也分为地理标志产品保护申请和作为集体商标、证明商标注册的地理标志申请，它们的线上申请对应两个申请系统。

（二）地理标志产品保护申请

1. 申请人资格

县级以上人民政府指定的地理标志产品保护申请机构或人民政府认定的协会或企业，可作为申请人向国家知识产权局请求受理地理标志保护产品申请。

2. 办理途径

办理途径有以下三种：①直接到国家知识产权局业务受理大厅办理；②登录地理标志产品保护申请电子受理平台进行系统注册后办理；③通过邮寄途径办理。

3. 申请材料

提交的申请材料包括以下七种：①地理标志产品保护申请书；②有关地方政府

关于划定地理标志产品产地范围的建议；③产品的名称、类别、产地范围及地理特征的说明；④产品的历史渊源、知名度、生产和销售情况；⑤生产技术规范、关联性、特色质量等说明及佐证材料；⑥拟申请保护的地理标志产品的技术标准及相应检验报告；⑦省级知识产权管理部门出具的初步审查意见等。

4. 办理流程

（1）报送申请材料

申请人可填写地理标志产品保护申请书，按要求将申请材料报送至省级知识产权管理部门。

（2）初步审查并报送材料至国家知识产权局

省级知识产权管理部门对申报的地理标志产品保护申请经审查后提出初审意见，对于同意申报的申请请求，将相关文件、资料、初审意见报送材料至国家知识产权局。需要注意的是，将材料报送国家知识产权局是由省级知识产权管理部门报送，而非申请人自行报送。在产品受理阶段，纸件与电子件需同时报送。报送方式有以下三种。

第一，网上报送。由省级知识产权管理部门通过地理标志产品保护申请电子受理平台进行线上报送。

第二，当面报送。省级知识产权管理部门通过国家知识产权局业务受理大厅当面提交。

第三，邮寄报送。可邮寄到国家知识产权局业务受理处（地理标志）。

（3）办理结果

国家知识产权局根据相关规定对地理标志产品保护申请进行审查，印发相关通知书和公告。对符合要求的申请，印发地理标志产品保护申请受理公告；对不符合要求的申请，发出形式审查意见通知书或不予受理通知书。

（三）地理标志作为集体商标、证明商标注册申请

地理标志作为集体商标和证明商标注册申请，除符合一般商标的授权条件外，还须具备一些特定的条件。

集体商标地理标志是指以团体、协会或者其他组织名义注册，供该组织成员在商事活动中使用，以表明使用者在该组织中的成员资格的标志，其成员应当由来自该地理标志标示的地区范围内的成员组成。不是该组织的成员不能使用。

证明商标地理标志是指由对某种商品或者服务具有监督能力的组织所控制，而由该组织以外的单位或者个人使用在其商品或者服务上，用以证明该商品或者服务的原产地、原料、制造方法、质量或者其他特定品质的标志。证明商标地理标志注

册人以外的当事人提供的商品或服务符合这一特定的品质并与注册人履行规定的手续，就可以使用该证明商标，注册人不得拒绝。

1. 申请人资格

申请人应当是经该地理标志所标示地区县级以上人民政府或行业主管部门同意、对该地理标志产品特定品质具备监督检测能力、不以营利为目的的团体、协会或其他组织。一般为社会团体法人、事业单位法人且其业务范围与所监督使用的地理标志产品相关。

需注意的是，公司和农民专业合作社等营利性主体，不能作为地理标志集体商标和证明商标的注册申请人。

2. 办理途径

（1）办理主体

与办理一般商标相同，可以自行办理，也可以委托经国家知识产权局备案的代理机构办理。全国各地在国家知识产权局备案的所有代理机构均可以在中国商标网的"商标代理"菜单中查询。目前备案的非律师事务所代理机构超过5万家，备案的代理商标业务的律师事务所超过1万家，申请人可根据自身需求选择适合的代理机构。

（2）办理方式

第一，线下办理。直接到国家知识产权局商标局的商标注册大厅、商标局驻中关村国家自主创新示范区办事处、商标局在除北京外设立的商标审查协作中心或商标局委托地方市场监管部门或者知识产权部门设立的商标业务受理窗口等地方办理，按规定办理商标申请业务。

第二，线上办理。通过网上申请系统提交商标注册电子申请，有两种途径：①通过中国商标网办理；②通过国家知识产权局政务服务平台"地理标志"栏目办理。

3. 申请材料❶

以集体商标和证明商标申请注册的地理标志商标除需符合商标注册申请的一般性要求外，还需提交特殊的文件。地理标志集体商标和证明商标申请注册提交的文件如表2-1-13所示。

---

❶ 参见《地理标志证明商标、集体商标注册申请所需提交文件目录及说明》。

表 2－1－13　地理标志集体商标和证明商标申请注册提交的文件

文件名	文件内容
一般性文件	①提交商标注册申请书；②直接在商标注册大厅办理注册申请的，须提交经办人的身份证及复印件（原件经比对后退还）；③委托商标代理机构办理注册申请的，须提交商标代理委托书；④如申请注册的证明商标是人物肖像，应当予以说明，并附送肖像权人授权书，授权书应包括作为商标图样申请的肖像人肖像
主体资格证明文件	①主体资格证明文件包括事业单位、社会团体依法成立的批准文件等；②外国人或者外国企业申请地理标志集体商标、证明商标注册的，应当提供该地理标志以其名义在其原属国受法律保护的证明；③申请地理标志集体商标的，应当附送集体成员名单
管理规则	《地理标志集体商标使用管理规则》《地理标志证明商标使用管理规则》，集体商标附集体组织成员名单和地址
具备监督检测能力文件	①申请人证明其或其委托机构有监督检测该地理标志商品的特定品质能力的文件，包括具有的专业技术人员、专业检测设备等情况；②申请人具备检验检测能力的，应提交申请人所具有的检测资质证书或当地政府出具的关于其具备检测能力的证明文件，以及申请人所具有的专业检测设备清单和专业检测人员名单；③申请人委托他人检验检测的，应当附送申请人与具有检验检测资格的机构签署的委托检验检测合同原件，并提交该检验检测机构的检测资质证书以及检测设备清单和检测人员名单
授权文件	管辖该地理标志所标示地区的县级以上人民政府或行业主管部门的授权申请人申请注册并监督管理该地理标志的文件
地域划分文件	地理标志所标示的产品的生产地域范围划分的证明文件和材料，包括县志、农业志、产品志、年鉴、教科书中所表述的地域范围，或者是由该地理标志所标示地区的人民政府或行业主管部门出具的地域范围证明文件
因果关系证明	地理标志所标示的产品的特定质量、信誉或其他特征由地理标志所标示的地区的自然因素和人文因素决定的关系说明
信誉文件	地理标志产品客观存在及信誉情况的证明材料并加盖出具证明材料部门的公章。申请人除通过提供县志、农业志、产品志、年鉴、教科书外，还可以通过提供正规公开出版的书籍、国家级专业期刊、古籍等材料证明其地理标志商品的客观存在及声誉情况，这些材料出版时间应满 3 年

表 2 - 1 - 13 中提交的材料，商标注册申请书可通过中国商标网商标申请栏目下载；《地理标志集体商标使用管理规则》《地理标志证明商标使用管理规则》的样本可以在中国商标网→集体商标证明商标（地理标志）→申请指南下载。

4. 办理流程

申请人在商标注册大厅自行办理证明商标或集体商标注册申请的，可以按照以下步骤办理。

申请前查询（非必须程序）→ 准备申请书件 → 在受理窗口或者在网上申请平台提交申请书件 →形式审查→申请人收到缴费通知书后在规定时间内缴纳规费。申请人通过网上方式提交申请的，可通过中国商标网的网上申请系统进行在线支付；申请人递交纸件申请的，登录中国商标网进行在线支付。直接在商标注册大厅提交文件的，可持带有缴费码的缴费通知书到商标注册大厅缴费。地理标志集体商标和证明商标进行实质审查→符合授权条件的核准注册→初步审定公告→公告期满无异议进行商标公告，颁发证书（2022 年 1 月 1 日起国家知识产权局商标局不再发放纸质商标注册证）。

申请前的查询是一个非必须程序，申请人在申请注册商标之前进行商标查询，可以了解在先权利情况以判断是否提交申请书，以免提交申请后被驳回，损失商标注册费用和时间。

地理标志集体商标和证明商标注册申请流程如图 2 - 1 - 8 所示。

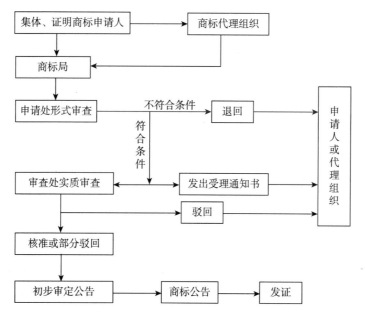

图 2 - 1 - 8 地理标志集体商标和证明商标注册申请流程（2021 年 7 月 30 日修订）

（四）地理标志专用标志使用申请

1．申请人资格

申请使用地理标志专用标志的申请人应当是地理标志产品产地范围内的生产者。

2．办理途径

办理途径有以下三种：①在国家知识产权局业务受理大厅办理；②在国家知识产权局官方网站的政务服务平台的地理标志保护数据管理系统办理；③通过邮寄办理。

3．申请材料

申请人应当提交地理标志产品专用标志使用申请书、产地主管部门出具的产品产自特定地域范围的核验报告、省级知识产权管理部门出具的初步审查意见、申报产品地理标志标准（首次申报）、申报产品近2年实验室认证（CMA）和中国合格评定国家认可委员会（CNAS）认证的综合检验结论合格的产品检验报告、变更证明（如企业变更）等材料。

4．办理流程

（1）报送申请材料

申请人可通过国家知识产权局官方网站的政务服务平台"地理标志"栏目下载地理标志产品专用标志使用申请书，按要求将申请材料报送至省级知识产权管理部门。

（2）审核申请

省级知识产权管理部门对申报的地理标志产品专用标志的使用申请提出初审意见，并将相关文件、资料（如专用标志使用汇总表）上报国家知识产权局。上报方式参见前述地理标志产品保护申请，此处不再赘述。

（3）办理结果

对用标审查合格的产品，由国家知识产权局发布地理标志产品专用标志核准公告；对于要件不齐全或不符合规定要求的，国家知识产权局向省级知识产权管理部门发出地理标志专用标志使用申请审查意见通知书；对于审查企业存在经营风险的，国家知识产权局向省级知识产权管理部门发出地理标志专用标志使用申请风险提示通知书。

（五）其他需注意的问题

以集体商标和证明商标申请注册的地理标志需要注意的常见问题如表2-1-14

所示。

表 2 - 1 - 14　地理标志集体商标和证明商标申请注册常见问题

问题	解答
地理标志是否必须包含地名	否，例如正山小种
地理标志是否必须为农产品	否，地理标志集体商标和证明商标所指向的产品除了农产品，还可以是手工艺品、酒类等，例如蜀绣
地理标志要求的高品质一定要通过理化指标来衡量吗	否，例如一些区域的葡萄酒是通过感观特性来鉴别，是对风味的品鉴
公司、农民专业合作社能否作为地理标志申请人	否，地理标志属于区域公共资源。不管以哪种方式申请地理标志，地理标志注册人应当是当地的不以营利为目的团体、协会或者其他组织，一般为社会团体法人、事业单位法人，其业务范围与所监督使用的地理标志产品相关。由于公司、农民专业合作社以营利为目的，因此不能作为地理标志申请人
已经注册了普通商标，能否将已注册的普通商标标识注册为地理标志集体商标或地理标志证明商标	否，因为二者使用方式、注册人和使用人的权利、义务不同。只有注销原普通商标，才可将此商标标识注册为地理标志商标

（六）与地理标志有关的国际组织

1. 世界贸易组织

世界贸易组织在 TRIPS 中规定了地理标志是指识别一商品来源与一成员领土或该领土内一地区或地方的标识，该商品的特定质量、声誉或其他特征主要归因于其地理来源。

在 TRIPS 里明文规定地理标志国际保护的基本规则是互惠原则，而不是最惠国原则或国民待遇原则。地理标志国际保护基本模式如图 2 - 1 - 9 所示。

2. 世界知识产权组织

世界知识产权组织管理的《保护原产地名称及其国际注册里斯本协定》（以下简称《里斯本协定》）和《原产地名称和地理标志里斯本协定日内瓦文本》（以下简称《里斯本协定日内瓦文本》）对地理标志作了明确规定。

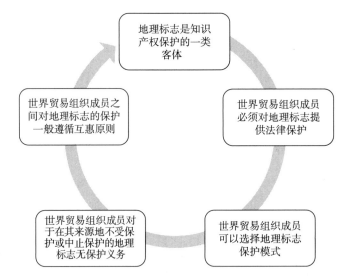

图 2 - 1 - 9　地理标志国际保护基本模式

（七）地理标志数据查询

国家知识产权局为社会公众提供了地理标志数据的线上查询服务，但数据有一定滞后性，仅作参考，分别包括：①地理标志产品信息查询；②地理标志专用标志使用企业信息查询；③以集体商标、证明商标注册的地理标志查询。

五、商业秘密●

（一）我国商业秘密保护相关法律制度

我国没有专门的商业秘密法，有关商业秘密保护的核心内容主要规定体现在《反不正当竞争法》中。该法包括对商业秘密的界定，以及禁止实施侵犯商业秘密的行为。该法第九条规定，商业秘密是指不为公众所知悉、具有商业价值并经权利人采取相应保密的技术信息、经营信息等商业信息。在我国，商业秘密的保护主要是以《反不正当竞争法》为主，同时也涉及《民法典》《刑法》《劳动法》等，构成了一个相对完整的法律保护体系。

1.《反不正当竞争法》保护

《反不正当竞争法》是保护商业秘密的核心法律，它对商业秘密的保护作出了直

●　参见《反不正当竞争法》《民法典》《刑法》《民事诉讼法》《关于禁止侵犯商业秘密行为的若干规定（修正）》及相关司法解释。

接的规定。该法第九条对商业秘密的含义进行了界定，并且对侵犯商业秘密的各种具体行为作了明确规定。该法第十七条至第三十一条对侵犯商业秘密的法律责任也作了规定。该法第三十二条对权利人和涉嫌侵权人的举证责任分配作了规定。

2. 程序法保护

程序法有关商业秘密的保护主要体现在《民事诉讼法》及其司法解释、《仲裁法》中。《民事诉讼法》规定，人民法院审理民事案件，涉及商业秘密的案件，当事人申请不公开审理的，可以不公开审理；商业秘密作为证据应当保密，需要开庭出示的，不得在公开开庭时出示等。这些规定从《民事诉讼法》的角度建立了商业秘密在诉讼过程中的保全制度。

3. 《民法典》保护

《民法典》第五百零一条，规定了当事人在订立合同过程中知悉的商业秘密或者其他应当保密的信息，无论合同是否成立，都不得泄露或者不正当地使用；泄露、不正当使用该商业秘密或信息的，造成对方损失，应当承担赔偿责任。

第七百八十五条规定，承揽合同中，承揽人应当按照定作人的要求保守商业秘密，未经定作人许可，不得留存复制品或者技术资料。

第八百六十一条、第八百六十八条、第八百六十九条，分别规定了在技术开发合同、技术转让合同中所涉及的技术秘密的使用权、转让权及收益分配办法，以及所涉及的保密义务和应当承担的法律责任。

4. 《刑法》保护

《刑法》在"侵犯知识产权罪"第二百一十九条规定了侵犯商业秘密罪，即实施侵犯商业秘密的行为，给商业秘密权利人造成重大损失的，处 3 年以下有期徒刑或者拘役，并处或单处罚金；造成特别严重后果的，处 3 年以上 7 年以下有期徒刑，并处罚金。这从《刑法》的角度对商业秘密进行了保护。对侵犯商业秘密的行为与《反不正当竞争法》规定的内容一致。

5. 《劳动法》保护

《劳动法》第二十二条和《劳动合同法》第二十三条、第二十四条分别规定了劳动者对用人单位的商业秘密负有保密义务，以及用人单位的高级管理人员、高级技术人员和其他负有保密义务人员的竞业限制内容。

（二）商业秘密的保护

1. 主管机关

商业秘密的主管部门是县级以上市场监督管理部门，对侵犯商业秘密的行为实行分级管辖。一般商业秘密侵权行为由县级以上市场监督管理部门认定查处。

2. 商业秘密的权利人

《关于禁止侵犯商业秘密行为的若干规定》第二条第六款规定，依法对商业秘密享有所有权或使用权的公民、法人或者其他组织是商业秘密的权利人。

3. 构成商业秘密的条件

商业秘密的获取与其他多数知识产权不同，它不需要经过申请审批程序，只要符合法律规定的条件便构成商业秘密。一项信息是否构成商业秘密，除了信息包含的内容符合规定，该信息还要具有秘密性、价值性、实用性和保密性。商业秘密构成条件如表2-1-15所示。

表2-1-15 商业秘密构成条件

条件	判断是否构成商业秘密的具体内容
内容	技术信息和经营信息包括以下三类：①设计、程序、产品配方、制作工艺、制作方法，包括完整的技术方案、开发过程中的阶段性技术成果以及取得的有价值的技术数据，也包括针对技术问题的技术诀窍；②管理诀窍、客户名单、货源情报、产销策略、招投标中的标底及标书内容等信息；③其他技术信息和经营信息
秘密性	不为公众知悉的信息，有以下六种情形则不构成商业秘密：①该信息为其所属技术或经济领域的一般常识或行业惯例；②该信息仅涉及产品的尺寸、结构、材料、部件的简单组合等内容，进入市场后相关公众通过观察产品即可获得；③该信息已经在公开出版物或者其他媒体上公开披露；④该信息已通过公开的报告会、展览会等方式公开；⑤该信息从其他公开渠道可以获得；⑥该信息无需付出一定的代价就容易获得
价值性	具有现实的或潜在商业价值：能为该信息权利人带来现实的或潜在的经济利益或者竞争优势，具有价值性

条件	判断是否构成商业秘密的具体内容
保密性	为防信息泄露，采取了与商业价值相适应的合理保护措施：①限定了涉密信息的知悉范围，只对必须知悉的相关人员告知其内容；②对涉密信息载体采取加锁等防范措施；③在涉密信息的载体上标有保密标志；④对于涉密信息采用密码或者代码等；⑤签订保密协议；⑥对涉密的机器、车间、厂房等场所限制来访者或提出保密要求；⑦建立保密制度或者确保信息秘密的其他合理措施

4. 侵犯商业秘密的救济渠道

（1）市场监督管理部门行政投诉

侵犯商业秘密由县级以上市场监督管理部门认定处理。侵犯商业秘密往往同时构成不正当竞争行为，权利人认为其商业秘密受到侵害，可以向市场监督管理机关申请查处相关侵权行为，但应当提供商业秘密及侵权行为存在的证据。市场监督管理部门处理周期短、成本低，只对侵权人作行政处罚，以调解结案，不对侵权赔偿作裁定。

（2）向仲裁机构申请仲裁

如果企业商业秘密被客户泄露或者不正当使用，给权利人造成损失，可根据双方签订的合同约定的仲裁条款申请仲裁。如果事先没有约定仲裁条款，事后双方达成仲裁协议，也可申请仲裁；企业职工或者已离职的职工侵犯商业秘密的，也可向仲裁机构申请仲裁。对仲裁裁决不服的，可以在15日内向人民法院起诉。

（3）向人民法院起诉

权利人可以依据工商行政管理部门作出的行政处罚决定书，向人民法院起诉，要求对侵权行为作出赔偿。企业的商业秘密被侵犯，也可以直接向人民法院起诉。

（4）向公安机关报案

如果权利人因商业秘密被侵权造成了重大损失，或者造成了特别严重的后果，可以向公安机关报案，寻求刑事救济渠道。

（5）协商解决

商业秘密纠纷属民事纠纷，企业单位的商业秘密受到侵害时，被侵害人可以与侵害人进行协商，要求其停止侵害并做适当赔偿，以维护自身的正当权益。

对于企业而言，如果通过行政、仲裁或诉讼等途径解决商业秘密侵权纠纷，可能会使权利人的商业秘密进一步扩散。

（三）需注意的问题

1. 商业秘密与专利的区别

商业秘密与专利是两种重要的知识产权，其中技术秘密与专利存在重合和交叉，也就是同一个内容，即可以用商业秘密进行保护，也可以用专利保护。实践中，权利人应根据具体需要加以选择。商业秘密与专利的区别如表 2 - 1 - 16 所示。❶

表 2 - 1 - 16　商业秘密与专利的区别

判定因素	商业秘密	专利
保密与否	商业秘密必须具有秘密性。秘密性是商业秘密与专利技术、公知技术相区别的最显著特征，也是商业秘密维系其经济价值和法律保护的前提条件	专利是以公开技术内容为代价来获得法律赋予的专有权，因此专利必须是公开的
权利期限	只要信息一直处于保密状态，权利人可以决定对商业秘密进行无期限的永久性保护	授权专利的保护具有一定的期限，该期限过后，任何人均可自由免费地使用该专利
地域性	商业秘密不受地域限制，由商业秘密权利人根据自己的需要在不同的国家或地区自行或许可他人使用	专利具有地域性，一个国家或地区依照其专利法授予的专利权，对其他国家或地区没有任何约束力
垄断程度	商业秘密是一项相对的权利。商业秘密的专有性不是绝对的，不具有排他性。如果其他人以合法方式取得了同一内容的商业秘密，他们就和第一个人有着同样的地位	专利权存在唯一性，一旦被提出专利申请，同一国家或地区的其他人就不得再以相同的发明、实用新型或外观设计申请专利，故专利权具有排他性
获权方式	商业秘密保护是自己保护、自行采取的保密措施，不需要向其他人缴纳费用	专利权人需按照法律规定向专利管理机关缴纳相关费用，否则专利权便终止

2. 评估企业对拥有信息是否采用商业秘密保护的条件

评估条件主要有以下五个方面。

---

❶ 中国保护知识产权网. 什么是商业秘密［EB/OL］.［2022 - 08 - 01］. http：//ipr. mofcom. gov. cn/hw-wq_2/intro/intro/intro_trade_secret. html.

第一，一项技术有没有资格申请专利。商业方法、软件的表达形式（通常受著作权法保护）、数学模型、信息介绍等在大多数国家不能授予专利权，但是，这些信息都可能作为商业秘密受到保护。

第二，评估该信息是否具有商业价值，并值得保密。

第三，评估该信息是否可在比专利提供的保护期更长时间内保持其价值。

第四，评估企业是否确保有条件保密。

第五，综合衡量将该信息作为商业秘密保护投入的成本与企业的获益，且收益大于成本。

如果以上条件都具备，企业可将该信息作为商业秘密来保密。反之，如果存在竞争对手可能通过逆向工程或其他方式了解技术信息或商业信息的运作，则不宜通过商业秘密加以保护。针对这类信息如果符合专利申请条件则尽快申请专利，以防他人将其技术信息提前申请专利。

3. 中小企业商业秘密保护措施

中小企业商业秘密保护措施具体包括：①可将产品中不可检测的制造技术或隐藏组件作为商业秘密；②可将供应商和客户名单纳入商业秘密范畴，尤其是在细分行业；③如果资金不足，可将发明作为商业秘密保护，在资金到位或者确定投资者时申请专利保护；④许可商业秘密时，应当在向第三方披露秘密之前签订保密协议或有效合同；⑤针对员工和决策者开展商业秘密培训；⑥在与企业高级管理人员、高级技术人员与与商业秘密保密有关的人员签订劳动合同中安排有关商业秘密保密和竞业限制的内容。❶

六、集成电路布图设计专有权❷

集成电路布图设计（以下简称"布图设计"）专有权，又称工业版权，与专利权、商标权、著作权一样，都是知识产权的客体。集成电路布图设计专有权主要由《集成电路布图设计保护条例》加以规定，是对具有独创性的集成电路布图设计进行保护的一种知识产权。

（一）主管机关

集成电路布图设计的主管机关是国家知识产权局。集成电路布图设计专有权经

---

❶ WIPO. Trade secrets：the hidden IP right ［EB/OL］. （2017 – 06 – 01）［2022 – 09 – 11］. http：//www. wipo. int/wipo_magazine/en/2017/06/article_0006. html.

❷ 参见《集成电路布图设计保护条例》《集成电路布图设计保护条例实施细则》《集成电路布图设计登记审批办事指南》。

国家知识产权局登记产生，未经登记的集成电路布图设计不受保护。

（二）授权条件

1. 申请人资格

集成电路布图设计登记的申请人应至少具备以下三个条件之一：①中国自然人、法人或者其他组织创作的集成电路布图设计；②创作的集成电路布图设计首先在中国境内投入商业利用的；③外国人创作的集成电路布图设计，其创作者所属国同中国签订有关集成电路布图设计保护协议或者与中国共同参加有关集成电路布图设计保护国际条约的。

2. 具有独创性

申请登记的集成电路布图设计应当是创作者自己的智力劳动成果，并且其创作时该布图设计在集成电路布图设计创作者和集成电路制造者中不是公认的常规设计；或者使用常规设计但通过不同的组合方式体现出了独创性。

（三）审批流程

集成电路布图设计登记申请的审批是非行政许可审批，没有数量限制。集成电路布图设计审批流程较简单，包括申请、受理、审查与决定等步骤。集成电路布图设计申请审批周期短，如申请文件不存在形式缺陷，自申请人提交后约一个半月时间可收到受理通知书，自缴费成功后约一个半月可收到登记证书，整个周期约为 3 个月。集成电路布图设计申请登记流程如图 2-1-10 所示。

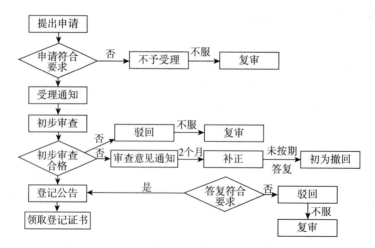

图 2-1-10　集成电路布图设计申请登记流程

1. 申请方式

申请人可采用电子申请或纸件申请两种方式。采用电子申请方式的，可登录国家知识产权局官方网站的政务服务平台，进入集成电路布图设计的业务办理界面；或直接登录集成电路布图设计电子申请平台进入办理页面。采用纸件申请方式的，可以将申请文件当面提交到国家知识产权局专利局的受理窗口或邮寄提交至"国家知识产权局专利局受理处"。如果申请人采用邮寄提交的方式，须在信封上注明"集成电路布图设计"。

申请人办理集成电路布图设计登记提交的材料如表2-1-17所示。

表2-1-17　集成电图布图设计登记申请文件

申请文件	备注
集成电路布图设计登记申请表1份	必须提交
集成电路布图设计的图样1份	必须提交
图样目录1份	必须提交
集成电路布图设计样品4件	可能提交，集成电路布图设计在申请日以前已投入商业利用
委托书	可能提交，申请人委托代理机构办理登记的
包含集成电路布图设计图样电子件的光盘	可选择是否提交
集成电路布图设计的简要说明	可选择是否提交

2. 受理

申请人提交的申请文件，经国家知识产权局审查，符合受理条件，且未发现形式缺陷的，审查员发出受理通知书和缴费通知书。符合受理条件但存在形式缺陷的，审查员会发出受理通知书和补正通知书，申请人应按补正通知书上的要求，在规定期限内提交补正材料。如果经补正已克服全部缺陷，则审查员发出缴费通知书；不符合受理条件的，发出不受理通知书。

集成电路布图设计登记申请如有表2-1-18中所述的情形，国家知识产权局则不予以受理。

表2-1-18　集成电路布图设计登记申请不予以受理的情形

序号	不予受理的详细情况
1	未提交集成电路布图设计登记申请表或者布图设计的复制件或图样的，已投入商业利用而未提交集成电路样品的，或者提交的上述各项不一致的

序号	不予受理的详细情况
2	外国申请人的所属国未与中国签订布图设计保护协议，或者未与中国共同参加有关国际条约
3	集成电路布图设计在世界上任何地方首次投入商业利用超过 10 年，或者自集成电路布图设计创作完成之日起超过 15 年
4	集成电路布图设计在世界任何地方首次商业利用超过 2 年，未向国家知识产权局提出登记申请
5	申请文件未使用中文
6	申请类别不明确或者难以确定其属于集成电路布图设计的
7	未按规定委托代理机构
8	集成电路布图设计登记申请表填写不完整

经过审查后，受理通知书和不受理通知书均由国家知识产权局发送。纸件申请的通知书将以挂号信的形式发送。电子申请的通知书将以电子文件形式，通过集成电路布图设计电子申请系统向电子申请用户发出。

3. 审查与决定

集成电路布图设计登记申请受理后，经初步审查，未发现驳回理由的，由国家知识产权局予以登记，发放登记证书，并在国家知识产权局官方网站和《中国知识产权报》上予以公告。

国家知识产权局对集成电路布图设计登记的申请受理后，根据《集成电路布图设计保护条例》和《集成电路布图设计保护条例实施细则》的内容进行初步审查，经审查驳回申请的情形的主要如表 2-1-19 所示。

表 2-1-19　集成电路布图设计登记申请审查驳回情形

审查范围	驳回的具体内容
申请文件符合性	申请人按照审查意见补正后，申请文件仍不符合《集成电路布图设计保护条例》和《集成电路布图设计保护实施细则规定》
《集成电路布图设计保护条例》第二条第（一）项和第（二）项规定	明显不符合对集成电路和集成电路布图设计定义的要求
《集成电路布图设计保护条例》第五条规定	集成电路布图设计登记申请的内容涉及思想、处理过程、操作方法或数学概念

申请人对驳回登记申请的决定不服的，可以自收到通知之日起 3 个月内向国家知识产权局请求复审。如果对复审的决定仍不服，可以自收到复审通知之日起 3 个月内向人民法院起诉。

（四）保护期限

集成电路布图设计权的保护期限为 10 年，自集成电路布图设计登记申请之日或在世界任何地方首次投入商业使用之日两者中的较早日期为准。但是，无论是否登记或投入商业利用，集成电路布图设计自创作完成之日起的 15 年后，不再受到保护。

（五）集成电路布图设计收费标准

集成电路布图设计收费标准如表 2 - 1 - 20 所示。[1]

表 2 - 1 - 20　集成电路布图设计收费标准

费用种类	金额/元
集成电路布图设计登记费（每件，一次性缴费，无需缴年费）	1000
集成电路布图设计登记复审请求费（每件）	1000
恢复集成电路布图设计登记权利请求费（每件）	500
著录事项变更手续费（每件每次）	50
延长期限请求费（每件每次）	150
非自愿许可使用集成电路布图设计请求费（每件）	150
非自愿许可使用集成电路布图设计支付报酬裁决费（每件）	150

集成电路布图设计登记具体的缴费情况可查阅专利和集成电路布图设计缴费服务指南，也可登录国家知识产权局专利业务办理系统，查询应缴费用和已缴费用情况。

（六）为什么要进行集成电路布图设计登记

1. 获得更高评分

集成电路布图设计通过登记后可以享有专有权，申报国家高新技术企业认定时集成电路布图设计专有权属于一类知识产权，分数按"一类"计算，可以获得更高评分。

2. 提升企业的品牌形象

集成电路布图设计获得登记，表明企业具有较强的研发实力，获得登记数量越多，创新实力越强，企业的价值就越高。

3. 获取商用价值

权利人可以将集成电路布图设计许可他人使用而获得商业价值，也可以将集成

---

[1]　国家知识产权局．专利和集成电路布图设计缴费服指南［EB/OL］．（2023 - 06 - 29）［2023 - 08 - 01］．https：//www．cnipa．gov．cn/col/col1518/index．html．

电路布图设计进行质押融资。

4. 享有独占实施的权利

集成电路布图设计经登记获得专有权后，享有独占实施的权利。未经集成电路布图设计权人许可，实施以下两种行为，会被认为侵犯布图设计专有权，侵权人要承担赔偿责任。①复制受保护的集成电路布图设计的全部或者其中任何具有独创性的部分；②为商业目的进口、销售或者以其他方式提供受保护的集成电路布图设计、含有该集成电路布图设计的集成电路或者含有该集成电路的物品。

5. 确权简单

发生集成电路布图设计专有权争议时，集成电路布图设计登记可以证明权利人身份，节约解决纠纷的成本。

七、计算机软件

计算机软件又称计算机程序，其保护具有特殊性，既可以通过申请发明专利加以保护，也可以通过著作权加以保护。对某些技术文档也可通过商业秘密加以保护。涉及计算机程序的发明专利具有与其他领域的发明专利相同的一般共性，也有其审查的特殊性。作为发明专利，由国家知识产权局专利局加以规制保护；作为著作权，由国家版权局加以规制保护。

（一）计算机程序作为发明专利保护

1. 主管机关

与其他领域的发明专利相同，计算机程序发明专利向国家知识产权局专利局提出申请，由国家知识产权局专利局进行审查和授权。

2. 授权条件

须具有与其他领域相同的发明专利一般授权条件，符合《专利法》及其实施细则的规定。

3. 审批授权流程

计算机软件作为专利申请的审批授权流程同一般发明专利申请的审批授权流程。

4. 计算机程序的发明专利申请审查的特殊性

计算机程序的发明专利申请除具有一般专利的审查内容外，根据《专利审查指南（2023）》还要对表 2 - 1 - 21 中所述内容进行审查。

表 2 - 1 - 21　计算机程序作为专利的审查内容

审查范围	审查的具体内容
《专利法》第二条第二款：是否构成技术方案	申请发明专利的计算机程序是指为解决发明提出的问题，全部或部分以计算机程序处理流程为基础，通过计算机执行按上述流程编制的计算机程序，对计算机外部对象或者内部对象进行控制或处理的解决方案
《专利法》第二十五条第一款第（二）项：是否属于智力活动的规则和方法	智力活动规则和方法：如果一项权利要求仅涉及一种算法或数学计算规则，或者计算机程序仅是记录在载体上的计算机程序本身，或游戏的规则和方法，则不属于专利权保护的客体
	如果一项权利要求在对其进行限定的全部内容中既包含智力活动的规则和方法，又包含技术特征，该权利要求整体并不构成智力活动的规则和方法，则不应排除其获得专利权的可能性
	非技术问题或违背自然规律：如果计算机程序的发明专利申请的解决方案执行计算机程序的目的不是解决技术问题，或者在计算机上运行计算机程序从而对外部或内部对象进行控制或处理不是利用自然规律的效果，则不属于专利权保护的客体
	如果执行计算机程序的目的是处理一种外部技术数据，通过计算机执行一种技术数据程序，按照自然规律完成对该技术数据实施的一系列技术处理，从而获得符合自然规律的技术数据处理效果，这种技术方案属于专利保护的客体
	执行计算机程序的目的是改善计算机系统的内部性能，通过计算机执行一种系统内部性能改进程序，按照自然规律完成对该计算机系统各组成部分实施的一系列设置或调整，从而获得符合自然规律的计算机系统内部性能改进效果，这种技术方案属于专利权保护的客体
	智力活动的规则和方法：仅涉及汉字编码方法的发明专利申请，不属于专利权保护的客体
	汉字编码方法与该编码方法可使用的特定键盘相结合，构成计算机系统处理汉字的输入方法或信息处理方法，使计算机系统能以汉字信息为指令，运行程序，从而控制或处理外部对象或内部对象，则构成技术方案，属于专利权保护的客体
	涉及大数据、"互联网＋"、人工智能以及区块链的发明专利申请，一般包含算法或商业规则和方法等智力活动的规则和方法特征，主要依据《专利法》第二十五条第一款第（二）项审查。能否被授予专利权取决于其权利要求是否包含技术特征

（二）计算机软件作为著作权保护

计算机软件作为著作权保护，主要依据《著作权法》和《计算机软件保护条例》。

1. 主管机关

与其他作品的著作权一样，计算机软件的主管机关是国家版权局。

2. 受保护条件

计算机软件著作权的产生与专利权等知识产权不同，不需要经有关主管机关审查批准取得授权，计算机软件的著作权自软件开发完成之日起产生。计算机软件著作权在我国受保护需要满足以下两个条件。

（1）内容

计算机软件必须由开发者独立开发，并已固定在某种有形物体上。

（2）主体

计算机软件著作权在我国受保护的主体包括：①中国公民、法人或其他组织对某所开发的软件，不论是否发表；②外国人、无国籍人的软件首先在中国境内发行的；③外国人、无国籍人的软件，依照其开发者所属国或经常居住国同中国签订的协议或依照中国参加的国际条约享有著作权的。

3. 保护的内容

计算机软件作为发明专利受保护的内容是软件所涉的思想、处理过程、操作方法、最终要解决的某个技术问题等，是一种技术方案；软件著作权只保护表达形式，软件著作权保护的范围是程序及其技术文档的表达，即保护语句序列或指令序列的表达，以及有关软件的文字说明表达。

4. 计算机软件著作权登记

登记不是软件著作权产生的条件。为促进我国软件产业发展，增强我国信息产业的创新能力和竞争能力，国家著作权行政管理部门鼓励软件登记，并对登记的软件予以重点保护。

5. 计算机软件著作权登记途径

中国版权保护中心是国家版权局认定的唯一的软件登记机构，负责全国计算机软件著作权登记的具体工作。申请人可以自己办理计算机软件著作权登记，也可以委托代理机构办理登记。可以到中国版权保护中心登记大厅现场办理，须提前在其微平台预约后再前往现场；也可以使用挂号信函或特快专递邮寄到中国版权保护中心邮件处理中心办理。

6. 计算机软件著作权登记办理流程❶

软件著作权登记办理流程相对简单，须经填写申请表→提交申请文件→登记机构受理申请→审查→取得登记证书等程序。

（1）填写申请表

在中国版权保护中心官网上首先进行用户注册，然后用户登录，在线按要求填写申请表后，确认、提交并在线打印。

（2）提交申请文件

申请人或代理人按照要求提交纸质登记申请文件。申请人应当将所提交的申请文件留存一份，以便在以后的补正程序中保持文件内容的一致。申请文件包括：软件著作权登记申请表、软件的鉴别材料、相关的证明文件和其他需证明的文件。如在登记大厅现场办理的，还需出示办理人身份证明原件。计算机软件著作权登记申请文件如表 2 – 1 – 22 所示。

表 2 – 1 – 22　计算机软件著作权登记申请文件

申请文件	内容
软件著作权登记申请表	应提交在线填写的申请表打印件
软件（程序、文档）的鉴别材料	①一般交存：源程序和文档应提交前、后各连续 30 页，不足 60 页的，应当全部提交；②例外交存：按照《计算机软件著作权登记办法》第十二条规定的方式之一提交软件的鉴别材料
相关的证明文件	申请人、代理人及联系人的身份证明文件、权利归属证明文件等
其他证明文件	①修改他人的软件应当提交授权书；②受让取得软件著作权的，应提交软件著作权转让协议；③享有著作权的法人或其他组织发生变更、终止后，由承受者登记时，需要提交有关企业变更（合并或分立）、终止的股东会或董事会决议、企业合并协议、清算报告、企业注销证明等相关证明文件；④继承人继承的，需要提供的证明文件包括：被继承人的死亡证明、被继承人有效遗嘱、与被继承人的关系证明、继承人身份证明、法院的法律文书等

---

❶　参见《计算机软件著作权登记办法》《计算机软件著作权登记指南》。

（3）登记机构受理申请

申请文件符合受理要求的，登记机构在规定的期限内予以受理，并向申请人或代理人发出受理通知书；不符合受理要求的，发放补正通知书。

（4）审查

经审查符合《计算机软件保护条例》和《计算机软件著作权登记办法》规定的，予以登记；不符合规定的，发放补正通知书。根据《计算机软件著作权登记办法》规定，申请文件存在缺陷的，申请人或代理人应根据补正通知书要求，在30个工作日内提交补正材料，逾期未补正的，视为撤回申请；存在《计算机软件著作权登记办法》第二十一条规定情形的，登记机构将不予登记并书面通知申请人或代理人。

不予登记的具体情形包括：①表格内容填写不完整、不规范且未在指定期限内补正的；②提交的鉴别材料与《计算机软件保护条例》规定的软件程序和文档不符合的；③申请文件中出现的软件名称、权利人署名不一致，且未提交证明文件的；④申请登记的软件存在权属争议的。

（5）获得登记证书

中国版权保护中心审查完所受理的申请，若该申请符合《计算机软件保护条例》和《计算机软件著作权登记办法》的规定，则予以登记，发给登记证书，同时予以公告。

申请人或代理人可在申请受理之日起30个工作日后，登录中国版权保护中心网站，查阅软件著作权登记公告。

（三）计算机软件作为著作权保护的有关问题

1. 计算机软件著作权登记有什么作用

计算机软件著作权登记的作用包括四个方面：①国家著作权行政管理部门鼓励著作权人进行计算机软件著作权登记，并对已登记的软件给予重点保护；②软件著作权登记证书是对登记事项的初步证明，可以帮助持有者在诉讼中起到减轻举证责任的作用；③根据国务院颁发的《鼓励软件产业和集成电路产业发展的若干政策》的有关规定，证书可以作为软件企业申请减免税收的证明；④在进行软件企业认定和高新技术企业认定时可以作为自主开发或拥有知识产权的软件产品的证明材料。

2. 游戏可以进行软件著作权登记吗

游戏作品可以分为游戏引擎和游戏资源两大部分。游戏资源包括图像、声音、动画等部分，游戏引擎是程序代码，可以申请软件著作权登记，而游戏中动漫、视频、图片等属其他作品，不能进行软件著作权登记。

3. 算法软件可以登记吗

算法是数学方法，在软件开发中，使用计算机程序语言实现的算法，其语言表达形式受到著作权法保护，可以进行登记。

4. 软件的 1.0 版本已经登记，升级版本还要登记吗

不同版本是不同的软件作品，软件功能和性能发生重大变化的升级软件，申请人如有需要，还应再登记。

5. 软件的鉴别材料作例外交存有什么作用

计算机软件鉴别材料中含有商业秘密，或者含有不愿透露的内容时，申请人可以例外交存程序或文档的鉴别材料。

6. 可以在当地版权部门办理计算机软件著作权登记吗

不可以。中国版权保护中心是国家版权局认定的唯一的软件登记机构，目前除北京设有代办机构，其他地区都需要在中国版权保护中心进行软件登记，或通过邮寄申请文件办理。

7. 申请登记的软件名称可以与已登记的软件名称重名吗

只要是独立开发享有著作权的软件都可以申请登记，软件名称可以相同或相似。

第二节　外向型企业海外知识产权的获取途径

一、专利权[1]

企业向海外申请专利，主要途径有三种：单一国家直接申请、《保护工业产权巴

---

[1]　国家知识产权局知识产权保护司，工业和信息化部电信研究院知识产权保护中心，北京集慧智佳知识产权管理咨询有限公司. 海外专利布局实务指引［EB/OL］. （2014 - 12 - 26）［2022 - 08 - 20］. https：//www. worldip. cn/uploadfile/2019/1213/20191213024017380. pdf；国家知识产权局知识产权保护司，深圳市威世博知识产权代理事务所，美国 Ladas & Parry 律师事务所. 海外专利申请策略实务指引［EB/OL］. （2014 - 12 - 05）［2022 - 08 - 20］. https：//www. worldip. cn/index. php?m = content&c = index&a = show&catid = 83&id = 50；国家知识产权局. 专利申请和受理审批办事指南［EB/OL］. （2021 - 06 - 04）［2023 - 08 - 20］. https：//www. cnipa. gov. cn/attach/0/0caf8492459846d98f3859ab05225df7. pdf；参见由国家知识产权局官方网站和世界知识产权组织官方网站发布的关于 PCT 申请内容，以及《专利合作条约》《关于中国实施专利合作条约的规定》。

黎公约》（以下简称《巴黎公约》）途径、《专利合作条约》（Patent Cooperation Treaty，PCT）途径。其中《巴黎公约》途径和 PCT 途径使用最广泛。企业向海外申请专利前要做好准备工作。根据企业情况评估是否有必要向海外申请专利、进行可专利性预评估、委托合适的国内专利代理机构或当地代理机构、进行保密审查等。准备工作包括以下四个方面。

第一，评估申请途径。

企业可根据自身的发展战略以及市场情况，进行海外的专利布局。由于专利权具有地域性，因此当中国企业要进入海外市场，需要考虑应在哪些国家或地区进行专利布局。由于涉及不同国家专利申请的审查流程、审查周期、有关费用和专利维持时间，就要综合分析成本、预算、市场转化和收益等。企业应当以海外专利布局的整体规划为目标，在对自身技术和经营战略分析的基础上，选择适当的时机申请专利，以便在其他国家或地区获得有效的专利保护和收益，从而增强企业在国际上的竞争力。

在准备向海外申请专利前，企业可预先对发明创造的可专利性进行评估。可以由企业内部的知识产权人员评估，也可以委托外部的知识产权服务机构进行评估。当评估结果符合可专利性要求后，可以向海外申请专利。对于单一国家直接申请途径、《巴黎公约》途径和 PCT 途径，企业可根据专利申请数量、申请地域、需维护期限、申请维持成本和市场等因素综合评估，选择适合的申请途径。

第二，决定是否委托代理机构。

是否委托代理机构，取决于两个因素：其一是法律规定，因申请人身份应当委托代理机构；其二是企业自身的需要。本书排除第一种应当委托的情况，仅针对中国自然人或者法人，申请人可根据需要选择是否委托代理机构。向海外申请专利，无论采用哪种方式，能否获得授权最终取决于各个国家或地区的法律规定。而专利申请文件的撰写本身是一项专业性很强的业务，与审查员的沟通、申请文件和意见陈述的撰写质量直接影响该申请能否获得授权，以及授权范围、权利行使的难易和权利的稳定性。因此，在向海外申请专利时，如果企业自身在海外专利申请上的能力不足，委托国内的代理机构或者目标国的代理机构不失为一种比较便捷的方式。

第三，选择代理机构。

在选择代理机构时，主要考虑该代理机构的综合实力和团队成员的从业年限、代理的海外业务量和业务成果；该代理机构在业内的口碑和在国际上的合作资源；该代理机构的内部管理以及作业流程是否可控，费用水平等因素。如果企业对海外专利代理行业和代理机构不了解，在选择海外代理机构时，企业可通过国内的代理机构推荐，根据企业的实际需求，选择技术领域匹配度高、代理质量好、信誉好、性价比高的当地专利代理机构。

第四，保密审查。

《专利法》第十九条规定，任何单位或者个人将在中国完成的发明或者实用新型向外国申请专利的，应当事先报经国务院专利行政部门进行保密审查。保密审查的程序、期限等按照国务院的规定执行。因此，不管采取哪种途径向海外申请专利，都应当事先进行保密审查。如果发明创造涉及国家安全或重大利益需要保密的情况下，就不能向外国申请专利。

违反保密审查义务的不利后果。如果申请人未进行保密审查而直接向海外申请专利，其对应的中国专利申请将不授予专利权。

请求保密审查的方式有以下三种：①申请专利的同时或之后提交保密审查请求；②提出 PCT 申请时，默认提出了保密审查请求；③专利申请人准备直接向其他国家或地区申请专利的，以技术方案形式单独提出保密审查请求。

（一）单一国家直接申请

企业在欲向某个国家申请专利前，除综合评估上述因素外，还应当考虑专利布局等因素。考虑该技术是否在该国有商业化的可能、公司将来是否会采用该技术、该技术能否影响该国的竞争对手、竞争对手能否通过反向工程破解该技术、竞争对手是否有可能使用该技术、企业在该国是否有机会对专利进行许可等因素。通过权衡利弊，确定是否向海外国家申请专利。

根据《专利法》及其实施细则的有关规定，任何单位或者个人将在中国完成的发明或者实用新型向外国申请专利的，应当事先报经国务院专利行政部门进行保密审查。在 4 个月内未收到保密审查通知的，或 6 个月内未收到保密审查决定的，可以直接向海外的国家/地区专利局提交专利申请。如果是向《巴黎公约》成员国和 PCT 缔约国以外的国家或地区申请，企业可按照中国与该国或地区签订的知识产权协议或对等原则处理。

向海外提交专利的申请、受理、审查和授权等事项依据该国的法律规定来确定。由于不同国家的法律规定不同，向海外申请专利也可以委托国内或者国外的有资质的代理机构办理。如果委托代理机构办理专利的海外申请，专利申请的费用就包括代理费与国外专利局收取的费。对于代理机构的选择，可以直接委托国外代理机构，也可以通过国内代理机构来选择国外代理机构。

（二）《巴黎公约》途径

《巴黎公约》是比较传统的专利申请体系，即申请人可以直接在希望获得专利保护的所有《巴黎公约》成员国分别提交专利申请。中国于 1985 年 3 月 19 日正式成为《巴黎公约》成员国。截至 2022 年 7 月，《巴黎公约》的成员国达到 179 个。❶中国企业若想获得多个国家或地区的专利，申请人自首次在中国提出发明或实用新

---

❶ WIPO. PCT newsletter ［EB/OL］. （2022－05－10）［2022－08－20］. https：//www.wipo.int/export/sites/www/pct/zh/docs/newslett/2022/4_2022.pdf.

型专利申请后 12 个月内，首次提出外观设计专利申请 6 个月内，可以通过《巴黎公约》途径向其成员国提出专利申请，并要求享有优先权。

1. 优先权

中国申请人要求享有优先权的申请，须具备三个条件，分别是：①申请人必须是在中国完成了第一次合格的申请；②申请人第二次向《巴黎公约》的成员国提出的申请内容必须与第一次在中国的申请内容完全相同；③第二次向《巴黎公约》成员国提出的申请须在规定的时间内提出。

2. 申请的受理、审查及授权

向《巴黎公约》成员国提出的申请，由该成员国专利局受理，按照他国的审查程序，依据当地法律进行审查并决定是否授予专利权。通过《巴黎公约》途径申请相对较简单，申请流程如图 2-2-1 所示。

图 2-2-1　《巴黎公约》途径申请流程

3. 适合选择《巴黎公约》途径申请专利的情形

第一，企业根据其商业战略以及专利布局，能很快确定在海外寻求专利保护的目标国，且预计申请的国家少于五个时，在申请前经初步可专利性评估，企业的发明创造具有较好的授权前景。这样申请的成本就相对较低。

第二，企业急需短期在海外国家获得专利权时。例如企业有关产品即将在该海外市场上市，为避免专利侵权风险或者被侵权风险；有关产品已经在某个国家或地区被仿冒或存在被仿冒的紧急风险；商务谈判的需求。

第三，通过《巴黎公约》可以受理发明、实用新型和外观设计三种类型的专利申请。特别是经综合评估，当其他途径不适合外观设计的申请时，可以采用《巴黎公约》途径。

第四，企业的产品生命周期短，更新换代快。

第五，当企业的发明创造容易被上下游同行、市场伙伴、友商或技术合作者理解并抢先申请专利时。这时需要以较短的申请周期来获得专利权。

（三）PCT 途径

PCT 申请是指依据 PCT 提出的申请。PCT 是在专利领域进行合作的国际性条约。

其目的是为解决就同一发明创造向多个国家或地区申请专利时，减少申请人和各个专利局的重复劳动。申请人只需要提交一件 PCT 专利申请，即可在多个 PCT 缔约国同时请求对申请人的发明创造进行专利保护。值得注意的是，PCT 途径只针对发明和实用新型专利的国际申请，只是专利的国际申请程序，专利权的授予仍由各个国家或地区的专利局依照其本国法律法规审查后决定。我国于 1994 年 1 月 1 日加入 PCT。截至 2023 年 3 月，已有超过 157 个国家加入了该条约。❶

PCT 是只对《巴黎公约》成员国开放的一个特殊协议，是对《巴黎公约》的补充。PCT 途径相比《巴黎公约》途径需要多付出国际阶段的费用，但它可以让申请人延迟支付国家阶段的费用。且在国际检索单位作出可专利性负面评价的情况下，可以及时让申请人放弃进入国家阶段，从而避免费用方面的损失。

1. 企业在哪种情况可以选择 PCT 途径向其他国家或地区申请专利

当企业希望以一项发明创造在五个以上国家或地区获得专利保护时，由于申请人不仅能以中文一种语言向受理局（中国国家知识产权局）提出一份国际申请即可，而且能节省一笔翻译费用。这种情况下采用 PCT 途径具有明显优势。

当企业相关产品的研发、销售或专利布局的策略未完全确定，专利申请文件在申请过程中有可能需要修改或调整时，可充分利用 PCT 程序的灵活性。PCT 申请进入国家阶段的期限较长，申请人可以在优先权日起 30 个月内根据企业自身的需求选择要进入的国家。因此，申请人可以充分利用这 30 个月，以争取更多的时间进行市场调研、资金筹备以确定最终的布局等工作。

2. PCT 申请的优势有哪些

第一，简化申请手续。申请人可使用自己熟悉的语言撰写申请文件，并直接向中国国家知识产权局专利局提交。

第二，在国际阶段，只需要缴纳一套费用。

第三，推迟决策时间，准确投入资金。在国际阶段，申请人会收到一份国际检索报告和一份书面意见。根据报告或书面意见，申请人可以初步判断发明的可专利性，然后根据需要，决定是否进入指定国家阶段程序。

第四，完善申请文件。申请人可根据国际检索报告和专利性国际初步报告，修改申请文件。

3. PCT 申请流程

企业通过 PCT 途径向海外申请专利的主要流程：向受理局提交申请文件→受理

---

❶ WIPO. PCT newsletter［EB/OL］.（2023 - 01 - 10）［2022 - 08 - 20］. https：//www.wipo.int/export/sites/www/pct/zh/docs/newslett/2022/12_2022.pdf.

局受理并对申请进行形式审查→审查（合格）→对 PCT 申请进行检索→出具国际检索报告→国际公布→国际初步审查（可选择）→指定国家阶段→各指定国按当地法律进行审查（决定是否授权）。企业通过 PCT 途径向海外申请专利的具体流程如图 2-2-2 所示。

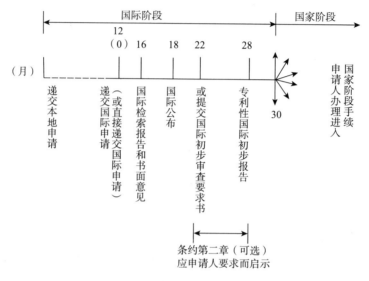

图 2-2-2　PCT 途径申请流程

4. PCT 主管机关

PCT 申请分为国际阶段和国家阶段两个阶段，先进行国际阶段程序的审查，再进行指定的国家阶段程序审查。国际阶段的申请办理由世界知识产权局国际局（以下简称"国际局"）主管，负责申请的受理、国际检索、国际公布以及应申请人要求的国际初步审查等业务；国家阶段的申请办理由各个国家或地区的专利局主管，各个国家或地区专利局根据其本地法律规定审查并决定该申请是否授予专利权。中国国家知识产权局专利局作为国际阶段的受理局、国际检索单位、国际初步审查单位，接受中国公民、居民、单位提出的 PCT 申请。

5. 国际阶段的申请受理

申请人可以直接向受理局提交 PCT 申请，要求优先权的，应在自优先权日起 12 个月内提出。下文以中国国家知识产权局为例。中国国家知识产权局专利局确定的国际申请日，在 PCT 的所有缔约国中自国际申请日起具有正式国家申请的效力。中国国家知识产权局专利局将对申请人提交的 PCT 申请进行国家安全审查。

（1）申请人资格

申请人只要满足以下条件之一，即可向中国国家知识产权局提出 PCT 申请：

①中国的公民或中国法人；②在中国境内有经常居所的外国人或在中国工商部门注册的外国企业或者外国其他组织；③根据中国与其他缔约国签订的双边协定，专利局也可接受该缔约国的国民或者居民提出的国际申请。若有多个申请人，只要其中一个申请人有资格即可。针对不同的国家可以指定不同的申请人。

（2）申请方式

PCT申请方式主要包括：①申请人可以在自己向中国国家知识产权局专利局提出专利申请后，再以此为优先权提出PCT申请，也可以直接提出PCT申请；②如果委托代理人办理申请的，申请人可以参考中国国家知识产权局官方网站列出的代理机构和代理人信息。

（3）受理国际申请的机构

受理国际申请的机构主要包括：①中国申请人可以向中国国家知识产权局专利局提交申请；②可以直接向国际局提交；③向如欧洲专利局、非洲地区工业产权组织专利局等有关的地区专利局提交。中国申请人在选择受理局时要考虑的因素包括：受理局可接受的语言、国际检索单位的选择、优先权恢复的标准和费用、援引条款加入的可能性、转换前文件的接收等。考虑申请程序上的便利性和经济性等因素，中国申请人一般选择向国家知识产权局专利局受理处PCT组提交申请文件。

需要注意的是，中国各地方专利代办处不接收PCT申请。申请人可提交电子形式的PCT申请，或者通过邮寄、当面提交等形式提交纸件的PCT申请。中国国家知识产权局专利局以其收到申请文件且满足《专利合作条约》第11条第1款规定的所有要求之日确定为国际申请日。如果提交电子申请，可登录中国国家知识产权局的专利业务办理系统，该系统支持网页版、移动端和客户端，可提交包括PCT专利申请在内的专利申请及其相关业务。

（4）申请文件

申请人应当使用中文或英文向专利局提交国际申请文件。申请文件包括请求书、说明书、一项或几项权利要求、一幅或几幅附图（需要时）和摘要各一份。具体要求如表2-2-1所示。

表2-2-1　PCT申请文件及要求

申请文件名	要求
请求书	①请求书中必须写明是作为PCT申请提出的；申请人应使用国际局统一制订的请求书，统一制订的请求书中包含"下列签字人请求按照PCT的规定处理本国际申请"字样，即该项要求得到满足；②必须写明申请人的姓名或名称
说明书	—
权利要求	—

续表

申请文件名	要求
附图	在后提交有可能改变申请日，如有必要仍应及时提交
摘要	在后提交不影响申请日，但仍应及时提交
说明书序列表	如涉及核苷酸/氨基酸序列时，应提交电子形式序列表等
对保藏的微生物或其他生物材料记载的说明	一些指定国（例如日本）要求在国际申请提交的同时在说明书或国际申请中进行说明
可能提交的文件	①单独委托书或总委托书副本；②优先权文件；③符合行政规程附件 C 规定标准的电子形式序列表；④对保藏的生物材料的单独说明等

以中国国家知识产权局专利局作为受理局为例，申请程序和所需办理手续如下。

申请文件所需表格可登录中国国家知识产权局官方网站，选择专题→PCT 专栏→申请表格下载→国际阶段申请表格。申请人可按需下载所需表格。

申请人通过中国国家知识产权局专利业务办理系统提交向外国申请专利保密审查请求（含直接向外国申请专利保密审查请求）。根据提交方式不同，具体操作如下。

第一，直接向外国申请专利保密审查请求。申请人可在专利业务办理系统依次单击专利申请及手续办理→手续办理→向外国申请专利保密审查→直接向外国申请专利保密审查请求→业务办理。

第二，随专利申请提出向外国申请专利保密审查请求。申请时提出，申请人在撰写发明专利申请请求书或实用新型专利申请请求书的页面勾选。申请后提出，申请人可在专利业务办理系统依次单击专利申请及手续办理→手续办理→向外国申请专利保密审查→向外国申请专利保密审查请求→业务办理。

（5）缴纳费用

申请人应自国家知识产权局专利局收到 PCT 申请之日起 1 个月内缴纳检索费、国际申请费（适用时，缴纳国际申请附加费）。可以通过网上缴费、银行汇款、授权账户扣款、面交等方式。费用计算标准可登录国家知识产权局官方网站首页→专题→专利合作条约→重要通知查询。

自 2021 年 12 月 1 日起，申请人可以人民币向中国国家知识产权局专利局缴纳代国际局收取的 PCT 国际阶段费用，不再以瑞士法郎（CHF）标准折算。2023 年 7 月 1 日后具体缴费明细如表 2－2－2 所示。

表2-2-2　**PCT申请费用标准（2023年7月1日后执行标准）**

费用类别	费用名称	金额/元
适用情况下缴纳	代国际局收取的手续费	1560
必缴费	代国际局收取的国际申请文件不超过30页	10350
适用情况下缴纳或减缴	代国际局收的附加费，超过30页每页加收费	120
	电子方式提交减缴（PDF格式）	1560
	电子方式提交减缴（XML格式）	2340
必缴费	检索费	2100
适用情况下缴纳	代国际局收取的初步审查费	1500

国际申请阶段缴纳的费用数额根据世界知识产权组织每年公布的下一年度PCT申请国际阶段费用的人民币标准确定，原则上维持一年有效。如汇率波动过大可能需另行调整标准。更进一步的详细数据及各种缴费方式参见中国国家知识产权局网站的PCT专栏。

6. 国际阶段形式审查

中国国家知识产权局专利局受理PCT申请后，按照PCT及其实施细则的规定对国际申请进行形式审查。形式审查的内容包括：①审查申请文件是否齐全；②国际申请的语言是否符合要求；③是否缴纳费用；④审查优先权的时间等内容。

受理局进行的审查不涉及发明创造的实质内容。如果经审查的国际申请不符合语言、费用、形式和内容的某些要求，受理局会要求申请人提供必要的更正。只有PCT申请符合规定的要求后，受理局才会给予确定国际申请日。

7. 国际检索

（1）国际检索启动

形式审查合格后，PCT申请文件会分别传送给国际局和国际检索单位。每件PCT申请都应经过国际检索。申请人按规定缴纳了检索费后，就会启动检索程序。中国国家知识产权局专利局受理的PCT申请，国际检索一般由作为国际检索单位的中国国家知识产权局专利局承担。主要职能包括：检查单一性、检查标题和摘要、对声称的发明进行检索、检查除请求书之外的申请文件是否存在明显错误、制订检索报告或宣布不制订检索报告等。

（2）国际检索结果

国际检索的目标是发现相关的现有技术。检索报告将列出相关的对比文献，书面意见则对要求保护的发明创造是否具备新颖性、创造性和实用性提出初步的、无约束力的意见。当国际检索结果不具备专利"三性"的要求时，不建议企业选择进人指定国的国家阶段的审查。当发生以下情形之一时，中国国家知识产权局专利局可以宣布不制订国际检索报告：①涉及的主题按规定不要求进行检索；②说明书、权利要求书或附图不符合要求，以至于无法进行有意义的检索；③未在规定期限内提交电子形式序列表等。

（3）国际检索时限

国际检索程序启动后，在规定的时间内，中国国家知识产权局专利局将对 PCT 专利申请进行检索，作出国际检索报告（或宣布不制订国际检索报告）和书面意见，并尽快送交申请人和国际局。国际检索报告期限是自收到检索本之日起 3 个月或自优先权日起 9 个月，以后到期为准。

8. 国际公布

自国际申请日（或优先权日）起满 18 个月，由国际局负责完成国际公布。并将该申请连同检索报告送交该 PCT 专利申请要求的指定国专利局。申请人如果希望提前进行国际公布，可以向国际局提出请求，并在适用时缴纳特别公布费（200 瑞士法郎）。若公布文本存在问题，申请人应与国际局联系解决。公布的内容可登录世界知识产权组织官方网站查询。

9. 国际初步审查（可选择程序）

（1）国际初步审查性质

PCT 规定，国际初步审查程序是非强制性的。国际初步审查的目的是就该发明创造是否具备新颖性、创造性和实用性提出初步的意见。该审查意见对各指定国也没有任何约束力。在此阶段，若国际初步审查报告的结果表明该发明创造不符合专利"三性"的要求时，不建议企业将该申请进入下一国家阶段的程序，以免浪费成本。

（2）国际初步审查启动期限

申请人自传送国际检索报告或宣布不制订国际检索报告之日起 3 个月，或自优先权日起 22 个月可以提交国际初步审查要求书。并且申请人应当在提交要求书之日起 1 个月或自优先权日起 22 个月内缴纳初步审查费和手续费，上述日期以后到期为准。

（3）国际初步审查单位

只要是由中国国家知识产权局专利局受理的 PCT 申请，国际初步审查单位就是中国国家知识产权局专利局。经审查，国家知识产权局专利局会出具一份国际初步审查报告（专利性国际初步报告）。国家知识产权局专利局在这一程序中的审查内容主要包括：①单一性审查；②优先权审查；③审查国际检索单位作出检索的发明部分；④提供关于新颖性、创造性、实用性的非约束性意见。

（4）国际初步审查报告期限

国际初步审查程序应申请人要求而启动。该程序在申请人提交了要求书，缴纳了手续费和初步审查费后启动。国际初步审查报告（专利性国际初步报告）制订的期限是自优先权日起28个月或自收到国际初步审查要求书之日起6个月，以后到期为准。

10. PCT 申请国家阶段

（1）PCT 申请国家阶段启动

申请人必须在自优先权日起30个月内办理进入指定国（或选定国）国家阶段手续。进入国家阶段的程序不是自动发生，必须经申请人主动启动。企业在启动进入国家阶段前，应当在对自身经营战略、产品在指定国市场调研的情况、专利的运营、成本等有充分评估的前提下，选择并确定欲获得专利保护的指定国。然后向指定国递交翻译成该国语言的国际申请的译本、缴纳官费等手续和程序。各个国家或地区专利局将依据该国的法律规定对于成功进入国家阶段的 PCT 申请进行审查，并作出是否授予专利权的决定。

（2）指定国审查程序及内容指引

PCT 申请在国家阶段的详细程序以及各国审查内容的具体信息见《PCT 申请人指南》。该指南涉及 PCT 程序的"国家阶段"的信息，即指定局的程序。它是从 PCT 程序的"国际阶段"的信息开始的，详细解释了申请人在进入国家阶段时必须做什么，以及进入国家阶段不同主管局的审查主要流程、使用的表格模板、如何向主管局缴纳费用等。该指南每周会根据国际局收到的信息更新一次，查询指南内容可登录世界知识产权组织官方网站，选择知识产权服务→PCT→《PCT 申请人指南》查看最新内容。

（四）海外专利申请途径比较

1.《巴黎公约》途径与 PCT 途径申请比较

在三种海外专利申请途径中，《巴黎公约》途径和 PCT 途径是最常用的。企业应当根据专利申请的种类、申请数量、申请地域和经济实力等因素进行综合评判，选择适合自身的途径。《巴黎公约》途径和 PCT 途径申请对比如表 2-2-3 所示。

表 2-2-3　《巴黎公约》途径和 PCT 途径申请对比

比较的内容	《巴黎公约》途径	PCT 途径
保护客体	发明、实用新型、外观设计	发明、实用新型
申请效力	直接进入各国常规审查、授权	国际阶段受理专利申请，之后分别进入各指定国进行常规审查、授权
启动国家程序的最长时间	时间短，首次提交专利申请后，发明或实用新型为 12 个月，外观设计为 6 个月	时间长，首次提交专利申请后的 30 个月
申请方法	一表一国，分别申请	一表多国
费用	分别支付不同国家程序的正常费用	国际阶段额外付费 1 份，进入国家阶段依照各国规定再分别支付每个国家的费用
缴费方式	向各国分别缴纳专利申请费用	向受理局或国际单位缴纳国际阶段费用，国家阶段再分别缴纳
拥有评估自身发明方案的时间	评估时间较短	评估时间长，可以对人、财、物进行合理配置
申请文件语言要求	申请材料使用他国指定语言	申请材料可用母语
审查方式	国家正常审查程序审查	国际阶段提供国际检索报告和书面意见，评估后企业再决定是否进入国家阶段，国家阶段按各国法律进行审查
授权难易程度	国家正常程序	国际阶段会得到可专利性的初步评估，可依据可专利性意见修改申请文件，确保进入国家阶段后更易获得授权

　　通过两种申请途径的对比，可以看出通过 PCT 途径申请，所需的周期长，程序多，还需额外支付国际阶段的费用，但只需提交一份申请文件，对中国企业而言，使用中文即可。通过《巴黎公约》途径申请周期相对短，但需要使用不同的语言，提交多份申请文件对应多个国家的申请。

2. 申请类型的选择

　　由于各个国家和地区的专利制度有所不同，对专利保护的客体类型和申请费用也不同。一般来讲，实用新型的申请成本相对发明专利申请成本更低。企业可根据自身产品和市场情况，对产品生命周期短、产品更新换代速度快的发明创造，可以仅申请实用新型专利加以保护。

　　当然，并不是所有的发明创造都要申请专利，对于维权过程困难的发明创造，反向工程难以获得的配件、制造方法、配方、中间产品和模具等，也可以采取技术秘密进行保护。

3. 申请途径选择

如果预计申请国家少于 5 个，选择通过《巴黎公约》途径申请，所花的申请成本更少；如果预计申请的国家大于或等于 5 个，通常选择 PCT 途径申请所花费成本更少。

4. 申请策略选择

针对同系列多个申请，可以同时请求多个优先权，并将方案合并进行海外申请。对于保护目标明确的发明创造，如仅需要通过专利涵盖竞争对手的产品，发挥对抗作用，可以适当缩小权利要求范围，进而缩短申请过程，节约申请费用。

（五）海牙体系申请

工业品外观设计国际注册体系（以下简称"海牙体系"），是基于《工业品外观设计国际注册海牙协定》（以下简称《海牙协定》）构建的，该协定由《海牙协定海牙文本》（1960 年）和《海牙协定日内瓦文本》（1999 年）组成。申请人可以通过海牙体系向国际局提交一件国际申请，在多个国家或地区获得外观设计保护。

中国在 2022 年 2 月 5 日向世界知识产权组织提交了《海牙协定日内瓦文本》的加入书，成为其第 68 个缔约方和海牙联盟的第 77 个成员。该文本于 2022 年 5 月 5 日在中国生效。因此，自 2022 年 5 月 5 日起，中国申请人可以根据自身的需要，依照《专利法》第十九条第二款的规定，根据该文本，在海牙体系的 77 个缔约方涵盖的 94 个国家中，提出多达 100 件工业品外观设计的国际注册申请，以达到快速便捷的国际保护目的，同时，费用更低有助于企业拓展国际市场。

中国居民在 2020 年共提交了 795504 项外观设计，约占全球总数的 55%。[1] 中国加入海牙体系后，外观设计权利人会以更方便、更低的成本将自己的外观设计在国际上推广。而在中国加入《海牙协定》之前，一些在海牙体系成员国设有机构的中国企业，例如美的集团股份有限公司（以下简称"美的集团"）、珠海格力电器股份有限公司（以下简称"格力公司"）、小米科技有限责任公司（以下简称"小米公司"）等外向型企业已经在使用海牙体系来保护其外观设计专利。

2022 年 5 月 5 日，《海牙协定》在中国生效的当日，就有 49 家中国企业提交外观设计国际申请共 108 件。其中，通过中国国家知识产权局提交的外观设计国际申请 58 件，直接向世界知识产权组织提交的外观设计国际申请有 50 件。[2]

---

[1] 中国保护知识产权网. 中国加入世界知识产权组织两部重要条约［EB/OL］. (2022 – 02 – 07)［2022 – 05 – 12］. http://ipr. mofcom. gov. cn/article/gnxw/lf/dt/202202/1968083. html.

[2] 国家知识产权局. 海牙协定在我国生效首日 外观设计国际申请超百件数［EB/OL］. (2022 – 05 – 07)［2022 – 12 – 11］. https：//www. cnipa. gov. cn/art/2022/5/7/art_2894_175432. html.

海牙体系的缔约方如图2－2－3所示。

☐ [OA] African Intellectual Property Organization	☐ [GE] Georgia	☐ [PL] Poland
☐ [AL] Albania	☐ [DE] Germany	☐ [KR] Republic of Korea
☐ [AM] Armenia	☐ [GH] Ghana	☐ [MD] Republic of Moldova
☐ [AZ] Azerbaijan	☐ [GR] Greece	☐ [RO] Romania
☐ [BY] Belarus	☐ [HU] Hungary	☐ [RU] Russian Federation
☐ [BZ] Belize	☐ [IS] Iceland	☐ [RW] Rwanda
☐ [BX] Benelux	☐ [IL] Israel	☐ [WS] Samoa
☐ [BJ] Benin	☐ [IT] Italy	☐ [SM] San Marino
☐ [BA] Bosnia and Herzegovina	☐ [JM] Jamaica	☐ [ST] Sao Tomé and Principe
☐ [BW] Botswana	☐ [JP] Japan	☐ [SN] Senegal
☐ [BN] Brunei Darussalam	☐ [KB] Kyrgyzstan	☐ [RS] Serbia
☐ [BG] Bulgaria	☐ [LV] Latvia	☐ [SG] Singapore
☐ [KH] Cambodia	☐ [LI] Liechtenstein	☐ [SI] Slovenia
☐ [CA] Canada	☐ [LT] Lithuania	☐ [ES] Spain
☐ [CN] China	☐ [ML] Mali	☐ [SR] Suriname
☐ [CI] Côte d'Ivoire	☐ [MX] Mexico	☐ [CH] Switzerland
☐ [HR] Croatia	☐ [MC] Monaco	☐ [SY] Syrian Arab Republic
☐ [KP] Democratic People's Republic of Korea	☐ [MN] Mongolia	☐ [TJ] Tajikistan
☐ [DK] Denmark	☐ [ME] Montenegro	☐ [TN] Tunisia
☐ [EG] Egypt	☐ [MA] Morocco	☐ [TR] Turkey
☐ [EE] Estonia	☐ [NA] Namibia	☐ [TM] Turkmenistan
☐ [EM] European Union	☐ [NE] Niger	☐ [UA] Ukraine
☐ [FI] Finland	☐ [MK] North Macedonia	☐ [GB] United Kingdom
☐ [FR] France	☐ [NO] Norway	☐ [US] United States of America
☐ [GA] Gabon	☐ [OM] Oman	☐ [VN] Viet Nam

图2－2－3　海牙体系的缔约方❶

1. 海牙体系的优势

作为外观设计的工业产权的保护同样也具有地域性的特点。企业根据市场需求在不同国家或地区申请保护时，就会面临使用不同语言、不同货币、不同形式的审查要求以及当地高昂的代理费用等诸多不便。而海牙体系建立的目的就是寻求国际外观设计申请注册保护的手续简化和经济性的需求，可以使申请人以最简便的手续和最少的花费，无须在各个国家或地区单独提出多项申请，只需通过一个国际注册就获得多个被指定的缔约方的外观设计保护。中国在加入《海牙协定》以前，中国申请人在海外寻求外观设计保护的市场主要是欧盟，通过欧盟知识产权局来申请。海牙体系具体的优势如表2－2－4所示。

表2－2－4　海牙体系的优势

优　势	具体内容
手续简便"四个一"	①海牙体系申请仅需在官方语言中选择一种语言提交申请文件；②向国际局这一个机构提出申请，不用在其要求保护的每个缔约方提交单独的国家或地区申请，可以避免不同国家或地区因申请程序不同带来的复杂性；③提出一个申请就能在多个司法管辖区内获得保护；④采用一种货币缴纳一套费用

---

❶ WIPO. Hague system member profiles［EB/OL］.［2023－08－20］. https：//www.wipo.int/hague/memberprofiles/selectmember#/.

续表

优 势	具体内容
成本低	通过海牙体系申请，可以为企业节省在不同国家或地区高昂的代理费用，从而降低外观设计在多个国家或地区获得保护的成本
方便灵活	提供三种公布的时间，申请人可以选择提前、标准和延迟公布，申请人可以根据经营策略把握公布时机
后续管理简化	通过一个主管局（国际局）对注册的后续变更或续展进行管理，无需向多个知识产权局提出修改请求，也不必关注每个国家或地区不同的注册续展的最后期限

2. 海牙体系申请人资格

海牙体系的申请人主体资格须符合以下条件之一：①属于一个缔约方的国民，或是作为缔约方的政府间组织的成员国国民；②在一个缔约方的领土内有住所或经常居所；③在一个缔约方的领土内有真实有效的工商营业所。

3. 海牙体系的申请程序

海牙体系的申请程序如图 2 - 2 - 4 所示。

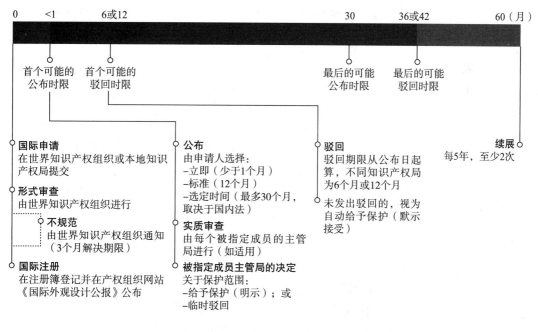

图 2 - 2 - 4　海牙体系申请流程❶

---

❶　国家知识产权局. 申请程序［EB/OL］.（2022 - 04 - 25）［2023 - 08 - 22］. https://www. cnipa. gov. cn/art/2022/4/25/art_2896_175082. html.

（1）国际申请提交方式

第一，向世界知识产权组织直接提交。通过登录世界知识产权组织官方网站提交电子申请，申请文件所使用的语言为海牙体系的官方语言，可以为英语、法语或西班牙语。

第二，向本地知识产权局提交。如果在中国提交申请，应通过中国国家知识产权局向国际局转交国际申请文件，申请文件所使用的语言仅限英语。

需要注意的是，一项国际申请最多可以包括属于国际外观设计分类（洛迦诺分类）中同一类的 100 项外观设计。

（2）形式审查

外观设计国际申请的形式审查由国际局负责，审查内容包括申请人、代理人的必要信息以及复制件的质量、费用缴纳等是否满足规定的形式要求。如果申请经形式审查不符合要求，申请人可以在 3 个月内进行修改，否则该国际申请被视为放弃。

（3）国际注册

经国际局形式审查符合要求的申请，给予国际注册。该国际申请在国际注册簿上登记，并在国际注册日之后 12 个月公布在《国际外观设计公报》（*International Designs Bulletin*）上。

国际公布可以提前或者延迟。申请人可以根据企业自身在国际市场的布局或其他需求，请求国际局在给予国际注册后立即公布，或者可以请求国际局延迟公布。根据《海牙协定日内瓦文本》，原则上可以请求延迟公布的期限最多 30 个月，该期限自递交申请之日起算，有优先权的，自优先权日起算。

（4）实质审查

实质性审查由国际申请中每一个被指定缔约方的主管局负责。各缔约方根据其国家或地区的法律规定进行实质审查。对不符合其规定的，各缔约方主管局有权驳回国际注册在其领土内的效力。如果各缔约方主管局拒绝对该国际注册给予保护，则会在《国际外观设计公报》上公布之日起 6 个月内将驳回通知通报国际局。根据《海牙协定日内瓦文本》，如果缔约方主管局为审查局的，或者缔约方的法律规定有异议程序的，其可以声明将驳回期限由 6 个月改为 12 个月。对于被驳回的国际注册，申请人拥有与直接向缔约方主管局提交申请的申请人同样的救济权利，根据缔约方的规定进行答复或申诉。

（5）被指定缔约方对国际注册给予保护

缔约方的主管局对国际注册进行实质审查后，在规定的期限内没发出驳回通知的，或者发出驳回通知但随后该通知被撤回，视为自动给予保护。该国际注册即拥有根据缔约方的法律获得保护的效力。

（6）保护的有效期限和续展

通过海牙体系申请的国际外观设计的初始保护期限为 5 年，但至少可以续展两次，这样至少就可获得 15 年的保护期限。个别的缔约方可以允许更长的保护期限。权利人应当在每个保护期届满前向国际局提出续展要求，直至该国的总保护期届满，并缴纳相应的续展费用。

（7）国际注册簿的变更

国际注册簿可以就以下四个方面的内容进行变更登记，这些变更可能对国际注册产生影响：①注册人名称和地址变更；②国际注册所有权变更（全部或部分被指定缔约方和/或全部或部分工业品外观设计）；③在任何或全部被指定缔约方放弃全部工业品外观设计；④在任何或全部被指定缔约方仅对部分工业品外观设计进行限制。

4. 我国的外观设计国际申请系统

申请人除以纸件方式提交外观设计国际申请外，还可以提交电子申请。为方便申请人从网上提交相关材料，目前，该系统已整合到专利业务办理系统，2023 年 1 月 11 日起可通过专利业务办理系统申请。自然人、法人和代理机构用户均可以使用该系统进行申请。具体使用方法参见 2023 年 1 月发布的《国家知识产权局专利局专利业务办理系统用户操作手册（外观设计国际申请)》，其中关于中国外观设计国际申请系统如图 2 - 2 - 5 所示。

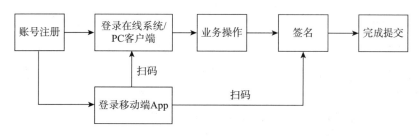

图 2 - 2 - 5　中国外观设计国际申请系统

5. 海牙体系费用

海牙体系的各种费用参见世界知识产权组织官方网站。通过海牙体系的费用计算器可以估算提交国际申请的费用，具体参见世界知识产权组织官方网站。

6. 海牙体系的数据资源

（1）《国际外观设计公报》

该公报是海牙体系的官方出版物，每周更新一次数据。它包含了 2012 年以来公布的所有数据，内容涉及有关影响现有国际注册的新国际注册、续展和修改的数据。可以按该公报期号或国际注册号进行检索。

（2）全球外观设计数据库

海牙体系提供的该数据库可以免费检索海牙体系现有的1300多万项外观设计注册数据，以及包括中国、欧盟、日本和美国等参与局的多家数据集。从简单的名称或数字检索，再到高级查询和筛选，可以对该数据库进行深度检索。

7. 各类表格的下载指引

外观设计国际申请图片或照片表、外观设计国际申请中文信息表、外观设计国际注册权利转让证明文件题录信息表可通过中国国家知识产权局的官方网站下载。申请人可通过登录中国国家知识产权局官方网站，选择服务→表格下载→与专利申请相关→外观设计国际申请类的栏目下载使用。外观设计国际申请相关表格清单如表2-2-5所示。

表2-2-5　外观设计国际申请相关表格清单

序号	名称	代码
1	国际注册申请表（DM/1 表）	—
2	外观设计国际申请图片或照片	132002
3	外观设计国际申请中文信息表	132005
4	外观设计国际注册权利转让证明文件题录信息表	132006

申请人需登录世界知识产权组织官方网站下载国际注册申请表（DM/1 表）。

提交的国际注册申请表、申请人的宣誓或声明、缺乏新颖性例外的证明文件、关于保护资格的信息、个人指定费的减免（美国）、优先权要求的支持文件［中国国家知识产权局/日本特许厅（JPO）/韩国特许厅（KIPO）］、更改所有权、期限保护、国际注册续展、放弃保护、持有人姓名和地址更改、任命一名代表、更改代表姓名和（或）地址、取消对代表的登记等表格，也可通过世界知识产权组织官方网站获取。

二、商标权

当今经济全球化模式为我国大量的外向型企业提供了向海外销售产品和服务的机会，为了将自身的产品和服务与竞争者区分开来，保护企业在海外的利益，作为知识产权战略的一部分，在海外市场让商标先行就成了企业全球战略不可缺少的动作。申请人申请海外的注册商标主要有两种途径，一种是分别向各国商标主管机关单独提出申请注册，另一种是通过马德里商标国际注册体系注册。

（一）单一国家注册申请

单一国家注册申请是申请人通过商标代理机构向商标申请注册的目标国或目标地区的主管机关提出申请，按照该国或该地区的规定，直接办理商标注册的有关事项。如需在多个目标国申请注册商标，则要向多个目标国逐一申请注册。

这种单一国家注册申请的优点是不需要以在国内已申请的注册商标为基础，企业申请比较自由，但这种方式申请注册也存在明显的缺点。

（1）费用高

中国申请人通过逐一向不同国家或地区申请注册国际商标的，其注册官费一般依据各个不同国家或地区具体的收费标准而定，目前并无统一的收费标准。通过此种方式申请注册国际商标，需要支付聘请代理人或律师等高额的费用。

（2）手续复杂

中国申请人需要按照各个国家或地区的具体法律规定逐一申请注册，对该国或该地区的商标注册情况分别进行查询，申请注册手续复杂。

（3）后续管理维护成本高

商标注册成功后，对国际商标的后期管理和维护需要花费大量的时间和精力。

因此，对企业而言，如果其产品或服务的市场布局只有某一个国家或地区，不需在多个区域布局的情况下，采用这种方式是比较合适的。

（二）马德里商标国际注册

马德里商标国际注册是通过马德里体系进行。马德里体系是根据世界知识产权组织管理的《商标国际注册马德里协定》（以下简称《马德里协定》）和《商标国际注册马德里协定有关议定书》（以下简称《马德里议定书》）两个国际条约建立的商标国际注册和保护体系。马德里体系的目的在于可以使商标使用人在最短的时间内以最低成本在所选择的目标国获得商标保护。方便申请人集中管理国际注册商标，统一维持这些国际注册在指定保护的目标国家或组织的法律效力。

在我国，马德里商标国际注册申请是以国家知识产权局为原属局，指定领土延伸至《马德里议定书》缔约方的商标国际注册申请。申请人通过国家知识产权局向世界知识产权组织国际局提交申请。

1. 马德里商标国际注册的地域范围

根据《马德里协定》和《马德里议定书》的规定，商标国际注册的范围是"马德里联盟"成员国之间。"马德里联盟"是指《马德里协定》和《马德里议定书》所适用的国家或政府间组织组成的商标国际注册的特别联盟。目前，马德里联盟有

114 个成员，覆盖 130 个国家，这些成员代表了世界贸易的 80%。❶

2. 使用马德里体系的优势

使用马德里体系的优势为费用低、节省时间、手续简单。马德里体系提供全球商标注册和管理服务，既便捷又经济。商标在较短的时间内，在所需的国家获得注册保护。申请注册商标时，只需提交一份申请，缴纳一组费用，便可以在马德里联盟所覆盖的 130 个国家申请注册和维护。达到以一点同时波及多点的效率和效果。并且，通过一个集中化的系统，方便进行注册商标的变更、续展或扩展。这种优势可以为我国的外向型企业，特别是中小型外向型企业提供获取多国商标国际注册的可能和捷径。因为不需单独在不同国家聘请当地律师提供服务，可以省去大量的翻译费用和公证费用，所以可以降低企业的成本。

3. 马德里商标国际注册的主管机构

马德里体系由国际局主管，通过马德里体系进行国际商标的注册和管理是世界知识产权组织提供的服务之一。

4. 申请前提条件

中国人申请注册马德里国际商标，必须在国内已有基础商标。基础商标可以是在中国已经获得注册的商标，也可以是已在中国提出注册申请并被受理的商标。

5. 马德里商标国际注册申请人的资格

一般资格，需同时满足以下条件：①马德里商标国际注册的申请人必须是马德里联盟成员国的个人或者组织；②与马德里体系内的成员有个人或业务联系，则可以使用马德里体系进行商标国际注册申请；③必须在马德里体系内 114 个成员覆盖的 130 个国家之中注册。

在中国的申请人应满足下述条件之一：①申请人在中国应设有真实有效的营业场所；②在中国境内有住所；③拥有中国国籍。两个以上申请人共同申请注册的，每个申请人均应符合上述条件之一。

中国香港特别行政区和澳门特别行政区的法人或自然人目前还不能通过国家知识产权局商标局提出国际注册申请。

6. 申请方式

可以自行办理，也可以委托依法设立的商标代理机构办理。申请材料可以选择

---

❶ WIPO. 马德里联盟的成员［EB/OL］.［2023－08－22］. https：//www.wipo.int/madrid/zh/members.

以下两种方式递交。

（1）纸件方式递交

将申请材料以邮寄方式向国家知识产权局商标局国际注册处递交，或者国家知识产权局商标局国际处、商标局驻中关村国家自主创新示范区办事处递交，或者各地商标审查协作中心及商标局委托的各省（自治区、直辖市）的市场监督管理局已开展马德里商标国际注册申请受理业务的商标受理窗口递交。北京市以外的审协中心和各地窗口地址可以通过中国商标网查阅。

（2）电子方式递交

通过国家知识产权局商标局的中国商标网的服务系统以数据电文形式提交国际注册申请。商标代理机构和国内申请人均可登录和注册商标网上申请系统，选择国际注册申请，按照网上的注册要求和指示填写信息、上传材料，在电子送达中进行收发文管理。在线提交的国际注册申请，不会收到国家知识产权局商标局发送的纸质通知，相关文书将通过该系统电子送达，同时通过短信、电子邮件等方式通知提醒申请人。

通过在线申请商标国际注册的，收到商标国际注册收费通知书后，在规定期限内登录商标网上申请系统，进行在线支付规费。如需补正材料，也应在规定的期限内通过商标网上申请系统→我的待回文中在线提交补正回文。

7. 马德里商标国际注册申请流程

（1）提交商标国际注册申请材料

马德里商标国际注册申请流程包括：①马德里商标国际注册申请书；②外文申请书（MM2表格）；③加盖公章或签字的申请人资格证明文件，如营业执照复印件、居住证明复印件、身份证件复印件等；④委托代理人的，应附送《马德里商标国际注册代理委托书》；⑤指定美国的，一并提交MM18表格。

申请人可以在国际申请中选择想让商标获得保护的缔约方，也可以后在马德里体系中扩大国际注册的地域范围。

（2）商标局审查

商标局审查主要分为以下两个方面。

第一，审查内容。申请人信息、代理人信息、商标信息、商品/服务信息、缔约方信息、申请人/代理人章戳或签字、指定美国使用意图声明、申请人身份证明文件、马德里商标国际注册申请代理委托书。

第二，审查形式标准。申请人是使用正确的正式表格提交申请。纸件方式提交的申请，外文可选择英文或法文书式；电子申请应使用英文填写信息，不得填写中文信息。

（3）缴纳规费，受理申请

申请材料经国家知识产权局商标局审查符合标准，或补正后符合标准，登记收文日期，编定申请号，计算申请人所需缴纳的费用，发出商标国际注册收费通知单。国家知识产权局商标局只有在收到如数的款项后，才会向国际局递交申请，发出受理通知书。

如申请人或代理人逾期未缴纳规费，国家知识产权局商标局不受理其申请。申请手续不齐备或未按规定填写申请书的，或逾期未补正，不予以受理，并书面通知申请人。

（4）国际局形式审查，颁发国际注册证

第一，审查结果。国际局收到符合《马德里议定书》及其实施细则的国际注册申请后，仅对国际申请进行程序审查，审查通过后即在国际注册簿上进行登记注册和商标国际公告，给商标注册申请人颁发国际注册证，并通知各被指定缔约方的商标主管机关。

第二，审查期限及有效期限。一般自提出商标的国际注册申请起6个月左右，会收到国际局颁发的国际注册证。国际注册有效期为10年，自国际注册日起计算，有效期满后，如想继续使用的，应当续展注册。

除了在世界知识产权组织官方网站查询商标国际公告，还可登录中国商标网，选择国际注册→查询国际公告使用说明。

（5）后期指定

后期指定是指商标获得国际注册后，商标注册人就该国际注册所有或部分商品和服务申请领土延伸至一个或多个国家。后期指定可以在提出马德里商标国际注册时提出，也可以在国际注册之后提出。马德里国际注册若指定欧盟，注册将会覆盖所有欧盟成员国。指定欧盟必须在外文书式的国家一栏中针对欧盟选择一个第二语言。

第一，提交方式。指定的缔约方如果只涉及《马德里协定》，必须通过商标局向国际局递交；如果没有涉及《马德里协定》，则既可以直接向国际局递交，也可以通过商标局转递国际局。此外，还可以通过世界知识产权组织官方网站在线进行后期指定。

第二，申请材料内容。申请材料内容包括：①马德里商标国际注册后期指定申请书；②外文申请书（MM4）；③有委托代理人的，应附送代理委托书；④指定美国的，一并提交MM18表格。

（6）异议

如果后期指定的是中国的商标注册申请，自国际商标公告出版的次月1日起的3个月内，符合《商标法》规定条件的异议人可以向国家知识产权局商标局提出异议申请。

为了方便异议人就国际注册商标提出异议，在商标注册网站（中国商标网）提供马德里国际注册公告链接，可通过该链接进入世界知识产权组织官方网站，查阅在线英文版公告。

（7）指定各缔约方实质审查

第一，实质审查结果。指定缔约方的商标主管机关在收到国际局通知之后，依据该国的法律规定进行审查，核准注册或驳回申请都会在驳回期限内向国际局发出相应通知，由国际局登记后转发申请人。实质审查满 12 个月或者 18 个月没有驳回，视为受权。

第二，续展。商标国际注册有效期为 10 年，自国际注册日起计算，期限届满应当续展注册，后期指定的缔约方需一并进行续展。续展可通过其商标局办理，也可向国际局申请办理，或在世界知识产权组织官方网站上进行在线续展。

8. 马德里商标国际注册各种费用

马德里体系国际注册申请应缴的费用包括以下四种类型。

（1）基础注册费用

黑白图样为 653 瑞士法郎，彩色图样为 903 瑞士法郎。

（2）补充注册费

取决于欲在何处保护商标。每一被指定缔约方的补充费用为 100 瑞士法郎，要求单独规费的缔约方除外。

（3）每类商品和服务超过 3 类的附加费

每增加 1 个类别，增加 100 瑞士法郎。

（4）单独规费

一般情况下，作出实质审查的指定缔约方要收单独规费，不作实质审查的指定缔约方只收标准规费。

例如，四川某企业打算在德国、法国和意大利 3 个国家注册 10 个类别的商品，黑白商标图样，费用对比如表 2 - 2 - 6 所示。

表 2 - 2 - 6　马德里体系国际注册申请应缴费用对比

如果通过马德里国际注册体系费用	如果单一国家逐一注册
基础注册费：653 瑞士法郎	每个类别的费：9000 元人民币
补充注册费：300 瑞士法郎（3 个国家）	10 个类别费：90000 元人民币
附加费：700 瑞士法郎（共 10 个商品类别，超过 7 个）	无
总计：1653 瑞士法郎 约合 1.1 万元人民币	总计：3 个国家共 27 万元

通过比较以上两种注册方式可以看出，马德里注册体系的费用比单国注册可以节约 95% 左右。

9. 马德里商标国际注册数据查询指南

可以通过世界知识产权组织官方网站的全球商标数据库查询。截至 2023 年 10 月 26 日，涵盖来自 58 个数据源的 11988575 条记录（该数据在不同时间随数据源的变动而有所不同）。

10. 马德里商标国际注册其他需注意问题

（1）马德里商标国际注册和单国注册哪种方式更好

企业在海外申请注册商标时，无论采用单一国家逐一申请注册，还是采用马德里商标国际注册体系申请注册，均须企业根据自身产品或者服务出口的实际需求、商标的国际布局、注册成功与否风险的把控、注册完成所需时间、注册费用以及后期的管理是否方便等因素加以综合权衡。

通过马德里体系注册，一份申请可以同时指定多个国家或地区，手续简单，总费用低。但因为每个国家或地区对商标注册的规定不同，所以会存在一定的注册失败风险。要想顺利在指定国或地区注册，门槛相对较高。单一国家逐一注册申请虽然门槛较低，风险易掌控，但是成本偏高，且需要逐一国家或地区申请注册，手续较复杂，后续管理不方便。单一国家逐一注册申请的费用通常除了官费和国内代理机构的代理费，还有目标国代理机构的代理费用。在注册时间上，马德里国际注册大约在 18 个月可以完成，而单一国家注册所需时间则须根据不同国家或地区的审查时间而定。例如，巴西、印度、菲律宾等基本需要 3 年以上，而新加坡、德国、法国等，大约需要 1 年时间即可。以上这些因素，都是外向型企业在向海外申请商标注册时需要考虑的。

（2）指定在美国、日本、韩国、新加坡等国注册申请商标需要注意的问题

由于美国、日本、韩国、新加坡等国对《马德里协定》或《马德里议定书》的一些条款作了保留或声明，因此，在对马德里国际注册申请的某些要件进行审查时，主要依据该国法律和规定。申请人在填写外文申请表时要注意以下四个方面。

第一，企业性质。美国要求必须填写企业性质，如"corporation""unincorporated association""joint venture""paternership"等。

第二，商标意译。新加坡要求中文商标必须对汉字进行逐一翻译，商标整体也要说明有无含义；美国要求说明商标有无含义，是否表示地理名称，在相关的产品或服务行业中是否有特殊含义。

第三，商品。美国要求商品的申报必须符合该国的《可接受的商品和服务分类手册》（Acceptable Identification of Goods and Services Manual）的要求，马德里国际注册通用的《商标注册用商品和服务国际分类》只是作为参考。日本、韩国也有类似的要求。因此，指定美国、日本、韩国的申请人在填写外文表格（MM2）时，10（a）和 10（b）最好一起填写。

第四，指定美国时，必须填写 MM18 表格。

三、地理标志

我国外向型企业向海外拓展业务时，知识产权布局不仅要考虑专利、著作权和商标的海外布局，而且要考虑地理标志的海外布局。由于地理标志通常被用于农产品、食品、酒类和酒精饮料、手工艺品和工业品，这类地理标志产品在我国虽然可以获得保护，但在海外并不必然获得保护。地理标志与当地的地理因素有着紧密关系，地理标志的声誉是归集体所有的无形资产。如果不加以保护，很可能被别的使用者"搭便车"，地理标志就会被不受限制地利用，价值也会缩水并最终丧失。保护地理标志也是避免第三方将该标志注册为商标并降低成为通用名称的风险的一种方法。因此，地理标志在海外获得保护，可以增加产品辨识度和竞争优势，提高产品附加值，在增强品牌知名度的同时助力出口的增加。

对于外向型企业来讲，地理标志可以作为品牌营销工具，将来自特定地理来源的产品与市场上其他类似的产品区分开来。由于地理标志产品拥有特定的品质和声誉，通常情况下，带有地理标志的产品在许多国家的出口和收入中占比相当大。因此，符合地理标志条件的产品应当尽可能在海外申请保护。

（一）获得地理标志保护的条件

1. 一般条件

通常，一个地理标志根据适用当地法律达到保护的标准。根据《巴黎公约》《制止商品来源虚假或欺骗性标记马德里协定》《里斯本协定》《里斯本协定日内瓦文本》《马德里协定》《马德里议定书》和 TRIPS，地理标志获得保护的一个重要条件就是地理标志的产品必须与地理来源有关联。这种关联可通过主要归因于地理来源的特性和质量、声誉或其他特征所决定。在许多国家或地区的立法中，只需一项归因于地理来源的标准即可，不论是产品的质量或是产品的其他特征，仅有声誉亦可。

2. 消极条件

根据当地法律规定符合地理标志的要求，一般应当不得存在以下五种情形。❶

第一，与在先的商标相冲突。如果当地的主管机构认为一项地理标志与先前已经善意申请、注册或通过善意使用而获得的商标相同或相似，且使用该地理标志可能会导致与该商标混淆，则对该地理标志的保护在该领土有可能被驳回。

---

❶ WIPO. 地理标志［EB/OL］.［2023 - 08 - 20］. https：//www.wipo.int/edocs/pubdocs/zh/wipo - pub - 952 - 2021 - zh - geographical - indications - an - introduction - 2nd - edition. pdf.

第二，构成地理标志的词语具有通用性。例如，"苹果"一词不能申请地理标志；如果当地主管机构认为一项地理标志构成其适用之产品或服务的通用名称，则对该地理标志的保护有可能被驳回。

第三，同形异义或同音异义的地理标志，被认为可能在产品真实来源方面产生误导。

第四，地理标志的名称为动植物品种的名称。在某些司法辖区，如果一项地理标志与植物品种或动物品种的名称冲突，并且因此可能在该产品的真实来源方面误导消费者，则对该地理标志的保护有可能被驳回。

第五，地理标志在其原属国缺乏保护。

（二）地理标志保护途径

由于地理标志具有地域性，在一个国家或地区取得的权利仅限于给予保护的国家或地区。目前，并不存在"世界"或"国际"地理标志权。TRIPS 第二部分第三节规定了成员对地理标志的保护义务。成员之间对地理标志的保护一般实行互惠原则。向海外申请地理标志保护一般需要以该地理标志在原属国获得保护为前提。向海外申请保护地理标志主要有以下四种途径。

1. 通过在相关司法管辖区直接申请获得保护

地理标志可以分别向某一国家或地区单独提出申请。通常，为了在某一国家或地区保护地理标志，许多国家或地区要求地理标志在原产国已受到保护。然后，根据该国或该地区的法律规定对申请进行审核，决定该地理标志是否被批准在该国或该地区受保护。由于不同的国家保护地理标志的规定可能不同，在一国受到保护并不必然导致在另一国也受保护。因此，假如想在多个国家或地区获得保护，只有逐一向各个国家或地区分别提出申请。

部分国家地理标志的保护模式如表 2 - 2 - 7 所示。

表 2 - 2 - 7　部分国家地理标志保护模式

国家	保护方式	申请注册主管部门
法国	其注册条件与欧盟受保护原产地名称是一致的，注册程序与欧盟规定的程序类似	法国工业产权局、法国国家原产地与质量管理局
德国	通过德国商标和其他标志保护法和德国反不正当竞争法来保护地理标志，通过 1994 年 11 月 30 日商标条例规定了地理标志注册程序	德国专利商标局

国家	保护方式	申请注册主管部门
意大利	主要采用欧盟的地理标志保护制度，依据《关于"欧共体第510/2006号条例之PDO和PGI国内注册程序"的2007年5月21日法令》注册，注册程序与欧盟规定的程序非常相似	意大利农业、食品和林业政策部
西班牙	①为与欧盟对接而制定了专门法，西班牙2007年7月27日第1069/2007号皇家法令规定了异议程序和在欧盟申请注册程序；②根据自身情况，制定符合西班牙国情的保护专门法规，提供更细致的法律保护；③西班牙1988年商标法允许将地理标志作为集体或证明商标使用	西班牙农业、渔业和食品部质量标记司设的国家原产地名称局
英国	①英国没有地理标志的专门立法，直接适用欧盟地理标志保护制度；②2006年制定了关于国内注册和在12周内在英国提出异议的管理程序；③英国普通法中的假冒诉讼、1968年商品说明法和1994年商标法都为地理标志提供了一定程度的法律保护	英国环境、食品和农村事务部
美国	①美国主要以商标法保护地理标志，美国1946年商标法是美国保护地理标志主要的法律，主要保护方式为普通商标保护、证明商标和集体商标的保护、商标法对葡萄酒地理标志的保护；②普通法保护地理标志，受普通法的商标法保护，无需在专利商标局注册；③通过假冒诉讼和酒类标签管理规范为地理标志提供保护	美国专利商标局（美国酒类及烟草税务贸易局负责管理葡萄酒地理标志的使用）

2. 通过利用国家间达成的双边协议获得保护

这种保护方式是两国间通常基于互惠原则达成双边协议。这些协议可能只限于某个经济部门或某些产品，例如，酒类和酒精饮料，或者构成更大范围贸易协定的一部分。中国已经和智利、秘鲁、哥斯达黎加、澳大利亚以及欧盟等国家或地区达成了地理标志保护的双边协议。

《中华人民共和国政府和智利共和国政府自由贸易协定》第十条规定：被列入条约附件的中国和智利的地理标志将在对方境内依其"国内法律法规，以与TRIPS规定一致的方式作为地理标志受到保护"。该协定附件列入的地理标志包括：①中国地理标志（绍兴黄酒、安溪铁观音）；②智利地理标志（智利皮斯科酒）。

《中华人民共和国政府和秘鲁共和国政府自由贸易协定》第一百四十六条规定：列入附件十的中国和秘鲁地理标志在对方境内按照其"国内法律法规的规定，以与TRIPS规定一致的方式作为地理标志受到保护"。

中国有22种地理标志产品，包括：安溪铁观音、绍兴黄酒、涪陵榨菜、宁夏枸杞、景德镇瓷器、镇江香醋、普洱茶、西湖龙井茶、金华火腿、山西老陈醋、宣威火腿、龙泉青瓷、宜兴紫砂、库尔勒香梨、岷县当归、文山三七、五常大米、通江银耳、巴马香猪、泰和乌鸡、福鼎四季柚、南京云锦。

秘鲁有4种地理标志产品，包括：智利皮斯科酒、楚鲁卡纳斯陶瓷、库斯科大粒白玉米和伊卡帕拉菜豆。

《中华人民共和国政府和哥斯达黎加共和国自由贸易协定》第一百一十六条规定：列入附件九的中国和哥斯达黎加地理标志在对方领土按照其"国内法律法规的规定，以与TRIPS规定一致的方式作为地理标志受到保护"。

附件九中国地理标志清单只提及待贸易委员会协商后确定，未列出具体内容。哥斯达黎加列了10项地理标志：哥斯达黎加香蕉、哥斯达黎加咖啡、瓜纳卡斯特（木材）、奥罗西（咖啡）、德雷斯里奥斯（咖啡）、图里阿尔瓦（咖啡）、西部谷地（咖啡）、布伦卡（咖啡）、中央谷地（咖啡）、瓜纳卡斯特（咖啡）。

《中华人民共和国和澳大利亚政府自由贸易协定》第十一章规定：提及遵守TRIPS，对地理标志通过商标或者其他法律制度给以保护，但没有列出具体地标内容。该协定规定各方应对集体商标和证明商标提供保护。其第十五条规定，各方承认地理标志可以通过商标制度或专门制度或其他法律途径得到保护。

《中华人民共和国政府与欧洲联盟地理标志保护与合作协定》在2021年3月1日生效，将中国和欧洲双方共550个地理标志（各275个）纳入互认清单，涉及酒类、茶叶、农产品、食品等。根据该协定规定，安溪铁观音、五常大米、四川泡菜等我国第一批有100个地理标志获得欧盟保护。第二批175个地理标志将于协定生效后四年内获得保护。截至2023年1月，双方已累计实现了244个产品的互认互保。根据该协定规定，我国相关地理标志产品有权使用欧盟的官方标志。通过这一保护途径，中国的地理标志在欧盟获保护，无需缴纳任何费用。

3. 通过里斯本体系进行注册申请的方式获得保护

里斯本体系是世界知识产权组织管理的国际原产地名称和地理标志体系。它由《里斯本协定》和《里斯本协定日内瓦文本》组成，是原产地名称和地理标志的国际注册方式。里斯本体系使已在《里斯本协定》的一个成员国获得保护的原产地名称在其他所有成员的领土内获得保护。

（1）里斯本体系的优势

第一，申请注册便捷高效。该体系可通过一种被称为"国际注册"的单一注册实现，其成员国只需通过世界知识产权组织提交一份注册申请，采用单一的注册程序，使用一种语言、以一种货币支付一组费用，便对所有缔约方生效。截至2023年10月27日，里斯本体系有43个缔约方，对地理标志保护可覆盖亚洲、非洲、欧洲、拉丁美洲和加勒比地区的72个国家。里斯本体系根据国际注册簿在多个国家或地区对注册的地理标志予以保护，可免去在不同机构申请和管理多项注册的复杂手续和费用。因此，通过里斯本体系注册，与逐一向单个国家申请注册相比，具有便利性和全球性，成本更低、效率更高、程序更简洁的优势。

第二，保护水平高。在保护上，里斯本体系明确规定了给予国际注册原产地名称和地理标志的最低保护水平。通过里斯本体系注册后，原产地名称和地理标志就不能在给予其保护的缔约方被认为是产品的通用名称。这种保护的基础是国际注册簿，其具有法律效力，可以在多个司法管辖区直接执行。一旦发生原产地名和地理标志纠纷，可减轻其经营者在海外寻求保护的举证责任。

第三，保护不受时间限制。在里斯本体系下，已经注册成功的原产地名称和地理标志，后续的国际保护可无限延续，无须支付额外的费用续展。只要在原属缔约方受保护，国际保护就可能持续下去。

对于国内的地理标志是否应当采用里斯本体系的方式来获取地理标志的海外保护，主要根据欲保护的目的和地理范围来确定。如果只想在某个国家获取保护，那么适当的选择应当是向该国家的主管地理标志的机构申请。具体主管机构和联系方式可从世界知识产权组织官方网站上获取。但如果想在更多的国家获得保护，选择里斯本体系的途径比较合适。

（2）里斯本体系可适用的产品类型

可适用于任何类型产品的原产地名称和地理标志。例如，农产品和食品、手工艺品，甚至工业产品。

（3）使用里斯本体系注册的前提条件

与其他的知识产权国际注册不同，能成功使用里斯本体系注册与否，与申请人的居住地、国籍或企业机构无关。只要符合下述三个条件，就可使用里斯本体系对原产地名称或地理标志进行国际保护。

第一，要注册的原产地名称或地理标志与里斯本体系的一个或多个缔约方有关。原产地名称或地理标志的原产地理区域（或生产地理区域）位于至少一个缔约方（原属缔约方）的境内。

第二，根据原属缔约方的法律，申请人是有权使用该原产地名称或地理标志的受益人，或可以主张受益人权利，或可以主张该原产地名称或地理标志的其他权利的人。

第三，申请国际注册的原产地名称或地理标志在其原属国已获得保护。无论保护方式是通过专门制度，还是商标、特别法令、标签或反不正当竞争法等。该国的国内法定权利是国际注册的基础。

（4）申请人资格

申请人资格主要有以下两种。

第一，受益人。在原属国有权使用地理标志和原产地名的人。

第二，具有法律地位的自然人或法人。有权主张受益人权利，或原产地名或地理标志中其他权利的其他自然人或法人，以维护受益人的权利。

（5）国际申请程序

向世界知识产权组织提出国际申请→世界知识产权组织进行形式审查→世界知识产权组织通知其他缔约方收到新注册→每个缔约方根据其法律规定决定批准或驳回在其境内的保护。里斯本体系注册程序如图2-2-6所示。

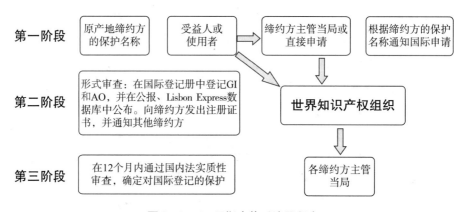

图2-2-6 里斯本体系注册程序

第一，提出申请的方式包括以下三种：①可以向本国的主管当局提出申请，再由主管当局转交世界知识产权组织；②根据《里斯本协定日内瓦文本》，经缔约方特定声明，利害关系方（受益人或其他权利主体）无须主管当局作为中介，直接向世界知识产权组织提出申请；③可以多个申请人进行跨境联合申请，缔约方可以通过指定共同的主管当局，联合申请注册源自跨地理区域（覆盖相邻缔约方的区域）的原产地名称或地理标志。

申请应使用国际局提供的表格，如图2-2-7所示，申请填写的各类表格可从世界知识产权组织官方网站下载并填写。

申请人填写的上述表格应以英文、法文或西班牙文提交，且须由主管当局代表该当局的个人或实体签字。

第二，初步审查。由原属国的主管当局对申请进行初步审查，以确定是否满足在里斯本体系注册其原产地名或地理标志的前提条件。

第三，主管当局向世界知识产权组织提交申请。经初步审查，对于符合里斯本体系注册条件的申请，主管机关代表申请人向世界知识产权组织提交申请。同时成为该原产地名或地理标志申请过程中的所有信息联络点。

Home › IP Services › Lisbon System › **Forms**

Forms for the International Registration of Appellations of Origin and Geographical Indications

Form	Description	Format
1	Application for International Registration	DOC PDF
2	Declaration of Refusal of Protection	DOC PDF
3	Withdrawal of a Declaration of Refusal of Protection	DOC PDF
4	Statement of Grant of Protection	DOC PDF
5	Grant of a Transitional Period to Third Parties	DOC PDF
6	Request for Entry of a Modification	DOC PDF
7	Notification of Invalidation	DOC PDF
8	Renunciation of Protection	DOC PDF
9	Withdrawal of a Renunciation of Protection	DOC PDF
10	Cancellation of an International Registration	DOC PDF

图 2 - 2 - 7 里斯本体系注册申请需填写的表格❶

第四，国际局形式审查。国际局主要审查申请所使用的语言和申请书的必填内容是否符合要求。若发现申请不规范，会暂缓注册，并通知主管当局在通知之日起 3 个月内补正。如 3 个月期满收到的补正不符合要求，国际局则驳回该国际申请，同时告知主管当局。

第五，国际注册。经国际局审查符合要求的申请，国际局将该原产地名称或地理标志登记在里斯本体系的国际注册簿上。并向申请注册的原属国主管当局发出注册证，同时将该国际注册通知《里斯本协定》和《里斯本协定日内瓦文本》的其他缔约国主管当局。如其他缔约国主管当局没有通知驳回，或通知声明给予保护，即从国际注册日起生效（如该缔约方在国际注册日后加入，则从该缔约国加入之日起生效）。

国际注册日为世界知识产权组织收到申请的日期，只要原属国继续给予保护，国际注册就持续有效，而无须续展。

第六，缔约国驳回国际注册。

驳回的时间为收到注册通知之日起一年内通知世界知识产权组织。

每个缔约方可以自由决定批准或驳回在其境内保护新注册的原产地名称或地理标志。缔约方可以根据其法律规定的任何实质性理由作出驳回通知，依职权或应利害关系人的请求作出通知。通常驳回理由包括：与在先权利冲突（如善意使用的在先商标），通用名称、注册名称不符合《里斯本协定》或《里斯本协定日内瓦文本》

---

❶ WIPO. Forms for the international registration of appellations of origin and geographical indications［EB/OL］.［2023 - 08 - 25］. http://www. wipo. int/lisbon/en/forms/.

对原产地名称或地理标志的定义。

驳回通知应告知可以采取的司法救济或行政救济措施，以及采取救济措施的时限。

驳回也可以在任何时间由发出通知的主管机关全部或部分撤回，通过发出撤回通知或给予保护的通知来撤回驳回。

第七，费用的支付。里斯本体系规定，所有费用必须以瑞士法郎支付。费用类别包括：①国际注册费为1000瑞士法郎；②国际注册每次修改的费用为500瑞士法郎；③提供国际注册簿摘录的费用为150瑞士法郎；④提供有关国际注册簿内容的证明或任何其他书面信息的费用为100瑞士法郎。

费用可能会随着一些情况的发生有所更新，具体参见世界知识产权组织官方网站。

（6）里斯本体系国际注册有关问题

里斯本体系国际注册有关问题如表2-2-8所示。

表2-2-8　里斯本体系国际注册有关问题

问题	解答
为什么目前申请一般采用《里斯本协定日内瓦文本》？	①因为《里斯本协定日内瓦文本》是适合全球每个申请人的体系，更具有灵活性；②《里斯本协定日内瓦文本》于2015年通过，将保护的范围从《里斯本协定》确定的原产地名称扩大到更广泛的地理标志，从而使在产品不符合要求更严的原产地名称保护时，可以采用《里斯本协定日内瓦文本》给予保护；③《里斯本协定日内瓦文本》使政府间组织也能加入里斯本体系，例如非洲知识产权组织等
国际地理标志保护联合会可以提供哪些服务？	国际地理标志保护联合会是一个非营利性合作组织，可以提供区域及全球地理标志保护的信息，以及管理、经营、技术培训与咨询业务。例如为专家、学者提供高层对话平台；服务中小地理标志保护企业，帮助其拓展市场和打开知名度，增进对外贸易和投资；通过建立网络机制和战略联盟，提供不同地域和不同行业的贸易与投资机会

4. 通过商标国际注册马德里体系的方式

如果地理标志是作为集体商标或证明商标加以保护，还可以利用世界知识产权组织的马德里商标国际注册体系提交国际申请，参见前述商标的国际注册部分内容。

目前美国、日本等国均以商标法来保护地理标志。

以上四种申请海外地理标志保护的方式，能否获得注册保护，最主要还是取决于欲进入的目标国的法律规定。马德里体系和里斯本体系的优势在于简化流程、节约时间和成本。在海外申请保护，除了需缴纳普通的规费，一般还需要缴纳翻译费以及聘请当地从业的律师或代理人的费用。但具体采用哪一种方式申请获取保护，主要取决于企业的发展战略、海外市场需求以及地理标志布局、成本等因素。

此外，向海外申请地理标志注册保护，可以在没有知识产权律师或专门的代理人的情况下提交申请。但许多国家要求，在该国没有居住地和主要营业场所的申请人必须由在该国从业的律师或者代理人代理注册申请业务。

海外律师或者专门的代理人的信息获取方式，可通过各国的知识产权局的官方网址直接获取，也可以先从世界知识产权组织官方网站获取各国知识产权局的名录，再从各国知识产权局获取信息。

（三）欧盟地理标志的申请

选择单独向某一国家或地区申请的途径主要是根据保护的目的和地理范围来决定，如果只考虑在某一个国家或地区申请保护，则可选择向该国或该地区负责地理标志事宜的知识产权局或主管机构申请。以下内容主要介绍欧盟的地理标志的获取。

在申请方式中，中国地理标志产品在欧盟获得受保护的原产地名称（PDO）和受保护的地理标志（PGI）保护主要通过两种方式：①在国内已经获得地理标志保护的生产商组织可直接向欧盟委员会申请获得 PDO/PGI 保护；②通过中国与欧盟签订的双边协定获得保护。截至 2022 年，中欧双方启动了中欧"10+10"地理标志互认互保试点项目，通过《中欧地理标志协定》，推动双方优秀的地理标志产品获得对等保护。截至 2023 年 1 月，中欧双方已完成 350 个产品清单公示工作，中欧分别受理各自 175 个地理标志保护申请，[1] 双方累计实现 244 个产品的互认互保。

1. 直接向欧盟申请地理标志适用的法律

《欧盟第 1151/2012 号条例》[2] 第七条、第八条、第十九条规定了农产品和食品所需的申请资料；《欧共体第 110/2008 号条例》[3] 第十七条规定了烈性酒所需的申请

[1]　国家知识产权局. 中欧加强地理标志合作　双方累计实现 244 个产品互认互保［EB/OL］. （2023 – 01 – 16）［2023 – 10 – 27］. https：//www. cnipa. gov. cn/art/2023/1/16/art_1389_181507. html.

[2]　Regulation （EU） No. 1151/2012 of the European Parliament and of the Council on quality schemes for agricultural products and foodstuffs.

[3]　Regulation （EC） No 110/2008 of the European Parliament and of the Council of 15 January 2008 on the definition, description, presentation, labelling and the protection of geographical indications of spirit drinks and repealing Council Regulation （EEC） No 1576/89.

资料；《欧盟第 1308/2013 号条例》❶ 第九十四条规定了葡萄酒所需的申请材料；《欧盟第 251/2014 号条例》❷ 第十条规定了芳香型葡萄酒所需的申请资料。

由上可知，欧盟的地理标志主要适用于以下两大类。

（1）葡萄酒和烈酒地理标志

芳香型葡萄酒产品是指根据《欧盟第 251/2014 号条例》规定，在《欧盟第 1308/2013 号条例》中提及的葡萄酒产品中获得的经过调味的产品，包括芳香葡萄酒、芳香酒基饮料、芳香的葡萄酒产品鸡尾酒，这类产品在中国并不常见。

（2）农产品和食品地理标志

《欧盟第 1151/2012 号条例》规定的农产品和食品的地理标志，包括"受保护的原产地名称"和"受保护的地理标志"两个概念。

2. 欧盟地理标志注册机关和执法机关

欧盟地理标志的注册机关为欧盟委员会（EC）。农产品和食品在欧盟委员会农业与农村发展总局（Directorate – General for Agriculture and Rural Development）进行统一注册；烈性酒和葡萄酒在欧盟委员会贸易总局（Directorate – General for Trade）进行统一注册。注册的地理标志在整个欧盟地域内有效。欧盟地理标志保护的执法机关为欧盟 27 个成员国家的政府机构。

3. 欧盟 PDO/PGI 的获取条件

在欧盟法律规定的原产地名称与地理标志是两个不同的概念。二者的共同点在于，对产品地域来源均具有指向性作用，产品的质量与来源地的自然因素和人文因素有关联。二者的不同点在于，产品质量与来源地自然因素和人文因素的关联程度不同，原产地要求关联程度较高，地理标志要求关联程度略低。中国申请人在申请时需结合欧盟法律规定的原产地名和地理标志获取条件，根据自身具备条件选择原产地名称或地理标志。

（1）农产品和食品的原产地名称与地理标志

根据《欧盟第 1151/2012 号条例》规定，农产品和食品的原产地名称和地理标志的要求如表 2 – 2 – 9 所示。

---

❶ Regulation （EU） No. 1308/2013 of the European Parliament and of the Council of 17 December 2013 establishing a common organisation of the markets in agricultural products and repealing Council Regulations （EEC） No. 922/72, （EEC） No. 234/79, （EC） No. 1037/2001 and （EC） No. 1234/2007.

❷ Regulation （EU） No 251/2014 of the European Parliament and of the Council of 26 February 2014 on the definition, description, presentation, labelling and the protection of geographical indications of aromatised wine products and repealing Council Regulation （EEC） No 1601/91.

表 2 - 2 - 9　欧盟农产品和食品原产地名称与地理标志要求

项　目	原产地名称	地理标志
适用对象	农产品、食品	农产品、食品
来源	特定地点、地区或在例外情况下指一个国家	特定地点、地区或国家
因果关系	产品质量或特征主要或完全归因于特定地理环境，包括其固有的自然和人文因素	强调特定地理区域与产品名称之间的关系。产品特定的质量、声誉或其他特征主要归因于其地理来源
生产加工过程的区域要求	生产环节全部在限定地理区域内完成	至少有一个生产环节在限定的该地理区域内完成

（2）葡萄酒的原产地名称与地理标志

中国申请人若打算在欧盟申请注册葡萄酒地理标志保护，欧盟按照 PDO、地理标志（GI）和原产地名称（AO）规定的条件对其葡萄酒进行保护。对于第三国在欧盟注册烈性酒地理标志保护的，欧盟按照第三国地理标志进行保护。

根据《欧盟第 1308/2013 号条例》规定，欧盟的葡萄酒地理标志也分为"原产地名称"和"地理标志"两个概念。其要求如表 2 - 2 - 10 所示。

表 2 - 2 - 10　欧盟葡萄酒原产地名称与地理标志要求

项　目	原产地名称	地理标志
适用对象	葡萄酒	葡萄酒
来源	特定地点、地区的名称，或在例外且正当合理情况下指一个国家的名称	特定地点、地区的标志，或在例外且正当合理情况下指一个国家的标志
因果关系	产品其质量和特征主要或完全归因于具有内在自然或人文因素的特殊地理环境	产品的特殊质量、声誉或其他特征归因于该地理来源
产地要求	用于制造葡萄酒的葡萄完全产自该地理区域	用于制造葡萄酒的葡萄至少有 85% 产自该地理区域
制造地要求	该区域内制造	该区域内制造
葡萄品种要求	欧洲葡萄品种	欧洲葡萄品种或欧洲葡萄品种与其他品种的杂交品种葡萄

4. 向欧盟提交地理标志保护的注册程序

中国申请人向欧盟提交地理标志申请的一般程序为提交申请书→审查→公告→异议→核准注册这几个步骤，产品地理标志注册流程图如图 2 - 2 - 8、图 2 - 2 - 9 和图 2 - 2 - 10 所示。

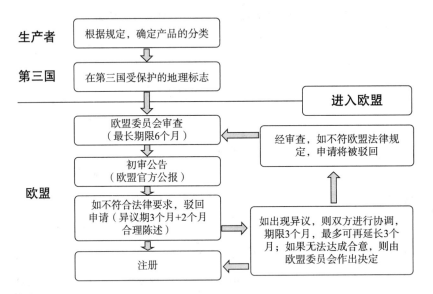

图 2-2-8　农产品和食品地理标志注册流程

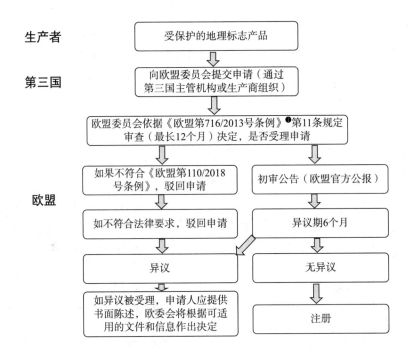

图 2-2-9　烈性酒地理标志注册流程

---

❶ Regulation（EU）No 716/2013 of 25 July 2013 laying down rules for the application of Regulation（EC）No 110/2008 of the European Parliament and of the Council on the definition, description, presentation, labelling and the protection of geographical indications of spirit drinks.

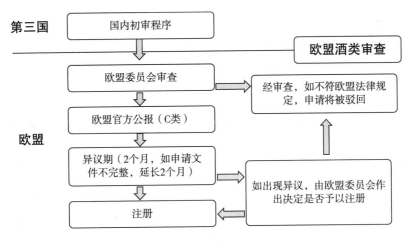

图 2 – 2 – 10　葡萄酒地理标志注册流程

（1）申请人资格

申请人为团体，是达成一致的产品规范的生产商组织。在中国，地理标志保护一般由地方人民政府（或地方人民政府认可的生产商组织）提出申请。例如，中欧"10＋10"地理标志互认互保试点项目，中方由地理标志保护产品所在地的地方人民政府向欧盟提出申请。

（2）申请

在中国已受保护的地理标志产品，有以下两种途径可以申请。

第一，直接向欧盟委员会提出注册申请。提交的资料包括申请表、产品规范、产品在中国受地理标志保护的证明材料。

第二，通过《中欧地理标志协定》向欧盟申请地理标志保护。通过中国与欧盟指定的机构，由对口单位将申请材料提交至欧盟委员会。这种方式相对方便，提交的资料也相对简单，同时也易于获得专业的指导。

提交的申请文件共有四份，使用欧盟官方语言，或附有经过鉴证的欧盟官方语言的译文。中国申请人向欧盟申请地理标志提交的申请文件如表 2 – 2 – 11所示。❶

表 2 – 2 – 11　中国申请人向欧盟申请地理标志提交的申请文件

文件名称	内容
申请人名称和地址	团体的名称和地址

❶　胡海容．地理标志申请与保护实务［M］．北京：国防工业出版社，2016：139．

文件名称	内容
说明书	①申请注册保护的名称，农产品或食品名称；②产品描述，关于该农产品或食品的描述，包括原材料，在必要时还需描述该农产品或食品的主要物理、化学、微生物和感官特征；③地理区域的界定，必要时还需说明原材料来源于大于或者不同于加工地区地理区域；④根据情况，提供该农产品或食品来源于特定地理区域的证据；⑤该农产品种植或食品生产的详细说明，在必要时对本地方法和包装进行说明；⑥证明下列事实的资料：农产品或食品的质量或特征与地理环境之间的关系；农产品或食品的特定品质、声誉或其他特征与地理来源之间的关系；⑦负责检测该产品的职能机构或组织的名称、地址和具体职责；⑧适用于该农产品或食品的所有详细标签规则；⑨欧盟法或国内法规定的所有要求
阐明所述内容的单一文件	①说明书的要点，产品名称、对产品的描述、必要时包装和标签的详细规则、地理区域的简要界定；②地理环境和地理来源之间关系的说明，必要时需证明这种关系的产品说明书或生产方法的详细因素
原产国保护的证明材料	证明该地理标志已在中国受到保护的材料

（3）审查

欧盟委员会受理申请后审查申请是否符合欧盟法规，农产品和食品的最长审查时限为 6 个月，烈性酒的最长审查时限为 12 个月。

（4）公告

欧盟委员会经审查，认为该地理标志申请符合相应法律规定，则在《欧盟官方公报》（Official Journal of the European Union，OJ）上公开其申请注册的内容以及部分产品规范内容。对不符合相应法律规定的申请，则予以驳回。

《欧盟官方公报》是欧盟法律法规数据库（EUR‑Lex）内容的主要来源。该公报星期一到星期五定期发布，星期六、星期日和公众假期仅在紧急情况下发布。

（5）异议

中国异议人可以直接向欧盟委员会提出异议，也可以通过中国与欧盟指定的机构，向对口单位提出。

农产品和食品地理标志注册申请公告后 3 个月内，任何利害关系人可以向欧盟委员会提出异议，最多可以再延长 3 个月时间，如异议成立，由双方协商解决。若无法达成一致，由欧盟委员会作出决定。经审查，如不符合欧盟法律规定，欧盟委员会将驳回该申请。

烈性酒地理标志注册申请公告 6 个月内，任何利害关系人可以向欧盟委员会提出异议，如异议被受理，申请人应提供书面陈述，欧盟委员会将根据拥有的信息作出决定。

葡萄酒地理标志注册申请公告后 2 个月内，任何利害关系人可以提出异议。如果申请文件不完整，可以再延长 2 个月。欧盟委员会根据其拥有的信息作出决定。如异议成立，经审查该申请不符合欧盟法律规定，则该申请将被驳回。

（6）核准注册

对公告的注册申请异议期满没有人提出异议，或者欧盟委员会认为异议不成立，或者双方达成一致，欧盟委员会对该地理标志申请准予注册并在《欧盟官方公报》上公布。申请人可以在产品上标注"受保护的原产地名称"或"受保护的地理标志"，并使用这两个图标。欧盟原产地名和地理标志标识如图 2 - 2 - 11 所示。

（a）PDO标识   （b）PGI标识

图 2 - 2 - 11　欧盟原产地名和地理标志标识

（7）撤销

申请人的产品获得地理标志保护后，如果出现以下两种情况，欧盟委员会可以依职权，或者根据利害关系人的申请撤销上述 PDO/PGI：①不能确保遵守产品规范；②至少连续 7 年在市场中不存在注册 PDO/PGI 的产品。

（8）保护费用

在欧盟，地理标志的保护是免费的。

（9）保护期限

欧盟地理标志保护不受时间限制，不需要续展。

（10）欧盟地理标志数据查询途径

欧盟地理标志数据通过登录欧盟委员会农业和农村发展总局的 eAmbrosia - 欧盟地理标志注册簿。其作为欧盟地理标志登记注册的官方数据库，可以查询的内容包括：①欧盟和非欧盟国家已经注册、正在申请注册或取消的 PDO/PGI 的农产品和食品；②欧盟和非欧盟国家已经注册、正在申请注册或取消的 PDO/PGI 的葡萄酒；③欧盟或非欧盟国家已经注册、正在申请注册或取消的 GI 的烈性酒。

该注册簿提供对所有已注册或正在申请中的地理标志信息的直接访问，包括法律保护文书和注册状态。其除了提供法律文书和官方公报或者产品规格文件和技术信息的内容链接，还显示地理标志注册之前申请和公布的关键日期。

对每一种地理标志的注册，可以提供一般信息、一些关键的日期、法律和技术信息以及摘要。摘要和详细信息可供下载。

通过签署协议的方式受保护的欧盟和非欧盟国家的地理标志可以在 GI 官方网站查询。

（四）海外地理标志注册申请的其他问题

1. 欧盟地理标志与商标的关系

在地理标志与商标的关系上，由于欧盟对地理标志的扶持政策总体上看对地理标志的保护优先于商标，主要表现为：不允许在后申请商标注册与在先的地理标志并存，但在后申请的地理标志可以与在先的商标并存。《欧盟第 1151/2012 号条例》将地理标志与商标的关系作如下三个方面的规定。

（1）商标优先

如果商标的声誉、使用在先，地理标志的注册可能导致消费者混淆的，地理标志不得注册。

（2）地理标志优先

如果地理标志注册申请在先，在后提出的商标注册申请应当予以驳回，即使该申请获得了注册也应当予以撤销。

（3）商标与地理标志并存

如果商标的注册申请、注册或权利的成立早于向欧盟委员会提出的地理标志申请，只要该商标不具有商标法律法规定的宣告无效或撤销的理由，就可以与在后获得注册的地理标志并存。

2. 企业可以选择采取哪种途径获得地理标志保护

企业应当根据保护的目的和地理范围，采取不同的保护途径。根据市场、成本、企业内部知识产权管理等方面考虑，如果只需要在一个国家或地区获取保护，那么可以优先选择负责该地理标志事宜的相关知识产权局或者该国或该地区的主管机构。这些知识产权机构的名单可以从世界知识产权组织官方网站上获取。如果想在更多的市场获取保护，选择里斯本体系进行申请注册是比较合适的。

通过登录世界知识产权组织官方网站，可以快速检索和获取各个国家或地区的知识产权机构的地址、联系方式等详细信息。此外，世界知识产权组织官方网站还有知识产权办公室目录，可提供各个国家或地区的知识产权局和知识产权组织名录的链接，包括各个国家或地区的知识产权机构的网址和联系方式信息。

3. 怎样检索已注册的地理标志

目前还没有针对世界范围内所有地理标志进行检索的系统。可以通过相关国家或地区的知识产权机构，在其提供该领土内注册的地理标志数据库的可能下进行检索。各个国家或地区的知识产权机构联系方式可从世界知识产权组织官方网站上获取。

如果是通过里斯本体系注册的地理标志，可以通过世界知识产权组织的 Lisbon Express 数据库来检索。该数据库包含国际局根据《里斯本协定》在原产地名称国际注册簿中输入的所有原产地名称和地理标志的信息。

4. 如何检索各个国家或地区的地理标志相关法律法规

（1）通过 WIPO Lex 数据库检索全球知识产权法律信息

WIPO Lex 是世界知识产权组织提供的对世界各地知识产权法律信息免费访问在线数据库，内容涉及约 200 个司法管辖区的知识产权系统的在线访问。包括世界知识产权组织、世界贸易组织和联合国成员的知识产权方面的法律法规。该数据库分为三部分内容，包括各个国家或地区的知识产权法律法规和知识产权裁判文书、世界知识产权组织管理的条约和知识产权相关条约。目前，该数据库共有 47000 份法律文件，可以用六种语言进行操作：英语、阿拉伯语、汉语、法语、俄语和西班牙语。既可按类别检索，也可以按司法管辖区域检索。

针对地理标志方面的法律检索，可以在该数据库的页面单击"按司法管辖区搜索"，再选择某个国家或地区后，在"主题事项"选择"地理标志"，这样这个国家或地区所有与地理标志相关的法律将会被检索到。

（2）通过各个国家和地区的知识产权局可以提供有关地理标志的法律信息

各个国家和地区的知识产权局信息可以从世界知识产权组织官方网站提供的知识产权局名录中获取。

四、商业秘密

商业秘密与其他类知识产权一样，也受所在国的法律管辖和保护。官方机构虽然没有正式的商业秘密审批或注册要求，但大多数国家或地区都制定了侵犯商业秘密行为的相关法律。世界贸易组织和世界知识产权组织也规定了对商业秘密的保护。

（一）商业秘密的国际保护制度

在 20 世纪，随着经济全球化的发展，各国企业对商业秘密保护的需求进一步扩大，逐步出现国际化趋势。20 世纪 90 年代以后，国际贸易中关于企业商业秘密的法律保护，随着进一步的国际保护协调，商业秘密的国际立法保护，主要体现在 TRIPS 和世界知识产权组织的《反不正当竞争示范法》等文件中。TRIPS 第二部分第七节第三十九条明确规定了对未公开信息的保护。由于我国《反不正当竞争法》中有关商业秘密的内容完全与 TRIPS 基本保持一致，因此，中国企业的商业信息只要在中国符合商业秘密的保护条件，在世界贸易组织成员方就可按照国民待遇原则给予保护。

TRIPS 将商业秘密保护纳入知识产权保护内容中，确立了商业秘密的知识产权属性。其规定具有商业价值的信息只要经合法控制人采取相关措施，保持其一定程度的秘密性，该信息就可作为商业秘密加以保护。随着 TRIPS 的生效，国际局也在《反不正当竞争示范法》第六条中规定了商业秘密的保护。该法第六条规定关于商业秘密的不正当竞争行为有：①工商行为；②违约；③泄密；④诱使他人从事①至③的任何行为；⑤通过第三方获得秘密，而该第三方已知或因严重疏忽不知获得该秘密系违背诚实商业行为。由此可见，商业秘密保护形成了以 TRIPS 为核心的国际法律保护体系。

（二）获得商业秘密国际保护的条件

商业秘密的国际保护与国内保护相同，不需要经过特殊的审批程序。但是，并非所有商业信息都必然获得法律的保护，只有符合商业秘密构成条件的商业信息才可受保护。

1. TRIPS 的规定

（1）构成商业秘密的三个条件

TRIPS 第二部分第七节第三十九条第二款规定了构成商业秘密的三个条件。

第一，属于秘密。该信息作为整体或作为其中内容的确切组合，不为通常涉及该信息领域的人所普遍了解或容易获得。

第二，具有商业价值。该商业价值是由于其属于秘密而带来的。

第三，合法控制该信息之人，为保密已经根据有关情况采取了合理措施。

只要符合上述三个条件，即构成商业秘密，自然人及法人应有可能防止他人未经许可而以违背诚实商业行为的方式，如违约、泄密及诱使他人泄密的行为，以及通过第三方以获得未披露的信息（无论该第三方已知或因严重过失而不知该信息的获得将构成违背诚实商业行为）。

（2）对新化学成分产品的数据保护

TRIPS 第二部分第七节第三十九条第三款规定了新化学成分产品的数据保护。

当一成员要求以提交未披露过的实验数据或其他数据，作为批准采用新化学成分的医药用或农用化工产品上市的条件时，如果该数据的原创活动包含相当努力，则该相对方成员应保护该数据，以防止不正当的商业使用。同时，除非出于保护公众的需要，或除非已采取措施保证对该数据的保护、防止不正当的商业使用，成员均应保护该数据以防其被泄露。

由上可见，商业秘密的国际保护基本上符合我国的利益，中国企业应当充分利用现有的商业秘密国际保护制度，特别是涉及传统知识，应当将其作为商业秘密，加快其商业化，使之达到商业秘密的保密条件。另外，企业应当利用商业秘密非独占性的特点，通过自主研发、反向工程，提高科研能力。

2. 其他国家和地区的规定

英国、美国和欧盟等国家或地区与商业秘密保护有关的法律，在获得保护的条件上基本与 TRIPS 规定的内容保持一致。

（1）英国

英国没有对商业秘密含义正式界定，对商业秘密的类型也没有限制，有关商业秘密的立法大部分借鉴的是泄密的相关判例法，以及针对商业秘密被不正当获得、公开或使用的案件可采取的有效补救措施。

（2）美国

美国商业秘密政策规定，商业秘密包括的信息有公式、模式、汇编、程序、设备、方法、技术或过程。符合要求的商业秘密必须用于商业，且具有经济价值。美国在 2016 年通过的保护商业秘密法案（Defend Trade Secrets Act，DTSA）加强了商业秘密保护，为各方提供解决争议的选择。企业可以选择直接在美国联邦法院起诉，来打击窃取商业秘密行为。美国大部分州对商业秘密的立法都不同程度借鉴了美国统一商业秘密法（Uniform Trade Secrets Act，UTSA），美国各州的法律有很多相似之处，但在某些方面仍有不同。

（3）欧盟

《欧盟商业秘密保护指令》规定了非法获取、使用和披露商业秘密等行为。该指令要求欧盟各成员的国内法符合其目标。该指令对商业秘密含义的界定，以及构成商业秘密的条件也与 TRIPS 保持了一致。该指令还规定了商业秘密被盗用情况下的措施、程序和补救方法，特别是引入了两年追诉时效、民事诉讼期间和之后的保密措施、临时和预防措施、禁令和矫正措施、损害赔偿以及作为一种救济公布司法判决。

（三）外向型企业加强海外商业秘密风险防控需注意的问题

近几年，中国企业在海外，尤其是在美国频频遭遇商业秘密纠纷。由于与商业秘密有关法律规则尚由美国等发达国家绝对主导，法院审判有着巨大的自由裁量权，商业秘密越来越多地成为制约和阻碍我国外向型企业国际化发展的竞争工具和有力武器。因此，中国的外向型企业应当高度关注海外商业秘密风险，特别是美国法律的境外适用。在美国有子公司或者有商业活动的企业应当注意，如果卷入商业秘密纠纷，很可能面临全球范围内的诉讼。当然，如果中国企业作为原告在美国的法院提起诉讼，也应当充分利用这些法律主张全球赔偿权利。企业应当尽可能做好风险防控，尽可能避免卷入商业秘密纠纷，以预防高额判赔。

1. 充分关注和运用国外的商业秘密及其他知识产权保护规则

中国和美国在 2020 年签订的《中华人民共和国政府和美利坚合众国政府经济贸易协议》中，商业秘密保护是重点内容之一，包含了关于民事程序的举证责任转移以及降低启动刑事执法门槛。缺乏商业秘密保护意识和能力的企业会面临更大的风险。

2. 全面提升企业商业秘密的保护意识和能力

中国外向型企业在内部应当建立商业秘密保护制度，包括：①在员工引进时应当充分了解其是否存在对前雇主的禁业限制协议，特别是引进竞争对手员工；②禁止引进员工使用所知悉的前雇主或任何第三方的商业秘密，并在雇佣协议或劳动合同中约定该内容；③对企业员工，特别是从竞争对手引进的员工进行定期培训，提高商业秘密保护的意识，既要保护企业自身的商业秘密，也不侵犯其他企业的商业秘密。上述内容可安排在企业规章制度或者员工手册里。

3. 公司发现员工盗用或滥用第三方的商业秘密或专有信息怎么处理❶

第一，立即联系法务部或外部企业法律顾问，以评估可供选择的补救方案。如果公司没有及时采取恰当的救济措施，则可能导致被第三方指控其已认可或批准员工的不正当行为。

第二，保存相关档案和文件。否则，即使无意删除或销毁证据，在以后诉讼中也可能产生不利的推论：被法庭或陪审团推论为这些证据是因为对该当事方不利才遭损毁。因此，在美国的诉讼中，未能保留潜在的相关文件可能让被告在美国诉讼中处于极度劣势。

第三，当律师发出证据保存通知后，企业内所有能接触相关证据的员工就要意识到自己的义务和责任，应当按通知要求，将任何可能涉诉的潜在证据材料保存妥当。

---

❶ Gary Hnath，张婧，Alex Wang. 天价赔偿！解析摩托罗拉海能达案的陪审团裁决及实践经验 ［EB/OL］. （2020 - 04 - 03）［2022 - 11 - 01］. https：// www. worldip. cn/index. php? m = content&c = index&a = show&catid = 65&id = 351.

4. 其他注意事项

由于美国保护商业秘密法案在某些情况下允许就发生在美国以外的国家或地区的侵权行为主张损害赔偿。在美国的中国企业除了注意规避风险，也可利用该法案维护自身的权利，主张域外赔偿。

五、集成电路布图设计专有权

（一）集成电路布图设计国际保护制度

集成电路作为一种工业产品也受相关知识产权法的保护。作为知识产权的一类客体，集成电路布图设计的国际保护主要规定在世界知识产权组织的《关于集成电路知识产权的华盛顿条约》以及 TRIPS 中。中国参与了《关于集成电路知识产权的华盛顿条约》的起草并促成条约的通过。作为两个国际条约的缔约方，中国的集成电路布图设计受该两个国际条约的保护。

由于在 1984 年通过的美国半导体芯片保护法是世界上最早进行集成电路布图设计立法保护的法案，该法影响了日本、韩国、加拿大、英国、澳大利亚和一些欧盟成员国的立法，并且对《关于集成电路知识产权的华盛顿条约》、TRIPS，以及我国的《集成电路布图设计保护条例》的制定也产生了重要影响。美国半导体芯片保护法已成为世界各国引用最多的法律之一。

（二）集成电路布图设计的国际保护

1. 受保护的地域

根据《关于集成电路知识产权的华盛顿条约》对缔约方资格的规定，集成电路布图设计受保护的地域范围为世界知识产权组织或联合国的成员国。

TRIPS 第二部分第六节第三十五条规定了对集成电路布图设计的保护引用《关于集成电路知识产权的华盛顿条约》第二条至第七条、第十二条、第十六条的规定。因此世界贸易组织成员方都有对集成电路布图设计进行保护的义务。

2. 受保护的条件

中国的集成电路布图设计欲在海外获得保护，需要满足的实质条件和程序条件如表 2 - 2 - 12 所示。

表 2 - 2 - 12　集成电路布图设计受保护的条件

条件	具体内容
实质条件	①集成电路布图设计（拓扑图）具有原创性，即该集成电路布图设计（拓扑图）是其创作者自己的智力劳动成果，并且在其创作时在集成电路布图设计（拓扑图）创作者和集成电路制造者中不是常规的设计；②由常规的多个元件和互连组合而成的集成电路布图设计（拓扑图），只有在其组合作为一个整体符合上述①所述的条件时，才应受到保护
程序条件	①实施：集成电路布图设计（拓扑图）只有在世界某地已单独或作为集成电路的组成部分进入普通商业实施，各缔约方均才可保护该集成电路布图设计（拓扑图）；②各缔约方只有在集成电路布图设计（拓扑图）向主管机关提出登记申请以后，才给予保护；③任何缔约方均可要求权利人在世界任何地方首次商业实施集成电路布图设计（拓扑图）之日起一定期限内提出，此期间不应少于 2 年；④按照规定进行登记并支付费用

3. 保护期限

集成电路布图设计的国际保护期限至少为 8 年，具体保护期限由各缔约方规定。

4. 受保护的法律形式

每一缔约方可根据集成电路布图设计的专门法律，或著作权、发明专利、实用新型、工业品外观设计、不正当竞争等国内法律，或者通过任何其他法律或者任何上述法律的结合来履行对缔约方布图设计的保护。

（三）反向工程的利用

美国半导体芯片保护法最早规定了对集成电路布图设计的反向工程的许可，后来的《关于集成电路知识产权的华盛顿条约》和 TRIPS，以及我国的《集成电路布图设计保护条例》也都明确规定了对于反向工程的许可。

任何人可以对他人的集成电路布图设计进行反向工程，并且在该集成电路布图设计基础上设计自己的新的集成电路布图而无须承担法律责任。其前提是新设计的集成电路布图不能抄袭他人的原设计或者只是进行了无关紧要的修改。对企业来讲，利用反向工程的许可，设计新的布图，可以提高芯片性能，缩小芯片面积并降低芯片的制造成本。因此，企业竞争者可以对他人已经上市的芯片产品进行研究和分析，然后在研究和分析的基础上设计和生产新的芯片产品，并形成与他人的竞争。

六、计算机软件

（一）计算机软件国际保护制度

计算机软件作为科技发展的产物，自 20 世纪 70 年代以来，各国都将其作为一种知识产权加强了对其立法。各国对计算机软件的保护的途径通常有著作权、专利、商业秘密和单独立法，从有关立法和司法实践看，主流的保护制度是通过著作权为计算机软件提供保护。

由于大多数国家是《伯尔尼公约》或《世界版权公约》的成员国，基于这两大国际公约在著作权保护方面的成熟机制，因此，大多数国家采取著作权制度来给予计算机软件的国际保护。

TRIPS 整合了以前的知识产权条约，为世界贸易组织成员方必须遵守的一些知识产权保护规定了最低的标准。TRIPS 第二部分第七节第十条第一款明确规定：计算机程序，无论是源代码还是目标代码，应作为《伯尔尼公约》（1971 年）规定下的文字作品加以保护。而根据《伯尔尼公约》，计算机软件应当同其他文学作品一样，采取自动保护主义，即软件作品一旦完成便自动产生著作权受法律保护。

1996 年的《世界知识产权组织版权条约》第四条也明确规定，计算机程序作为《伯尔尼公约》第二条意义下的文学作品受到保护。此种保护适用于各计算机程序，而无论其表达方式或表达形式如何。该条约关于第四条的议定声明，计算机程序保护的范围，与《伯尔尼公约》第二条的规定一致，并与 TRIPS 的有关规定相同。这样就为国际上对计算机软件的保护提供了统一的标准和依据。

（二）计算机软件的主要国际保护途径

1. 受保护的地域

计算机软件主要通过著作权给予国际保护。加入《伯尔尼公约》和 TRIPS 的成员均应按要求给予成员居民创作完成的计算机软件给予保护。因此，中国作者创作的作品是否在他国受保护，取决于该国是否为《伯尔尼公约》《世界知识产权组织版权条约》和 TRIPS 所属成员。

2. 受保护的条件

根据《伯尔尼公约》《世界知识产权版权条约》和 TRIPS 的规定，计算机软件自软件开发完成之日起自动获得著作权而受保护。

（1）形式条件

根据《世界版权公约》第三条规定，成员国之间计算机软件的著作权实行有条件的自动保护原则。但在形式上要具备以下三个方面的条件：①记载软件的印刷出版物上注明版权标记；②著作权所有者的姓名；③首次出版的年份。

上述内容若未记载，该计算机软件的著作权会被视为进入公有领域。

（2）实质条件

实质条件主要包括：①原创性，计算机软件应当是开发者独立设计、独立编制的编码组合；②可感知性，计算机软件应当固定在某种有形物体上；③可再现性，将计算机软件记载在有形物体上的可行性。

3. 保护期限

《伯尔尼公约》规定各成员国对著作权的保护必须达到公约规定的最低保护标准。作者有生之年加上死后 50 年；在作者难以确定的情况之下或匿名作品，不得少于自作品发表之日起 50 年。

《世界知识产权版权条约》是对《伯尔尼公约》和 TRIPS 的补充和发展，其要求缔约各方应遵守《伯尔尼公约》第一条至第二十一条和附件的规定。

TRIPS 第十条明确了对计算机程序的保护应按照《伯尔尼公约》的文字作品来保护。

由此可见，以上三个国际条约的成员对著作权保护期限均以《伯尔尼公约》规定的 50 年来计算。

（三）计算机软件的其他国际保护途径

计算机软件除了通过著作权途径加以保护，还可以通过专利权途径给予保护。计算机软件本身的表达形式不是专利权的客体，但含有计算机程序的发明若符合专利申请条件是可以申请专利的。通过专利的国际保护途径加以保护，具体授权条件由各国法律加以规定，其具体保护条件参见前述专利权的国际保护；而计算机软件的有关技术文档还可以通过商业秘密加以保护，其具体保护条件参见前述商业秘密国际保护。

第三章 外向型企业知识产权的运用

在现代企业管理制度愈加完善、知识经济和经济全球化深入发展的战略格局下，市场主体之间的竞争除了硬实力的比对，更重要的是体现在软实力的对决和博弈上，尤其表现在链条完整、防护严密的知识产权权利体系的合理布局和攻防策略的灵活运用上。谁具有强大市场控制力的知识产权资源，谁就会在日益复杂的现代国际市场竞争中取得优势地位；谁优先掌握了有效突破竞争对手知识产权布防前沿和战略纵深的特殊手段，谁就会在竞争对手的知识产权阻挡中变被动为主动，一举赢得自身发展所必需的市场空间。因此，市场主体想有效运用知识产权软实力取得国际竞争的主动权，就应当具有放眼国际市场竞争的大局意识、长远意识和战略意识，合理利用知识产权规则、资源、政策、信息和环境等，有效地将知识产权转换为实际价值。

第一节 知识产权的实施与运用

知识产权的实施是指，知识产权权利人为实现知识产权利益而依知识产权的权能从事活动，包括权利人自己行使和让渡他人行使两种形式。权利人自己行使是指，知识产权权利人从特定智力成果的实施中获得回报，属于意思自主的范畴。权利人让渡他人行使是指，知识产权权利人不直接从特定智力成果的实施中取得回报，而是从让渡知识产权的过程中获得相应的对价，主要包括知识产权的许可、转让和质押三种形式。

一、专利权的实施

（一）专利权的许可

对于专利权人而言，许可他人实施其专利，是其行使专利权的方式之一；对于被许可人而言，专利实施许可是被许可人实施他人专利的必要前提，但被许可人对该专利只享有实施权，不享有所有权。

1. 专利实施许可的类型

（1）独占实施许可

独占实施许可是指在一定时间内，在专利权的有效地域范围内，专利权人只许可一个被许可人实施其专利，而且专利权人自己也不得实施该专利。

（2）排他实施许可

排他实施许可是指在一定时间内，在专利权的有效地域范围内，专利权人只许可一个被许可人实施其专利，但专利权人自己有权实施该专利。

（3）普通实施许可

普通实施许可是指在一定时间内，专利权人许可他人实施其专利，同时保留许可第三人实施该专利的权利。

（4）交叉实施许可

交叉实施许可是指两个专利权人互相许可对方实施自己的专利。这种许可的双方专利的价值大体是相等的，一般可免交使用费，但如果二者的技术效果或者经济效益差距较大，也可以约定由一方给予另一方以适当的补偿。

（5）分实施许可

被许可人依照与专利权人的协议，再许可第三人实施同一专利，被许可人与第三人之间的实施许可就是分许可。许可人签订这种分许可合同必须得到专利权人的同意，否则构成侵权。

2. 专利实施许可合同

专利实施许可应当签订合同，按合同约定实施专利。专利的许可实施合同中至少应当明确的事项包括：①许可实施专利的专利号、发明创造的名称、申请日、授权日等；②许可实施的行为（制造、使用、许诺销售、销售或者进口），如果是制造或者进口，根据情况规定其数量或者规模；③许可实施的地点，例如制造的地点或者工厂、销售的地区、进口的口岸等；④许可实施的期限，例如3年、5年；⑤专利实施许可的类型，即是普通许可还是独占许可或者排他许可；⑥使用费和支付方式；⑦后续改进成果的提供和归属、分享；⑧保密责任；⑨专利权的确保责任，即确保该专利是有效的，没有侵犯他人的合法权利；⑩违约金或者损失赔偿的计算方法；⑪争议的解决办法。

3. 专利实施许可费

专利权是一种财产权，任何人要实施专利，就应当向专利权人支付专利使用费。如何合理地计算专利使用费，是签订许可合同的重要环节。一般情况下，确定专利使用费时，应当考虑以下五个因素：①专利权人研究开发专利技术所支出的费用；

②被许可人使用专利技术所能获得的经济收益；③专利许可的类型、实施的行为种类和期限；④被许可人支付使用费的方式和时间，例如，一次性支付还是分期付款，是提成支付还是入门费加提成，何时支付等；⑤市场上是否有可供选择的替代技术、技术改进的前景，也是影响使用费的因素。

（二）专利权的转让

专利申请权和专利权可以转让，在转让该权利时，需要注意以下四个方面。

1. 转让专利申请权或者专利权

当事人应当订立书面合同，书面合同包括合同书、信件和数据电文等形式。

专利权（申请权）转让合同的主要条款包括：①合同名称；②发明创造名称；③发明创造种类；④发明人或者设计人；⑤技术情报和资料清单；⑥专利申请被驳回的责任；⑦价款及其支付方式；⑧违约金损失赔偿额的计算方法；⑨争议的解决办法等。

2. 转让的登记和公告

我国的专利权转让事项须在国务院专利行政部门登记，由国务院专利行政部门予以公告。登记和公告的事项是专利申请权或者专利权的转让行为，而不是专利申请权或者专利权转让合同。签订转让合同后，办理著录项目变更申报手续。

3. 生效日期

专利申请权或者专利权的转让自登记之日起生效。由于专利是无形财产，专利申请权或者专利权的转让自登记之日起生效，而不是合同签订或成立之日起生效。

4. 其他须注意事项

我国的单位或者个人向外国人、外国企业或者外国其他组织转让专利申请权或者专利权的，应当依照有关法律、行政法规的规定办理手续。这里所指的我国单位，是按照我国法律成立从而具有我国国籍的单位。例如全民所有制单位、集体所有制单位、股份有限公司、有限责任公司、私营企业以及其他混合所有制单位、中外合资企业、中外合作经营企业以及外商独资企业。这里所指的外国人，是所有不具有我国国籍的组织和个人。例如外籍人、无国籍人、外国企业和其他外国组织。

（三）专利权的转移

专利申请权和专利权的转移，是指权利主体的变更，主要包括以下两种情形。

第一，因为法律事件的发生，依照法律规定直接发生专利申请权和专利权的转移。例如，在自然人死亡，专利申请权和专利权依《民法典》继承篇规定转移于继承人；法人或非法人单位或组织分立、合并，依照有关法律转移给有权继受其权利的单位或者组织。在这种情况下，我国的专利继承人和继受人应当向国家知识产权局说明理由，附具有关证件，请求进行变更权利主体的登记。

第二，因权利主体的法律行为而发生专利申请权和专利权的转移，例如赠与发生的专利权转移。

二、商标权的实施

商标的使用是指将商标用于商品、商品包装或者容器以及商品交易文书上，或者为了商业目的将商标用于广告宣传、展览以及其他业务活动。商标使用的方式很多，一种是商标直接附着于商品、商品包装或者容器上的使用，即直接使用；另一种是商标在商业广告、产品说明书等其他商业文件中的使用，即间接使用。对服务商标来说，在服务场所、服务招牌、服务工具和为提供服务所使用的其他物品上使用商标，均视为使用。商标使用既可以是注册商标人的自行使用，也可以是由商标权人控制的第三人被许可使用。

商标的使用会对商标权产生影响，主要表现在以下两个方面：其一，体现在商标权的维系方面。《商标法》第四十九条第二款规定，注册商标成为其核定使用的商品的通用名称或者没有正当理由连续三年不使用的，任何单位或者个人可以向国家知识产权局商标局申请撤销该注册商标。其二，商标使用是判断特定商标是否构成驰名商标的重要因素。《商标法》第十四条规定的认定驰名商标应考虑的因素，包括该商标使用的持续时间，该商标的任何宣传工作的持续时间、程度和地理范围等，这些因素都与商标的实际使用有直接联系，反映了使用的时间、程度和广度等。由此可见，商标的使用足以决定一个商标是否能够成为驰名商标而受到特殊保护。

（一）商标的正确使用

使用商标无论是直接用于商品，还是以促销为目的用于广告宣传或商业文书，都应遵守法律规定，符合商业惯例并考虑有利于商标权的保护。具体而言，应注意以下三个方面。

第一，注册商标的使用限定在核准注册的商标标志和核定使用的商品或服务上，商标注册人不得自行作出改变，否则，其使用不被视为注册商标的使用。依据《商标法》第四十九条的规定，自行改变注册商标的，该注册商标还有被撤销的危险。

第二，使用注册商标时应尽量标明注册标志。使用注册商标应当标明"注册商标"字样或者标明注册标记。在商品上不便标明的，应当在商品包装或者说明书以及其他附着物上标明。标明注册标记，有利于防止侵权行为，当发生侵权时，容易证明侵权人的主观意图，还有助于防止商标变为商品通用名称。

第三，防止商标显著特征的退化。商标所有人的不恰当使用有可能导致商标演变为商品通用名称，尤其是在一种新产品问世，没有其他名称可以用来称呼产品的情况下，商标被用来当作商品的名称，更容易造成商标退化。防止商标退化的有效方法有两种，一种是将产品名称和商标区分开来，避免将商标作为产品名称使用；另一种是应当正确使用商标，例如，以特别字体使用商标，突出商标和注册标记，以表明该标记是一个商标而不是其他。

（二）商标权的许可

商标权的许可，是指注册商标所有人允许他人在一定期限内使用其注册商标。使用许可关系建立以后，商标权人并不丧失该注册商标专用权，被许可人只取得注册商标的使用权。

1. 商标使用许可分类

商标使用许可合同既包括独立的许可协议，也包括其他合同中的商标使用许可条款。根据被许可人获得的使用权的不同，商标使用许可分为以下三类。

（1）普通许可

许可人允许被许可人在规定的期限、地域内使用某一注册商标，同时，许可人保留自己在该地域内使用该注册商标和再授予第三人使用该注册商标的权利。在注册商标专用权被侵害时，普通使用许可的被许可人经商标注册人明确授权，可以提起诉讼。

（2）排他许可

许可人允许被许可人在规定期限、地域内使用某一注册商标，许可人自己可以使用该注册商标，但不得另行许可他人使用该注册商标。在注册商标专用权被侵害时，排他使用许可合同的被许可人既可以和商标注册人共同起诉，也可以在商标注册人不起诉的情形下，自行提起诉讼。

（3）独占许可

许可人允许被许可人在规定的期限、地域内独家使用某一注册商标，许可人不得使用也不得将同一注册商标再许可他人使用。在注册商标专用权被侵害时，独占使用许可合同的被许可人是适格的原告，可以自己的名义提起诉讼。

2. 商标许可使用合同

商标许可使用合同应当规定以下六个方面。

第一，规定许可双方保证质量的权利、义务。许可人应当监督被许可人使用其注册商标的商品质量。被许可人应当保证使用该注册商标的商品质量。

第二，规定在商品上标明被许可人名称和商品产地。这样规定的目的，是为了消费者区别商品真实来源，方便市场监管部门掌握商品及生产者的信息。

第三，注册商标使用许可合同应当备案。《商标法》第四十三条第三款规定，许可他人使用其注册商标的，许可人应当将其商标使用许可报国家知识产权局商标局备案，由国家知识产权局商标局公告。商标使用许可未经备案不得对抗善意第三人。商标使用许可合同未经备案的，不影响该许可合同的效力，但当事人另有约定的除外。

备案指引：商标使用许可合同备案手续可在中国商标网查询。

第四，许可使用的商标及其注册证号。

第五，许可使用的期限。

第六，许可使用商标的标识提供方式。

（三）商标权的转让

商标权的转让，是指注册商标所有人将其所有的注册商标转让给他人所有。转让关系成立后，受让人成为新的商标权人，原商标权人不再拥有注册商标所有权。商标转让的对象既包括注册商标也包括处于注册申请阶段的商标。

1. 转让条件

商标转让应当符合以下两个条件：①签订转让协议，共同向国家知识产权局商标局提出申请；②商标转让人对自己在同一种或者类似商品上注册的相同或者近似的商标一并转让。

《商标法实施条例》也对商标一并转让作出规定，是为了避免因转让人部分转让自己在相同或类似商品上注册的相同或者近似商标而产生相同或近似商标指引两个商品或服务的来源，使消费者产生混淆的情况。

2. 转让合同

转让协议应是书面形式，转让内容一般包括转让商标的注册号、图样、转让费及受让人应保证使用该注册商标的商品质量等内容。

3. 转让生效

《商标法》第四十二条第四款规定，转让注册商标经核准后，予以公告。受让人自公告之日起享有商标专用权。

4. 商标权的转移

《商标法实施条例》第三十二条规定，注册商标专用权因转让以外的继承等其他事由发生移转的，接受该注册商标专用权的当事人应当凭有关证明文件或者法律文书到国家知识产权局商标局办理注册商标专用权移转手续。这里的其他事由包括继承、法院的生效判决、仲裁机构的仲裁裁决等。商标移转申请经核准的，予以公告。接受该注册商标专用权移转的当事人自公告之日起享有商标专用权。商标权转让的手续主要包括以下四个方面。

第一，转让注册商标的，转让人和受让人应当共同到国家知识产权局商标局办理注册商标的转让手续。双方均为申请人。

第二，因继承、企业合并、兼并或改制等其他事由发生移转的，接受该注册商标专用权的当事人应当凭有关证明文件或者法律文书到国家知识产权局商标局办理注册商标的移转手续。

第三，依法院判决发生商标专用权移转的，也应当办理移转手续。

第四，办理商标转让或移转适用转让/移转申请/注册商标申请书，可在中国商标网官方网站查询。

5. 商标权转让审查程序

（1）形式审查

国家知识产权局商标局对商标转让申请进行形式审查，看其是否符合受理条件，符合条件的，予以受理，下发受理通知书；不符合条件的，下发不予受理通知书。

（2）实质审查

转让申请的实质审查分为以下四步。

第一步，转让人的主体资格审查，即审查申请书上填写的转让人名称与国家知识产权局商标局档案记录的注册人名义是否相符。

第二步，商标权利审查，注册商标申请转让，应在注册有效期内，未被撤销、注销，未被人民法院查封，未在国家知识产权局商标局办理过质押登记（但质权人书面同意转让的除外）；在申请阶段的商标申请转让需要审查该申请的申请流程是否已经结束，如果全部驳回的决定已经生效，或裁定不予注册的异议裁定已经生效，则不必核准转让。

第三步，商标相同近似性审查，即根据《商标法实施条例》第三十二条第二款的规定，注册商标专用权人转让商标时应把在同一种或类似商品上注册的相同或近似的商标一并转让。

第四步，对转让可能产生误认、混淆或者其他不良影响的审查，根据《商标法》第四十二条规定，对容易导致混淆或者有其他不良影响的转让，国家知识产权局商标局不予核准，书面通知申请人并说明理由。

（3）补正（改正）通知

在进行实质审查后，转让申请不符合审查要求，可以通知申请人补正（改正）。主申请人在收到补正（改正）通知书后，未能在规定期限内交回通知书原件或者未按照通知书要求补正，经核实原要求补正（改正）内容准确无误的，对不予核准转让或视为放弃转让申请。如申请人按规定期限补正（改正），国家知识产权局商标局审查认为符合要求的，予以核准；仍然不符合要求的，不予核准转让或视为放弃转让申请。

（4）不予核准通知书

经审查，转让申请存在以下五类情况的，不予核准：①名义不符，且转让申请书上填写的转让人名义曾经转让过的，或已经办理了相同内容的转让申请的；②转让商标已经丧失商标权利（被撤销、被注销）或申请流程已经结束（撤回申请、驳回申请的）；③转让申请书填写了错误的注册号码的；④转让申请书未使用中文填写转让人、受让人名称的；⑤撤回转让申请经补正后不符合规定手续和内容的。

三、著作权的实施

著作权的使用，是指著作权人利用或者授权他人利用其著作权作品以获得相应报酬或者收益的法律行为。常见的著作权行使形式有著作权转让、著作权许可使用、著作权质押等。

（一）著作权的转让

著作权转让，是指著作权人通过转让合同将其著作财产权的一部分或全部让渡给对方当事人的法律行为。《著作权法》规定可以转让的著作财产权，包括复制权、发行权、出租权、展览权、表演权、放映权、广播权、信息网络传播权、摄制权、改编权、翻译权、汇编权以及应当由作者享有的其他权利，其中每一项具体的权利都可以独立地作为转让客体，也可以将其中的若干项或者全部作为转让客体。因此，著作权人向他人转让其著作权时，应当在转让合同中明确约定转让的权利。

根据《著作权法》第二十七条规定，转让著作权财产权利的，应当订立书面合同。著作权转让合同的内容主要包括以下六个方面。

（1）作品的名称

作品名称是必要条款。转让合同如果没有相应的作品名称，被转让的权利就无法实施。

（2）转让的权利种类、地域范围

转让合同未约定的权利、未约定的地域范围对受让人不发生作用。

（3）转让的价金

转让价金是受让人取得权利的对价，是转让人出让权利的收益。

（4）交付转让价金的日期和方式

合同约定的转让价金于何时、以何种方式交付给转让人，应当在合同中明确约定。未明确约定交付日期的，转让人可随时要求受让人交付，受让人也可随时向转让人交付。未明确约定交付方式的，受让人应当按照有利于转让人接收的方式交付，转让人应当提出符合受让人能力的交付方式。

（5）违约责任

为了保证转让合同的正确履行，双方当事人不仅要在合同中约定权利义务，而且要约定违约责任。如果迟延交付价金，除了应当支付价金，还应当支付违约金等。

（6）其他

双方认为需要约定的其他内容。

上述六个方面的内容是法定必要条款。此外，双方当事人认为需要约定的条款，是约定必要条款。例如，作者姓名或名称、转让人是否为著作权人、转让人是否享有被转让的权利、未来著作权是否包括在内等，都是极其重要的内容，应当在合同中进行约定。

（二）著作权的许可

许可使用，是指著作权人通过许可使用合同授权他人在某个地域范围内以某种方式利用其作品的制度。许可使用的标的是著作财产权中的一项或几项，不能是著作人身权。

《著作权法》第二十六条规定，使用他人作品应当同著作权人订立许可使用合同，本法规定可以不经许可的除外。《著作权法实施条例》第二十三条规定，使用他人作品应当同著作权人订立许可使用合同，许可使用的权利是专有使用权的，应当采取书面形式，但是报社、期刊社刊登作品除外。除法律明确规定的对著作权的限制和例外（包括合理使用和法定许可使用的情形）之外，任何其他使用他人作品及其著作权行为均应和权利人签订许可使用合同。许可使用合同应包括以下六类主要内容。

（1）许可使用的权利种类

许可使用的权利种类是许可使用合同的标的。许可使用合同明确约定的权利，相对人才能使用；合同未明确约定的，相对人不得使用，否则就是侵权。

（2）许可使用的权利是专有使用权或者非专有使用权

合同约定专有使用权的，相对人所获得的就是在合同约定的时间和地域范围内对作品享有排他的使用权；合同约定非专有使用权的，相对人所获得的就是在合同约定的时间和地域范围内对作品享有使用权，但无权阻止著作权人自己或者授权他人以相同的方式使用该作品。

（3）许可使用的地域范围、期间

许可使用的地域范围就是著作权人许可相对人有权使用作品的地理范围，可以是全国范围，也可以是某个地理区域。许可使用的期间，就是许可使用合同的有效期间。该期间不得超过著作权的保护期。

（4）许可使用费及支付方式

在我国，可参考的许可使用费标准有许多，如果许可使用合同不作明确约定，容易引起纠纷。支付方式也是一个重要条款，应当在合同中明确约定。

（5）违约责任

一方或双方当事人未按约定履行义务时应当承担的法律责任。双方可在合同中约定，如果发生违约行为，应当按照《民法典》的有关规定承担民事责任。

（6）其他

双方认为需要约定的其他内容。

除上述六类方面的内容，还可以就双方认为必须列入的内容作出约定。例如，对纠纷解决的办法，双方可以约定有关仲裁的条款。

（三）著作权的质押

《著作权法》第二十八条规定，以著作权中的财产权出质的，由出质人和质权人依法办理出质登记。说明著作权质押也是知识产权融资的一种方式。

在办理手续时，著作权质权的设定应由双方当事人签订质押合同并向国务院著作权行政管理部门办理出质登记。质押合同自登记之日起生效。

著作财产权出质后，非经质权人同意，著作权人不得许可他人以与出质之权利相同方式使用该作品，更不得转让该权利。经质权人同意，著作权人转让出质之权利或者许可他人使用其作品的，出质人所获得的转让费、许可费应当向质权人提前清偿所担保的债权，或者向与质权人约定的第三人提存。

四、商业秘密的实施

（一）商业秘密的转让

商业秘密转让是指，商业秘密所有人将自己的商业秘密转让给他人所有。商业秘密转让因标的不同而分为技术秘密转让和经营秘密转让两种。

技术秘密转让适用《民法典》第八百六十三条，应当订立书面形式的技术秘密转让合同。转让合同的内容应当包括以下六个方面。

第一，技术秘密让与人应当按照约定提供技术资料，进行技术指导，保证技术的实用性、可靠性，承担保密义务。技术秘密让与人未按照约定转让技术的，应当返还部分或者全部使用费，并应当承担违约责任。

第二，受让人使用技术秘密不得超越约定的范围，不得违反约定擅自许可第三人实施该项专利或者使用该项技术秘密，否则应当承担违约责任。

第三，受让人应当按照约定使用技术，承担保密义务。违反约定的保密义务，应当承担违约责任。

第四，双方应当约定转让费及费用支付方式。受让人未按照约定支付使用费的，应当补交使用费并按照约定支付违约金；不补交使用费或者支付违约金的，应当停止使用技术秘密，交还技术资料，承担违约责任。

第五，受让人按照约定实施专利、使用技术秘密侵害他人合法权益的，由让与人承担责任，但是当事人另有约定的除外。

第六，双方可以按照互利的原则，在合同中约定使用技术秘密后续改进的技术成果的分享办法。

（二）商业秘密的许可

商业秘密许可，是指商业秘密所有人将自己的商业秘密按照合同约定的条件许可给他人使用。其中，商业秘密所有人是许可人，使用商业秘密的人是被许可人。商业秘密许可分为以下三种类型。

1. 独占许可

独占许可是指商业秘密所有人在约定的期间、地域和以约定的方式，将该商业秘密仅许可一个被许可人使用，其他任何人包括商业秘密所有人均不得使用该商业秘密。对于侵犯商业秘密的行为，商业秘密独占使用许可合同的被许可人可以单独提起诉讼。

2. 排他许可

排他许可是指商业秘密所有人在约定的期间、地域和以约定的方式，将该商业秘密仅许可一个被许可人使用，商业秘密所有人依约定可以使用该商业秘密但不得另行许可他人使用其商业秘密。对于侵犯商业秘密行为，排他使用许可合同的被许可人和权利人可以共同提起诉讼，在权利人不起诉的情况下被许可人可以单独提起诉讼。

3. 普通许可

普通许可是指商业秘密所有人在约定的期间、地域和以约定的方式，许可他人使用其商业秘密，并可自行使用该商业秘密和另行许可他人使用其商业秘密。对于侵犯商业秘密的行为，普通使用许可合同的被许可人和权利人可以共同提起诉讼，或者经权利人书面授权被许可人可以单独提起诉讼。

五、地理标志的实施

（一）地理标志使用的主体

地理标志使用的主体主要包括以下四种：①经公告核准使用地理标志产品专用标志的生产者；②经公告地理标志已作为集体商标注册的注册人的集体成员；③经公告备案的已作为证明商标注册的地理标志的被许可人；④经国家知识产权局登记备案的其他使用人。

地理标志专用标志使用登记备案表可以在国家知识产权局官方网站下载。

（二）地理标志的使用要求

我国地理标志保护产品和作为集体商标、证明商标注册的地理标志使用地理标志专用标志的，应在地理标志专用标志的指定位置标注统一社会信用代码。国外地理标志保护产品使用地理标志专用标志的，应在地理标志专用标志的指定位置标注经销商统一社会信用代码。我国地理标志专用标志如图 3-1-1 所示。

图 3-1-1　我国地理标志专用标志

地理标志保护产品使用地理标志专用标志的，应同时使用地理标志专用标志和地理标志名称，并在产品标签或包装物上标注所执行的地理标志标准代号或批准公告号。

作为集体商标、证明商标注册的地理标志使用地理标志专用标志的，应同时使用地理标志专用标志和该集体商标或证明商标，并加注商标注册号。

（三）地理标志的标示方法

我国地理志的标示方法主要包括以下六种：①采取直接贴附、刻印、烙印或者编织等方式将地理标志专用标志附着在产品本身、产品包装、容器、标签等上；②使用在产品附加标牌、产品说明书、介绍手册等上；③使用在广播、电视、公开发行的出版物等媒体上，包括以广告牌、邮寄广告或者其他广告方式为地理标志进行的广告宣传；④使用在展览会、博览会上，包括在展览会、博览会上提供的使用地理标志专用标志的印刷品及其他资料；⑤将地理标志专用标志使用于电子商务网站以及手机应用程序等互联网载体上；⑥其他合乎法律法规规定的标示方法。

（四）丧失地理标志使用资格的情形

使用人存在以下两种情况，知识产权管理部门将停止其地理标志专用标志的使用资格：①地理标志专用标志合法使用人未按相应标准、管理规范或相关使用管理规则组织生产的；②在2年内未在地理标志保护产品上使用专用标志的。

六、集成电路布图设计专有权的实施

（一）集成电路布图设计权利人享有的专有权

集成电路布图设计权利人享有的专有权包括以下两个方面：①对受保护的集成电路布图设计的全部或者其中任何具有独创性的部分进行复制；②将受保护的集成电路布图设计、含有该布图设计的集成电路或者含有该集成电路的物品投入商业利用。

（二）集成电路布图设计的转让

根据《集成电路布图设计保护条例》第二十二条和《集成电路布图设计保护条例实施细则》第十一条的规定，集成电路布图设计权利人可以将其专有权转让。转让手续包括：①转让集成电路布图设计专有权的，当事人应当订立书面合同，并向国务院知识产权行政部门登记；②中国单位或者个人向外国人转让集成电路布图设计专有权的，在向国家知识产权局办理转让登记时应当提交国务院有关主管部门允许其转让的证明文件；③当事人应当凭有关证明文件或者法律文书向国家知识产权局办理著录项目变更手续；④由国务院知识产权行政部门予以公告。集成电路布图设计专有权的转让自登记之日起生效。

集成电路布图设计专有权登记著录项目变更申报书可以在国家知识产权局官方

网站下载。

（三）集成电路布图设计的许可

根据《集成电路布图设计保护条例》第二十二条和第二十四条的规定，集成电路布图设计权利人可以许可他人使用其集成电路布图设计。许可他人使用其集成电路布图设计的，当事人应当订立书面合同。受保护的集成电路布图设计、含有该布图设计的集成电路或者含有该集成电路的物品，由集成电路布图设计权利人或者经其许可投放市场后，他人再次商业利用的，可以不经集成电路布图设计权利人许可，并不向其支付报酬。

（四）集成电路布图设计的非自愿许可

在国家出现紧急状态或者非常情况时，或者为了公共利益的目的，或者经人民法院、不正当竞争行为监督检查部门依法认定集成电路布图设计权利人有不正当竞争行为而需要给予补救时，国务院知识产权行政部门可以给予使用其集成电路布图设计的非自愿许可。国务院知识产权行政部门作出给予使用集成电路布图设计非自愿许可的决定，应当及时通知集成电路布图设计权利人。给予使用集成电路布图设计非自愿许可的决定，应当根据非自愿许可的理由，规定使用的范围和时间，其范围应当限于为公共目的非商业性使用，或者限于经人民法院、不正当竞争行为监督检查部门依法认定集成电路布图设计权利人有不正当竞争行为而需要给予的补救。非自愿许可的理由消除并不再发生时，国务院知识产权行政部门应当根据集成电路布图设计权利人的请求，经审查后作出终止使用集成电路布图设计非自愿许可的决定。取得使用集成电路布图设计非自愿许可的自然人、法人或者其他组织不享有独占的使用权，并且无权允许他人使用。取得使用集成电路布图设计非自愿许可的自然人、法人或者其他组织应当向集成电路布图设计权利人支付合理的报酬，其数额由双方协商；双方不能达成协议的，由国务院知识产权行政部门裁决。集成电路布图设计权利人对国务院知识产权行政部门关于使用集成电路布图设计非自愿许可的决定不服的，集成电路布图设计权利人和取得非自愿许可的自然人、法人或者其他组织对国务院知识产权行政部门关于使用集成电路布图设计非自愿许可的报酬的裁决不服的，可以自收到通知之日起 3 个月内向人民法院起诉。

第二节　知识产权交易办理

2016 年 5 月，中共中央、国务院印发《国家创新驱动发展战略纲要》，纲要在战略保障层面提出，要"深化知识产权领域改革，深入实施知识产权战略行动计划，提高知识产权的创造、运用、保护和管理能力。引导支持市场主体创造和运用知识产权，以知识产权利益分享机制为纽带，促进创新成果知识产权化"。知识产权交易是知识产权运用的关键一环，也是知识产权利益分享的一种典型形式。它一方面让创新者及时得到物质回报，激励其进行更多更深层次的创新；另一方面实现了创新成果的快速扩散，增加了社会的整体福利。

一、服务机构

交易中介是知识产权交易市场高效运作和专业化分工的必然结果，由知识产权代理机构、知识产权运营机构为主要构成的交易中介在知识产权的信息搜集和信息匹配上有着明显的优势，能在一定程度上解决知识产权交易中最突出的信息不对称问题。同时，交易中介还能够借助专业优势和经验，通过引导来缩小知识产权买方和卖方的心理预期价格差，进而实现知识产权交换价值的最大化。

目前，中介机构主要由知识产权代理机构、知识产权运营机构组成，中介机构的服务能力也是实现知识产权交易的重要因素。其中，知识产权代理机构在知识产权交易中发挥的作用最为明显。截至 2022 年年底，我国备案的商标代理机构超过 7 万家，专利代理机构超过四万家，他们在提供知识产权一般代理服务时，通常也扮演着知识产权交易中介的角色。❶

商标代理机构和专利代理机构均可在国家知识产权局官网查询。

各地知识产权主管部门的公共服务网亦可查询相关信息，例如四川省知识产权服务促进中心网站可查询代理机构信息。

在中介机构中，一个突出的特点是专利交易中介一般是政府主导为主，而商标交易中介则是民营企业主导。例如，专利交易中介的中国技术交易所、北京知识产权交易中心是科学技术部、国家知识产权局、中国科学院和北京市人民政府联合共建的国家知识产权和科技成果产权交易机构，主要围绕知识产权运营和交易，提供价值评估、交易对接、公开竞价、项目孵化、科技金融、政策研究等专业化服务的中介机构。商标交易中介的商标超市网站、好听商标查询网分别隶属于中细软集团与华唯环球。国内较为活跃的版权交易平台包括广东省南方文化产权交易所等。国内版权交易平台多在国家版权局直属的中国版权保护中心、地方人民政府、地方版权局或其他政府部门的主导下，由出版、影视、传媒公司等机构出资设立。

---

❶ 国家知识产权局.《全国知识产权代理行业发展状况（2022 年）》显示：我国知识产权代理行业持续健康发展［EB/OL］.（2023－05－11）［2023－08－03］. https：//www. cnipa. gov. cn/art/2023/5/11/art_53_185016. html.

还有一些知识产权运营机构，它们首先在权利人处获取知识产权，然后通过转让或许可的方式获取收益，正逐渐成为知识产权交易中的重要力量。根据这类运营机构的主导方不同，可分为政府主导、企业主导和科研机构主导。例如，2014 年成立的北京知识产权运营管理有限公司，是由政府主导的运营机构；2012 年成立的北京智谷睿拓技术服务有限公司是由企业主导的运营机构；2010 年成立的上海盛知华知识产权服务有限公司是由科研机构主导的运营机构。

二、服务流程

知识产权交易和许可服务流程大体包括信息搜集、交易和许可方式选择、信息匹配协商、合同签订，以及相关手续办理。

（一）信息搜集阶段

交易信息搜集通常是指，卖方准备对其知识产权进行转让或许可，由交易中介进行相关信息的登记，包括知识产权类型、有效期限、主要价值等。例如，卖家持有商标，先要确定商标所有人信息的真实性，商标卖方相关信息确认真实无误后，对商标的详细信息进行登记，包括商标注册号、商标注册时间、商标类别、商品或服务小项、商标图样等。再如，买家购买商标，则需登记买方的详细需求，包括商标类别、商品或服务小项、对商标图样的要求（哪种类型的商标，中文商标、英文商标、中英文商标、图形商标或图文组合商标）等。

在交易信息中，大部分中介平台利用互联网技术，对交易信息进行整理归类等，能够更方便检索，提高操作效率。例如，商标交易平台商标超市网站、好听商标查询网将商标卖方的详细信息按商标类别等在平台网站展示，中国技术交易所将专利所有人准备转让或许可的专利信息在网站进行详细披露。

（二）交易方式选择阶段

交易方式的选择，既可以选择协议交易的方式，也可以选择拍卖和招投标方式。交易方式的选择一方面可以根据知识产权买家或卖家的委托确定，另一方面也可以根据对应知识产权的特点进行。例如，商标已经具有较高知名度、专利具有较高价值或较广的使用范围，能够吸引到足够的知识产权买家，可以用拍卖的方式进行充分竞价，实现交易价值的最大化。在实际操作中，一般采取协议交易方式进行，这种交易方式简单容易操作，既可以节约时间、简化交易流程，也能更快促成交易。当买方对某项知识产权需求比较明确，能进行详细说明时，尤其是在包括专利的项目开发中，采用招投标方式能够吸引更多的卖方竞标，最终让买方以较低成本获得相应的知识产权。

（三）信息匹配阶段

买方和卖方的信息匹配阶段，一般是根据买方的知识产权需求描述，列出关键条件，在卖方已经登记的交易数据库中进行查询，筛选出最合适的一个或几个知识产权，然后向买方进行推荐供其选择，直至买方确定准备购买的知识产权即知识产权的交易对象。这一过程也可以全部由买方在平台网站上进行自主操作，选择意向知识产权，但买方并不能得到卖方的具体联系方式，后期由中介平台负责各自与双方联系。

（四）协商阶段

由中介平台和买卖双方进行接洽即交易信息沟通，对交易价格、交易方式、合同履行等进行协商，其中最为核心的是交易价格。具体而言，中介平台会先与买方备选知识产权的卖家联系，得到对方初步的心理预期价格，中介平台增加适当差价后与买方接洽，由买方根据相应价格及相应交易对象，确定最为合适的知识产权，并在参考卖方报价后向中介报出自己的心理预期价格。在这一过程中，中介平台的交易顾问会在双方报价的基础上逐渐引导双方的心理预期价格，从而缩小双方的价格预期差距，最终分别与买方达成代购价格，与卖方达成转让价格，整个过程买卖双方并不直接联系，由交易平台单独联系并收取适当的价差费用作为交易酬金。

（五）合同签订

中介平台分别与买家签订代购协议，与卖家签订转让协议。

首先，当买卖双方达成交易意向后，中介平台会与卖家签订转让协议，包括转让委托书和转让申请书，并要求卖方提供身份证明（营业执照或身份证复印件）和相应知识产权的持有证明（知识产权证书或申请书）。

其次，中介平台与买家签代购协议。代购协议一般会约定两期付款的方式，以增加买方的信任。买方支付首付款后，中介平台会提供卖家的身份证明、知识产权证书的复印件、经公证机关公证后的卖家委托中介机构转让委托书，上述材料可有效证明中介机构有权交易该知识产权。同时，买方也需向中介平台提供身份证明。

然后，中介平台联系卖方，与卖方签署转让合同，支付给卖方知识产权转让款，得到卖方的知识产权证书原件。

最后，收到卖方的知识产权证书原件后，告之知识产权买方，买方确认信息无误后，支付交易尾款，中介平台将知识产权证书原件邮寄给买方。

（六）相关手续办理阶段

知识产权的权利人以行政部门的登记为准，因此知识产权交易的完成阶段主要是进行知识产权交易的相关登记。行政部门对交易进行核准以确认其是否符合相关规定。同时，中介平台办理手续时也需要向行政部门提供相应的材料，在知识产权转让或许可登记中，申请书、买方和卖方的委托书、买方和卖方确认的主体资格证明一般是必须要件。知识产权行政部门收到相应材料后，进行核准，核准通过后以公告的形式确认，并提供相应证明。经行政部门公告后，即完成知识产权交易的所有流程。

三、争议的解决

我国知识产权争议解决的主要方式有谈判、调解、仲裁、行政处理以及诉讼等。本书将其划分为公力解决机制、社会型解决机制和自力救助型解决机制三大类型。

（一）公力解决机制

公力解决机制是指在社会主体合法利益受到侵害时请求国家机关利用国家公权力来解决争议，评判是非，救济权利。这类机制主要包括诉讼解决和行政解决等模式。

诉讼解决主要是通过法院的正式途径消弭冲突，实现权利救济。虽然法院除了裁判案件，还可以在各诉讼环节采取调解等其他方式促成争议解决，但应当都是在法院主导之下进行。诉讼解决模式是所有争议解决方式中最权威和最规范的方式，也是权利的最终救济方式。

行政解决模式则是指权利主体通过行政机关解决争议、维护权利的活动。行政解决模式具有行政性和司法性双重属性，一方面具有规范性、程序性和权威性；另一方面体现出主动性、灵活性和专业性的特征。具体形式包括行政调解、行政仲裁、行政裁决等。

企业最终选择哪种解决模式，还需考虑时间、财务成本、该种模式对企业经营是否造成影响等因素。

（二）社会型解决机制

社会型解决模式是指由非官方组织提供的非正式的争议解决途径，主要包括仲裁、民间调解以及部分其他非诉讼纠纷解决程序（alternative dispute resolution，ADR）。

1. 仲裁

仲裁是指双方当事人在争议发生之前或争议发生后达成协议，将争议提交给共同认定的第三方审理，并服从审理结果的争议解决模式，类似于私人化的审判。

为了发挥仲裁在知识产权争议解决领域的重要作用，我国已经设立了多家专门的知识产权仲裁中心和仲裁院。这些仲裁机构在知识产权领域的纠纷解决发挥了重要作用：①2007年2月，由厦门仲裁委员会与福建省厦门市知识产权工作领导小组共同推进成立的知识产权仲裁中心；②2007年4月，武汉仲裁委员会以中南财经政法大学知识产权研究中心为依托成立了武汉仲裁委员会知识产权仲裁院；③2008年10月，作为上海市推进知识产权工作的重要内容之一，上海仲裁委员会建立了上海知识产权仲裁院；④2009年7月，广州仲裁委员会在广东省广州市知识产权局的支持下成立了广州知识产权仲裁院；⑤2010年12月，重庆市知识产权局与重庆仲裁委员会共同建立了重庆知识产权仲裁院，这也是西部首家知识产权仲裁院。

2. 民间调解

民间调解则是指在中立第三方的介入下，促成当事人达成争议解决协议的活动。民间调解类型广泛，包括行业协会的调解、商会调解、律师调解以及人民调解等。

3. 非诉讼纠纷解决程序

在民间调解和仲裁之外，还存在多种形式的非诉讼纠纷解决程序，其可以用于解决知识产权争议，包括指导性评估、小型审判、调解仲裁以及仲裁调解等各类基本非诉讼纠纷解决程序形式的重复、交叉适用或者局部改变的争议解决方式。

在国际知识产权争议解决问题上，世界知识产权组织仲裁与调解中心是一个中立的、国际性、非营利的争议解决机构，提供多种经济高效的替代性争议解决服务，使私人主体之间可通过诉讼以外的方式，有效地解决国内或跨境知识产权和技术争议。该中心依照世界知识产权组织规则，提供多种替代性纠纷解决方案，包括：①调解、仲裁、快速仲裁和专家裁决，帮助当事人在法院之外解决国内及跨境知识产权与技术纠纷；②帮助知识产权利益相关方建立适应其活动领域需要的替代性争议解决程序；③依照《统一域名争议解决政策》（UDRP）的程序，为某些国家代码顶级域名，处理域名争议。

2019年10月，经司法部批准，世界知识产权组织在中国（上海）自由贸易试验区设立世界知识产权组织仲裁与调解上海中心，在中国境内开展涉外知识产权争议案件的仲裁与调解业务。这是目前中国政府已批准的唯一一家境外仲裁与调解机构。更多世界知识产权组织仲裁与调解上海中心的信息可在其官方网站获取。

世界知识产权组织仲裁的主要步骤包括以下三点。

第一，启动仲裁。世界知识产权组织仲裁从申请人向世界知识产权组织仲裁与调解上海中心提交仲裁申请书时开始。

第二，组成仲裁庭。当事人可选择组成仲裁庭的仲裁员人数。当事人没有约定的，该中心指定一名独任仲裁员，除非该中心经自由裁量决定，由三名仲裁员组成仲裁庭更为适当。典型的三人仲裁庭由当事人指定两名仲裁员，该两名当事人指定的仲裁员再指定一名首席仲裁员。

第三，进行仲裁。请求陈述书必须在仲裁庭组成后 30 天内提交，答辩陈述书也必须在收到请求陈述书后 30 天内提交。仲裁庭可安排进一步提交文件。仲裁庭组成后，将立即召开预备会，讨论案件时间表、开庭日期、证据和保密约定等问题。应一方当事人请求，或者由仲裁庭决定可开庭审理，让证人和专家作证并进行口头辩论。如果不开庭案件的审理将在双方提交的文件和其他材料的基础上进行。当仲裁庭认为当事人已得到充分机会提交文件和证据时，将宣布程序结束。应当在答辩陈述书提交或仲裁庭组成之后 9 个月内宣布程序结束，以二者中较晚者为准。最终裁决应在程序结束后 3 个月内作出。裁决于中心发出之日起生效，对各方当事人产生约束力。根据《承认及执行外国仲裁裁决公约》（该公约于 1958 年 6 月 10 日在美国纽约通过，又称《纽约公约》），国际仲裁裁决由国家法院执行。

当事人也可选择《世界知识产权组织快速仲裁规则》建立的程序框架，该规则压缩了前文介绍的世界知识产权组织仲裁的各主要阶段，使程序用时更少，费用更低。最主要的是，原则上仅有一次书状交换。通常采用独任仲裁员，避免了采用三人仲裁庭时可能花在指定和裁判过程的时间。程序应在答辩陈述书提交或仲裁庭组成后 3 个月内宣布结束，而非 9 个月。世界知识产权组织仲裁与快速仲裁步骤比较如图 3 - 2 - 1 所示。世界知识产权组织仲裁与快速仲裁整体比较如图 3 - 2 - 2 所示。

（三）自力救济型解决机制

自力救济是指在没有第三方介入的情形下，权利受到侵害的当事人依靠自身或私人力量解决争议，主要是指强制和交涉两种方式。强制方式是指争议主体一方凭借自己的力量使对方服从；交涉则是指争议双方相互妥协和让步解决争议。交涉也可以称为"协商"，是单纯的双边沟通活动，其中包含了信息的交换，最终指向一种理解和联合的决定。争议双方不通过第三方的干预，试图通过交换信息和探讨修正双方的期望和目的，最终形成一个双方都可以接受的利益分配机制，关键之一在于协商结果的控制权掌握在争议双方当事人手中。

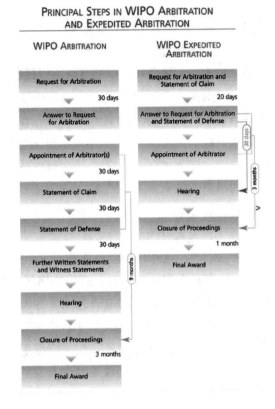

图 3－2－1　仲裁和快速仲裁步骤比较示意❶

Procedural Stage	WIPO Arbitration	WIPO Expedited Arbitration
Request for Arbitration	May be accompanied by Statement of Claim	Must be accompanied by Statement of Claim
Answer to the Request	Within 30 days from receipt of Request for Arbitration	Within 20 days from receipt of Request for Arbitration Must be accompanied by Statement of Defense
Arbitral Tribunal	One or three arbitrators	One arbitrator
Statement of Claim	Within 30 days following notification of establishment of Tribunal	Provided with Request for Arbitration
Statement of Defense (including Counterclaim)	Within 30 days after notification of establishment of Tribunal or of Statement of Claim (whichever is later)	Provided with Answer to the Request for Arbitration
Reply to Counterclaim (if any)	Within 30 days after receipt of Statement of Defense	Within 20 days after receipt of Statement of Defense
Hearings	Date, time and place to be set by Tribunal	Within 30 days after receipt of Answer to the Request for Arbitration
Closure of Proceedings	Within 9 months of Statement of Defense or establishment of Tribunal (whichever is later)	Within 3 months of Statement of Defense or establishment of Tribunal (whichever is later)
Final Award	Within 3 months of closure of proceedings	Within 1 month of closure of proceedings
Costs	Fixed by the Center in consultation with parties and Tribunal	Fixed if amount in dispute is up to US$ 10 million

图 3－2－2　世界知识产权组织仲裁与快速仲裁整体比较❷

❶ WIPO. Principal steps［EB/OL］.［2023－11－01］. https：//www. wipo. int/amc/en/arbitration/expedited－rules/principal－steps. html.

❷ WIPO. WIPO arbitration and expedited arbitration compared［EB/OL］.［2023－11－01］. https：//www. wipo. int/amc/en/arbitration/expedited－rules/compared. html.

四、各代理委托书下载地址及填写注意事项

关于专利代理委托书，填写专利代理委托书注意事项包括以下七个方面。

第一，被委托人应当是经由国家知识产权局批准并在工商行政管理机关注册的专利代理机构，委托人应当是该专利申请人或者专利权人。专利申请人或者专利权人是个人的，专利代理委托书应当由专利申请人或者专利权人签字或者盖章；专利申请人或者专利权人是单位的，应当加盖单位公章；专利申请人或者专利权人有两个以上的，应当由全体专利申请人或者专利权人签字或者盖章。此外，专利代理委托书还应当由专利代理机构加盖公章。

第二，专利申请人或者专利权人有两个以上的，委托的双方当事人是全体专利申请人或者专利权人和被委托的专利代理机构。被委托的专利代理机构仅限一家。

第三，专利申请人或者专利权人解除委托时，应当办理著录项目变更申报手续，提交著录项目变更申报书时应当附具全体专利申请人或者专利权人签字或盖章的解聘书，或者仅提交由全体专利申请人或者专利权人签字或盖章的著录项目变更申报书。专利代理机构辞去委托时，应当办理著录项目变更申报手续，提交著录项目变更申报书时应当附具专利申请人或专利权人或者其代表人签字或盖章的同意辞去委托声明，或者附具专利代理机构盖章的表明已通知对方当事人的声明。

第四，专利代理机构接受委托后，应当指定该专利代理机构的专利代理人办理有关事务，被指定的专利代理人不得超过两名。

第五，作出专利权评价报告的请求可以由专利权人、利害关系人、被控侵权人或者其委托的专利代理机构办理。已委托专利代理机构作全程代理，请求作出专利权评价报告时另行委托专利代理机构办理相关手续的，应当另行提交专利代理委托书，并在专利代理委托书中写明代为办理专利权评价报告。

第六，作出实用新型专利检索报告的请求可以由专利权人或者其委托的专利代理机构办理。已委托专利代理机构作全程代理，请求作出检索报告时另行委托专利代理机构办理相关手续的，应当另行提交专利代理委托书，并在专利代理委托书中写明代为办理实用新型专利检索报告。

第七，专利申请人或者专利权人委托专利代理机构向国家知识产权局申请专利和办理其他专利事务的，应当同时提交专利代理委托书，写明委托权限。

专利代理委托书可在国家知识产权官方网站下载。

关于专利（申请）权转让合同与专利实施许可合同文本，两个文本的签订指引可从国家知识产权官方网站下载。

关于专利实施许可合同备案注销，办理专利实施许可合同备案注销手续需要提交的文件主要包括：①专利实施许可合同备案注销申请表；②专利实施许可合同履

行完毕或提前解除的协议；③许可方、被许可方共同委托代理人办理相关手续的委托书；④代理人身份证复印件；⑤专利实施许可合同备案证明原件。

申请表一般由许可方签章；许可方或被许可方为外国人的，可由其委托的代理机构签章。专利实施许可合同备案注销申请表可从国家知识产权官方网站下载。

关于商标代理委托书，可从中国商标网下载。

关于集成电路布图设计专有权登记代理委托书，可从国家知识产权局官方网站下载。

第三节　知识产权资本化

知识产权资本化，是指以资金需求方、供给方和中介服务机构为主体，采用质押、证券化、信托和产业基金等模式完成对知识产权投融资的过程，包括利用知识产权进行融资（如股权融资和债权融资等）、对知识产权进行保险等。自2015年起，国家明显增加了对知识产权保护、知识产权金融产品创新的政策支持力度，包括培育知识产权交易市场，支持企业以知识产权出资入股，鼓励金融机构开展知识产权资产证券化，加大知识产权质押融资应用范围和规模等方面。同时，随着企业积累的知识产权资产日益丰富，越来越多的企业将知识产权视为能带来利润的金融资产。当前，我国知识产权资本化主要有以下四种模式。

一、知识产权入股

股东可用知识产权出资在《公司法》第二十七条中明确规定，股东可以用货币出资，也可以用实物、知识产权、土地使用权等可以用货币估价并可以依法转让的非货币财产作价出资。对作为出资的知识产权应当评估作价，核实财产，不得高估或者低估作价。知识产权入股一般需要办理以下五项事项。

（一）股东和公司达成用知识产权出资的协议

目标公司需要仔细核查相关知识产权的真实权属，出资股东也应当避免将他人的知识产权进行出资。由于部分知识产权存在被宣告无效的风险，在出资股东以该知识产权出资时，为保障目标公司的利益，建议在出资协议或公司章程中与出资股东约定补足责任条款，当知识产权在出资后被宣告无效的，由出资股东承担出资补足责任。

（二）知识产权评估

对股东持有的知识产权资产针对其可行性方案、技术背景、关键技术等进行市场公允价值的评估，出具相应的评估报告。知识产权出资仅以出资节点来判断是否足额出资，出资完毕之后相应的知识产权即归目标公司所有，因市场变化或客观因素导致的出资财产贬值的，不属于出资不实。

（三）验资

会计师事务所对股东投入公司的无形资产是否已移交给公司、是否已登记入账、是否办理了相关财产转移手续进行验资，并出具验资报告。

（四）将评估后的知识产权资产产权从股东转让变更到公司名下

1. 著作权

根据《著作权法实施条例》第二十五条规定和《计算机软件保护条例》第二十一条规定，著作权人订立专有许可使用合同、转让合同的，可以向著作权行政管理部门备案或其认定的软件登记机构登记（计算机软件的登记机构为中国版权保护中心），为了避免不必要的纷争，明确出资股东是否完成著作权出资义务，建议对著作权的转让或许可使用进行登记备案。

2. 专利权

股东以专利权进行出资时，需要将专利权转让至目标公司。根据《专利法》第十条规定，股东以专利权出资的，需与目标公司签订书面转让协议，并向国务院专利行政部门登记，由国务院专利行政部门予以公告，专利权的转让自登记之日起生效。

3. 商标权

根据《商标法》第四十二条规定，转让注册商标的，转让人和受让人应当签订转让协议，并共同向国家知识产权局商标局提出申请。转让注册商标经核准后，予以公告，受让人自公告之日起享有商标专用权。与专利权转让不同的是，商标权的转让需要经过有关行政部门的核准，对于容易导致混淆或者有其他不良影响的转让，国家知识产权局商标局将不予核准。因此在以注册商标进行出资时，要特别关注商标权的转让可否得到国家知识产权局商标局的核准，避免发生无法履行出资义务的情况。

（五）变更登记备案

根据已经出具的资产评估报告、验资报告，以及变更登记申请书等企业申报材料，到所属工商登记管理机关申请注册资本变更登记备案。

二、知识产权证券化

知识产权证券化的实质是发起人将自己拥有的知识产权出售给特殊目的机构。特殊目的机构将自己购买所得的知识产权组成资金池，然后以资金池产生的现金流为基础发行证券。

对发起人而言，知识产权证券化是一个把长期资本（债权）转变为流动资产（现金）的过程，是一种融资手段；对特殊目的机构而言，知识产权证券化是一种把当期资金从投资者转移给发起人，把未来收益从发起人转移给投资者的媒介过程；对投资者而言，证券化是他们投资并实现收益的工具。

知识产权证券化流程通常分为以下七个步骤，其中一些步骤可能是同时进行的。

（一）确定证券化的目标，进行必要性与可行性分析

一旦发起人确定采用知识产权证券化的融资方式，就需要进行知识产权证券化融资必要性与可行性分析。

（二）聘请相关专家与机构作为顾问

证券化是复杂精密的融资方式，具有专业知识的专家和机构对于证券化的构建和实施至关重要。在交易初期仍需要专家顾问来协助整个交易的进行，尤其是负责交易架构设计的交易安排者，以及负责起草法律文件的法律顾问等。

（三）资料分析与遴选适格资产

决定证券化交易之后，发起人及其顾问要在可行性分析的基础上对证券化资料进行深入分析。例如：①了解拟证券化知识产权的经济表现，以确认该知识产权现金流的可预测性；②发起人还必须对拟证券化的知识产权进行正当核查，核查的重点在于确认拟证券化的知识产权权属登记事项以及知识产权贸易合同条款，以确认资产池中的每项知识产权权利确定且可转移等。

（四）设立特殊目的的机构，完善交易架构

设立特殊目的的机构是为了把资产从发起人处隔离出来，实现破产隔离。特殊目的机构要对交易健全与否、证券化资产的评估与效力、资产抗风险或满足清偿的能力以及所需的信用增强程度等因素进行审查，对交易结构进一步完善。

（五）信用增强与等级评定

1. 信用增强

为提高证券信用评级，吸引投资人，特殊目的机构必须进行信用增强，确保证券给付债务能够按时清偿，减少债务履行不能的风险。信用增强分为内部增强和外部增强，前者为特殊目的机构或者创始机构提供的，后者为外部第三人提供。

2. 等级评定

信用增级后，特殊目的机构会聘请信用评级机构对拟发行的资产支持证券进行信用评级，并公告信用等级以供投资人参考。

（六）发行与销售资产支持证券

知识产权资产支持证券通常都是以私募方式发行给投资者，发行债券收入的一部分需要用来作为债务履行储备基金。

（七）资产管理，支付证券到期本息

证券化发行后，由服务机构对知识产权资产池进行管理，负责收取与记录资产池产生的现金流量，并将收益存入特殊目的机构指定的保管账户中。特殊目的机构将在证券到期之日向投资人支付本息。

三、知识产权信托

知识产权信托是指知识产权所有者将其所拥有的知识产权委托给信托机构，由信托机构实行经营管理或者处分，以实现知识产权价值的一种信托业务。

（一）知识产权信托法律关系

信托当事人包括委托人、受托人和受益人三方主体。其中委托人为知识产权人；受托人为从事知识产权信托业务的个人或单位；受益人是在知识产权信托中享有信托受益权的人，委托人可以同时是受益人。

（二）权利和义务

知识产权人有义务保障知识产权无瑕疵，若以侵犯他人权益的知识产权作为信托财产，应承担由此所产生的侵权责任。

受托人有管理运用、处分知识产权的权利，但受托人行使上述权利应当符合信

托目的；受托人还有维护知识产权之义务，包括支付维护知识产权的费用，提起知识产权侵权诉讼（仲裁）等，受托人因维护知识产权而支付的各项费用，可由信托财产来承担。

受益人享有信托受益权，还可以转让继承、放弃信托受益权，以信托受益权偿债。

（三）知识产权信托的形式

1. 知识产权所有权信托

委托人以知识产权所有权进行信托，受托人可以对知识产权整体进行经营管理或者处分。

2. 许可使用权信托

委托人以知识产权使用权进行信托，受托人仅有权对知识产权使用权进行经营管理或者处分。知识产权使用权信托包括独占许可使用权信托、排他许可使用权信托和普通许可使用权信托三种情形。

3. 知识产权中部分权能信托

此种形式的信托主要针对包含多种权能的知识产权，如著作权的诸多权能，著作权人可以将其中的复制权、出版权、发行权等部分权能进行信托。

（四）知识产权信托内容

信托内容指受托人采用哪些方式来经营管理知识产权。知识产权种类不同，其信托内容也不相同。

1. 著作权与技术可以采用的信托内容

第一，转让知识产权（许可使用权），即受托人转让作为信托财产的知识产权（许可使用权），从而为委托人获取收益。

第二，许可使用，即受托人通过许可他人使用知识产权，收取使用费用。

第三，引入风险投资，自行利用或深度开发。引入风险投资，将知识产权进行深度开发，然后推向社会，或者利用投资进行知识产权产业化运作；与此同时由受托人向投资人发放信托受益权证，受托人可据此获取信托收益。

第四，侵权诉讼（仲裁）收益。受托人有权向侵权者提起诉讼或者申请仲裁，向侵权者主张侵权损害赔偿。

2. 商标权可以采用的信托内容

第一，转让商标权（许可使用权），即受托人将商标权（许可使用权）转让给第三人而获得转让费用。

第二，许可他人使用，即受托人许可他人使用该商标而获得许可使用费。

第三，引入风险投资，将商标与产品相结合，进行产业化经营；受托人向投资方发放信托受益权证，受托人可据此信托投资收益。

第四，侵权诉讼（仲裁）收益，受托人有权向侵权者提起诉讼或者申请仲裁，向侵权者主张侵权损害赔偿。

（五）办理信托登记手续

知识产权信托应当办理登记手续。我国《信托法》第十条规定，设立信托，对于信托财产，有关法律、行政法规规定应当办理登记手续的，应当依法办理信托登记。未依照前款规定办理信托登记的，应当补办登记手续；不补办的，该信托不产生效力。

四、知识产权质押融资

知识产权质押融资，是指个人、企业或其他组织以其合法拥有的、依法可以转让的知识产权中的财产权质押，按照国家法律法规和相关信贷政策，从商业银行或其他金融机构获得资金，并按期偿还本息的一种融资方式。

（一）知识产权质押形式

根据担保物或担保方式不同，知识产权质押形式分为以下三类。

1. 单一知识产权质押

知识产权直接作为贷款的唯一担保形式。可以将知识产权中的一种或多种设定为单一质押物，或质押物组合作为担保方式。

2. 知识产权质押加第三方担保（担保公司）

以知识产权质押作为主要担保形式，以第三方连带责任保证（担保公司）作为补充组合担保。

3. 质押加其他抵押物（动产、不动产）组合贷

以知识产权作为主要担保方式，以房产、设备等固定资产抵押，或个人连带责

任保证等其他担保方式作为补充担保的组合担保形式。

（二）知识产权质押融资业务办理

办理知识产权质押融资业务通常包括以下六个步骤：①知识产权权利人向银行或其他金融机构提交知识产权质押贷款书面申请；②由专业的评估机构对企业专利权、商标权等知识产权进行评估；③银行或其他金融机构对企业的基本情况按贷款规定进行审查，并对企业提交的其他资料及专利权、商标权评估结果进行审核；④审核通过后，双方签订借款合同和质押合同；⑤到知识产权管理部门办理知识产权质押登记手续；⑥执行借款合同。

（三）知识产权质押登记流程

1．著作权出质办理

（1）办理部门

中国版权保护中心负责著作权质押登记工作。申请人办理著作权质押登记，可至中国版权保护中心版权登记大厅办理，或通过邮寄方式办理。著作权质权登记，应由出质人与质权人共同到登记机构申请办理；但出质人或质权人中任何一方持对方委托书亦可申请办理。

（2）质押登记需要提交的文件

质押登记需要提交的文件包括：①著作权质权登记申请表；②著作权质权登记申请表；③主合同和著作权质权合同；④委托代理人办理的，提交委托书和受托人的身份证明；⑤以共同著作权出质的，提交共有人同意出质的书面文件；⑥著作权出质前授权他人使用的，提交该著作权的授权合同；⑦出质的著作权经过价值评估的、质权人要求价值评估的或相关法律法规要求价值评估的，提交有效的价值评估报告。

此外，还需要提交的材料包括：①提交著作权登记证书复印件；②证明文件是外文的，需同时提交中文译本；③提交联系人身份证明等。

（3）审查

登记机构应自受理之日起10个工作日内完成审查，符合要求的，登记机构予以登记，并颁发著作权质权登记证书。

（4）不予登记

不予登记情形包括：①出质人不是著作权人的；②合同违反法律法规强制性规定的；③出质著作权的保护期届满的；④债务人履行债务的期限超过著作权保护期的；⑤出质著作权存在权属争议的；⑥其他不符合出质条件的。

（5）撤销登记

有以下五个方面的情形登记机构则撤销登记。

第一，登记后发现有《著作权质权登记办法》第十二条所列情形的：①出质人不是著作权人的；②合同违反法律法规强制性规定的；③出质著作权的保护期届满的；④债务人履行债务的期限超过著作权保护期的；⑤出质著作权存在权属争议的；⑥其他不符合出质条件的。

第二，根据司法机关、仲裁机关或行政管理机关作出的生效裁决或行政处罚决定书应当撤销的。

第三，著作权质权合同无效或被撤销。

第四，申请人提供虚假文件或者以其他手段骗取著作权人质权登记的。

第五，其他应当撤销的。

2. 专利权出质办理

《专利法实施细则》第十五条第三款规定，以专利权出质的，由出质人和质权人共同向国务院专利行政部门办理出质登记。出质人和质权人应当订立书面合同。

（1）办理登记地点

国家知识产权局专利局、全国各地代办处可办理。专利权质押双方皆为国内个人或单位的，当事人可以到国家知识产权局专利局初审及流程管理部专利事务服务处办理，也可以到国家专利局在地方设立的代办处办理。专利权质押双方涉及外国人、外国企业或外国其他组织以及我国港澳台地区的，当事人应当到国家知识产权局专利局初审及流程管理部专利事务服务处办理。

（2）质押登记需要提交的文件

根据《专利权质押登记办法》第七条，质押登记需要提交的文件包括：①出质人和质权人共同签字或盖章的专利权质押登记申请表；②专利权质押合同原件；③出质人和质权人身份证明，或当事人签署的相关承诺书；④委托代理的，注明委托权限的委托书；⑤专利权经过资产评估的，当事人还应当提交资产评估报告；⑥除身份证明外，当事人提交的其他各种文件应当使用中文；身份证明是外文的，当事人应当附送中文译文；未附送的，视为未提交；⑦当事人通过互联网在线办理专利权质押登记手续的，应当对所提交电子件与纸件原件的一致性作出承诺，并于事后补交纸件原件；⑧其他需要提供的材料。

专利权质押登记申请表可在国家知识产权局官方网站下载。

（3）审查登记

国家知识产权局对提交的质押登记申请文件进行形式审查，并对拟出质专利的法律状态及权利纠纷、专利许可或已质押等情况进行核查，确保质押物符合有关规定。并自收到申请有文件之日起5个工作日内进行审查，决定在专利登记簿上是否予以登记。通过互联网在线方式提交的，在2个工作日内进行审查并决定是否予以登记。

（4）不予登记的情况

不符合《专利权质押登记办法》第十一条规定的情形国家知识产权局将不予以登记。

（5）撤销的情况

在专利权质押期间，国家知识产权局发现质押登记存在《专利权质押登记办法》第十一条所列情形并且尚未消除的，或者发现其他应当撤销专利权质押登记的情形的，应当撤销专利权质押登记，并向当事人发出专利权质押登记撤销通知书。

3. 商标权出质办理

（1）办理登记地点

国家知识产权局商标局、全国各地质押登记点。自然人、法人或者其他组织以其注册商标专用权出质的，出质人与质权人应当订立书面合同，并共同向国家知识产权局商标局办理质权登记。

（2）质押登记需要提交的文件

质押登记需要提交的文件一般包括：①申请人签字或者盖章的商标专用权质权登记申请书；②出质人、质权人办理商标专用权质权登记有关业务的承诺书；③主合同和注册商标权质权合同；④委托商标代理机构办理的，应当提交商标代理委托书；⑤上述文件为外文的，应当同时提交其中文译本。中文译本应当由翻译单位和翻译人员签字盖章确认。

（3）注册商标专用权质权合同

注册商标专用权质权合同一般包括：①出质人、质权人的姓名（名称）及住址；②被担保的债权种类、数额；③债务人履行债务的期限；④出质注册商标的清单（列明注册商标的注册号、类别及专用期）；⑤担保的范围；⑥当事人约定的其他事项。

（4）予以受理的情形

申请登记书件齐备、符合规定的，国家知识产权局商标局予以受理。受理日期即为登记日期，国家知识产权局商标局自登记之日起 2 个工作日内向双方当事人发放商标专用权质权登记证。

（5）不予登记的情形

登记机关不予登记的情形包括：①出质人名称与国家知识产权局商标局档案所记载的名称不一致，且不能提供相关证明证实其为注册商标权利人的；②合同的签订违反法律法规强制性规定的；③商标权已经被撤销、被注销或者有效期满未续展的；④商标权已被人民法院查封、冻结的；⑤其他不符合出质条件的。

具体流程及书件格式等可在国家知识产权局商标局官方网站查询。

第四章　外向型企业知识产权的保护与管理

当前，我国正由知识产权大国向知识产权强国转型，正以实际行动同国际知识产权保护接轨，促进国际经贸高水平合作，实现经济社会高质量发展。企业应当树立知识产权保护意识，尊重他人的知识产权的同时，也要在自己权利遭受侵害时通过法律渠道捍卫。在国家鼓励创新创业的大背景下，市场主体应当营造良好市场氛围，促进市场的有序良性竞争、经济发展和技术进步。

第一节　外向型企业知识产权保护

一、知识产权侵权形式

（一）专利权侵权行为及侵权判定方法

1. 未经许可使用他人专利的行为

根据《专利法》第十一条规定，未经许可使用他人专利的行为包括以下三种形式：①制造、使用、许诺销售、销售或进口他人发明专利产品或实用新型专利产品；②使用他人专利方法以及使用、许诺销售、销售或进口依照该方法直接获得的产品；③制造、销售或进口他人外观设计专利产品。

2. 假冒专利行为

根据《专利法实施细则》第一百零一条规定，假冒专利行为包括以下五种形式：①在未被授予专利权的产品或者其包装上标注专利标识，专利权被宣告无效后或者终止后继续在产品或其包装上标注专利标识，或者未经许可在产品或者产品包装上标注他人的专利号以及销售此种产品的行为；②销售①所述产品；③在产品说明书等材料中将未被授予专利权的技术或者设计称为专利技术或者专利设计，将专利申请称为专利，或者未经许可使用他人的专利号，使公众将所涉及的技术或者设计误认为专利技术或者专利设计；④伪造或者变造专利证书、专利文件或者专利申请文件；⑤其他使公众混淆，将未被授予专利权的技术或者设计误认为专利技术或者专利设计的行为。

3. 侵权判定基本方法

第一步，确定专利权的保护范围。对权利要求文字记载进行解释，司法实践中，常把文字解释范围作为专利的文字保护范围，要参考多种证据资料限制解释权利要求，阻止权利要求范围的不当扩大。

第二步，对专利权利要求作技术特征分解。对于产品权利要求来说，技术特征是产品的各个组成要素以及这些要素之间的结构关系、连接关系、配比关系等。

第三步，将被控侵权物作相应的技术特征分解。对于涉及产品结构的被诉侵权技术方案，应当认真分析其技术方案以及各个结构部件，在充分、准确理解各结构部件及部件之间的组合关系、结构关系、连接关系的基础上，参照专利权利要求的分解方法，进行对应分解。

第四步，将第二步与第三步所得到的技术特征分解逐一对比分析，进行是否构成相同侵权或等同侵权的判定。

（二）商标权侵权行为及侵权判定方法

1. 商标权侵权行为

根据《商标法》第五十七条规定，侵犯注册商标专用权的行为主要包括：①未经商标注册人的许可，在同一种商品上使用与其注册商标相同的商标的；②未经商标注册人的许可，在同一种商品上使用与其注册商标近似的商标，或者在类似商品上使用与其注册商标相同或者近似的商标，容易导致混淆的；③销售侵犯注册商标专用权的商品的；④伪造、擅自制造他人注册商标标识或者销售伪造、擅自制造的注册商标标识的；⑤未经商标注册人同意，更换其注册商标并将该更换商标的商品又投入市场的；⑥故意为侵犯他人商标专用权行为提供便利条件，帮助他人实施侵犯商标专用权行为的；⑦给他人的注册商标专用权造成其他损害的。

2. 商标侵权判定方法

商标侵权包括：未经许可在相同或类似商品或服务上使用与注册商标相同或近似的标志，且可能导致消费者对商品或服务来源产生混淆两大构成要件。

（1）相同或类似商品与服务的判断

《商标侵权判断标准》第十一条规定，判断涉嫌侵权的商品或者服务与他人注册商标核定使用的商品或者服务是否构成同一种商品或者同一种服务、类似商品或者类似服务,参照现行《类似商品和服务区分表》进行认定。第十二条规定,对于该区分表未涵盖的商品,应当基于相关公众的一般认识,综合考虑商品的功能、用途、主要原料、生产部门、消费对象、销售渠道等因素认定是否构成同一种或者类似商品;对于该区分表未涵盖的服务,应当基于相关公众的一般认识,综合考虑服务的目的、内容、方式、提供者、对象、场所等因素认定是否构成同一种或者类似服务。

(2)相同或近似标志的判断

《商标侵权判断标准》第十八条规定,判断与注册商标相同或者近似的商标时,应当以相关公众的一般注意力和认知力为标准,采用隔离观察、整体比对和主要部分比对的方法进行认定。

相关公众的一般注意力和认知,是指具有普通知识与经验的一般购物人,在购物时运用的普通注意力。

第一种,隔离观察法,即不能将两个商标摆在一起进行比较,而应分别观察后凭借记忆印象进行比较。这是因为消费者在购物时一般不可能带着上次购买的商品,并将其中的商标与欲选购的商品商标进行比较,而只会依赖脑海中对商标并不精确的大致印象。

第二种,整体比对法,即判断申请商标与印证商标是否在整体上给人留下非常接近的印象。

第三种,主要部分比对法,在"隔离观察"的前提下,比较两个商标之间最显著、给人留下最深印象的部分是否相同。商标可能由数个要素构成,而消费者往往只记住了其中最为突出和重要的部分,如果这部分也出现在另一个商标中,就容易认定两个商标近似。

(3)混淆可能性判断

混淆可能性的判断遵循商标是否相同或近似以及商品或服务是否相同或类似的原则,应以普通消费者的"一般注意力"为标准,综合运用隔离观察法、整体比对法、主要部分比对法,同时考虑已注册商标的显著性和知名度。

《商标侵权判断标准》第二十一条规定,商标执法相关部门判断是否容易导致混淆,应当综合考量以下六个因素以及各因素之间的相互影响:①商标的近似情况;②商品或者服务的类似情况;③注册商标的显著性和知名度;④商品或者服务的特点及商标使用的方式;⑤相关公众的注意和认知程度;⑥其他相关因素。

(三)商业秘密侵权方式及侵权判定方法

1. 商业秘密侵权方式

根据《反不正当竞争法》第九条规定,侵犯商业秘密的行为主要包括:①以盗窃、贿赂、欺诈、胁迫、电子侵入或者其他不正当手段获取权利人的商业秘密;

②披露、使用或者允许他人使用以前项手段获取的权利人的商业秘密；③违反保密义务或者违反权利人有关保守商业秘密的要求，披露、使用或者允许他人使用其所掌握的商业秘密；④教唆、引诱、帮助他人违反保密义务或者违反权利人有关保守商业秘密的要求，获取、披露、使用或者允许他人使用权利人的商业秘密；⑤第三人明知或者应知商业秘密权利人的员工、前员工或者其他单位、个人实施上述违法行为，仍获取、披露、使用或者允许他人使用该商业秘密的，视为侵犯商业秘密。

2. 商业秘密侵权判定方法

《反不正当竞争法》第三十二条规定，在侵犯商业秘密的民事审判程序中，商业秘密权利人提供初步证据，证明其已经对所主张的商业秘密采取保密措施，且合理表明商业秘密被侵犯，涉嫌侵权人应当证明权利人所主张的商业秘密不属于该法规定的商业秘密。可见，侵犯商业秘密案件中采取举证责任倒置的方式。

（1）举证责任倒置条件

涉嫌侵权人在商业秘密权利人提供初步证据合理表明商业秘密被侵犯，且提供以下三项证据之一的，应当证明其不存在侵犯商业秘密的行为：①有证据表明涉嫌侵权人有渠道或者机会获取商业秘密，且其使用的信息与该商业秘密实质上相同；②有证据表明商业秘密已经被涉嫌侵权人披露、使用或者有被披露、使用的风险；③有其他证据表明商业秘密被涉嫌侵权人侵犯。

（2）侵权判定方法

商业秘密侵权判定主要遵循"接触加实质性相似"的判定方法，即权利人证明侵权人使用的信息与自己的商业秘密一致或非常接近，同时证明侵权人有获取或接触商业秘密的条件，而侵权人不能提供或拒不提供其所使用的信息是合法获得或者使用的证据时，就可以认定侵权人以不正当手段获取了权利人的商业秘密。该方法的主要内容有以下三个方面。

第一，权利人证明侵权人有机会接触到其商业秘密，具备获取商业秘密的条件，而侵权人却不能证明其使用的涉案信息具有合法性。

第二，被控侵权信息与权利人主张商业秘密保护的信息具有实质相似性，即相同或者高度一致，并不限于完全相同。

是否构成前款所称的实质上相同，需要考虑的因素包括：①被诉侵权信息与商业秘密的异同程度；②所属领域的相关人员在被诉侵权行为发生时是否容易想到被诉侵权信息与商业秘密的区别；③被诉侵权信息与商业秘密的用途、使用方式、目的、效果等是否具有实质性差异；④公有领域中与商业秘密相关信息的情况；⑤需要考虑的其他因素。

第三，涉案信息与商业秘密的实质相同和侵权人的实质接触具有法律上的因果关系。

（四）地理标志侵权行为及判定方法

1. 地理标志侵权行为

《地理标志专用标志使用管理办法（试行）》第十条以及《商标法》第五十七条的规定，侵犯地理标志的行为主要包括：①未经公告擅自使用或伪造地理标志专用标志的；②使用与地理标志专用标志相近、易产生误解的名称或标识；③可能误导消费者的文字或图案标志，使消费者将该产品误认为地理标志的行为；④未经地理标志商标注册人的许可，在同一种商品上使用与其注册的地理标志近似的商标，或者在类似商品上使用与其注册的地理标志相同或者近似的商标，容易导致混淆的。

2. 地理标志侵权判定方法

地理标志的侵权判定核心在于地理标志的使用是否容易导致相关公众对该商品产地、品质等产生混淆误认。根据地理标志侵权的情况可以分为以下两种，每种情况的被诉侵权行为是否构成商标侵权需要单独判别。

（1）区分侵权情况

使用证明商标的商品并非出产于规定的地域范围，也未经商标权人许可，无论以何种方式使用地理标志名称，均构成侵权。以商标意义的使用，因其非出产于特定地域，不可能具备特定品质，使消费者对商品的品质产生混淆，侵犯商标权。以非商标意义使用（描述性使用），虽然不构成商标侵权，但是可能违反《产品质量法》关于禁止伪造产地的规定，或者构成《反不正当竞争法》规定的其他足以引人误认为是他人商品或者与他人存在特定联系的混淆行为。

（2）区分证明商标的性质

使用证明商标的商品确是出产于规定的地域范围，但使用人未经商标权人的许可而使用，此种情况下，先区分使用证明商标的性质，即是商标意义上的使用，还是描述产地性质的使用。

作为描述性使用，即将证明商标的字样仅用于描述商品的产地信息的，未作突出宣传使用的，此种使用应属于"对商标中含有的地名的正当使用"，不构成商标侵权。

作为商标意义上的突出宣传使用的，是否构成商标侵权，还应考虑我国目前对地理标志保护采用的双轨制，除了商标保护，还有《地理标志产品保护办法》的专门保护。

第一，如果使用者获得国家主管机关的许可使用地理标志专用标志的，因其产品已经具备地理标志要求的特定品质，即使使用者未经商标权人的许可使用地理标志名称，也不存在消费者对商品品质的混淆，不构成商标侵权。

第二，作为商标意义上的突出宣传使用的，使用者未获得国家主管机关市场许可的地理标志专用标志的使用，此种情况，应通过举证方式查明涉案商品是否确实具备地理标志证明商标使用管理规则要求的，在原产地、原料、加工制作工艺等方面的特定品质，具备特定品质的，不存在消费者对商品的品质产生混淆，不构成商标侵权。

第三，作商标意义上的突出宣传使用的，使用者未获得国家主管机关市场许可的地理标志专用标志的使用，涉案商品仅仅出产于地理标志要求的特定地域范围，但不具备其他的在原料、加工制作工艺等方面的特定品质，仍会使消费者对商品品质产生混淆，从而构成商标侵权。

（五）集成电路布图设计侵权行为及侵权判定方法

1. 集成电路布图设计侵权行为

侵犯集成电路布图设计的行为主要包括：①复制受保护的集成电路布图设计的全部或者其中任何具有独创性的部分的；②为商业目的进口、销售或者以其他方式提供受保护的集成电路布图设计、含有该布图设计的集成电路或者含有该集成电路的物品的。

2. 集成电路布图设计侵权的判定方法

集成电路布图设计侵权判断过程采用"接触 + 相似/实质相似 - 合法来源"的原则，具体包括以下三个方面。

（1）被诉侵权人是否具有接触集成电路布图设计的可能性

对于该"接触"，权利人应举证证明被诉侵权人在被诉侵权行为发生前，具有接触涉案集成电路布图设计的可能性，而不要求其举证证明已经实际接触。

（2）被诉侵权芯片与涉案布图设计是否构成相同或实质相同

首先，确定被诉芯片所含的集成电路布图设计是否与涉案集成电路布图设计相同或部分相同。

其次，对相同部分是否具有独创性进行认定，如相同部分具有独创性，则由于受保护的集成电路布图设计中任何具有独创性的部分均受法律保护，构成侵权，无论该相同部分在整份集成电路布图设计中的大小或所起的作用。

最后，两项集成电路布图设计是否相同或实质相同、相同部分是否具有独创性需要委托专业机构进行鉴定。

（3）获得的被诉侵权芯片是否具有合法来源

根据《集成电路布图设计保护条例》第三十三条规定，在获得含有受保护的集成电路布图设计的集成电路或者含有该集成电路的物品时，不知道也没有合理理由应当知道其中含有非法复制的集成电路布图设计，而将其投入商业利用的，不视为侵权。但适用该规定的前提条件之一是通过购买等途径从他人处获得该保护的集成电路布图设计的集成电路或含有该集成电路的物品，上述集成电路或含有该集成电路的物品的制造者不适用该规定。

（六）计算机软件侵权行为及侵权判定方法

1. 计算机软件侵权行为

根据《计算机软件保护条例》第二十四条规定，侵犯计算机软件的行为主要包括：①复制或者部分复制著作权人的软件的；②向公众发行、出租、通过信息网络传播著作权人的软件的；③故意避开或者破坏著作权人为保护其软件著作权而采取的技术措施的；④故意删除或者改变软件权利管理电子信息的；⑤转让或者许可他人行使著作权人的软件著作权的。

2. 计算机软件侵权判定方法

计算机软件著作权侵权认定原则主要是"接触 + 实质性相似"原则。在侵权人曾经接触过原告的计算机软件，被控侵权软件又与原告计算机软件存在实质性相似的情况下，除非存在合理使用等法定抗辩事由，否则可以认定侵权人的计算机软件侵犯原告计算机软件的著作权。

权利人和侵权人的计算机软件是否构成实质性相似，可以运用抽象概括法进行判断，即首先对权利人的软件自下而上地抽象概括，将软件中不受著作权保护的"思想"等成分逐步过滤出去，再对剩下的成分与侵权人的软件进行比较，以保证被比较的知识是受著作权保护的"表达"而非思想，如果比较的结果是两个软件具有实质性的相似，就可以认定侵权。

二、外向型企业知识产权的保护路径

（一）协商解决

权利人的知识产权在遭遇侵权，引起纠纷时，当事人可协商解决。不愿协商或者协商不成的，当事人可以请求知识产权行政主管部门处理，或者利害关系人可以向人民法院提起诉讼。

1. 专利权

专利权人把未经许可实施涉案专利的人当作潜在的交易对手与之谈判、合作，通过合作快速取得收益。常见协商解决的手段包括以下三个方面。

第一，委托代理人发送律师函。律师特别是由名气大、有信用的律师发送律师函，往往会引起对方重视，取得回函和协商机会的概率较大。此外，向相关的电商平台和公益组织发送律师函，也会依法获得相关方的关注和尊重。因此发送律师函是效费比较高的解决手段。

第二，与对方直接面谈。与对方直接面谈适用于双方比较熟悉的情况、具有直接面谈的基础和条件。只要能够协商，就可以为"决战式维权"是否必要或可行获取必要的信息。

第三，通过中间人斡旋实现与对方交流，在双方互为陌生人的情况下，通过政府机构、行业协会、双方共同的朋友作为中间人斡旋，实现接触和洽商方式，也是行之有效的方案。

关于申请仲裁，根据《四川省专利保护条例》第三十二条规定，当事人对下列专利纠纷，可以请求管理专利工作的部门调解，也可以根据仲裁协议申请仲裁或者依法直接向人民法院提起诉讼：①侵犯专利权的赔偿数额纠纷；②在发明专利申请公布后、专利权授予前使用该发明而未支付适当费用的纠纷；③专利申请权和专利权归属纠纷；④职务发明的发明人、设计人的奖励和报酬纠纷；⑤专利发明人、设计人的资格纠纷。对于涉外专利侵权纠纷可以根据仲裁协议请求世界知识产权组织仲裁与调解中心仲裁。

2. 商标权

商标注册人可以自行或者委托代理人与对方当事人就相关的商标事宜协商解决，也可以申请仲裁。

相对于法院诉讼程序，仲裁的优点是正式程度较低、耗费时间较短且花费较少，而且仲裁裁决在国际上更容易执行，当事方保留对争议解决过程的控制权，可以帮助与发生纠纷的企业之间保护良好的关系，并为将来的合作提供可能性。

对于涉外商标侵权纠纷可以根据仲裁协议请求世界知识产权组织仲裁与调解中心仲裁。

3. 商业秘密

企业的商业秘密受到侵害时，被侵害人可以与侵害人进行协商，要求其停止侵害并作适当赔偿，以维护自身的合法权益；也可以申请仲裁。

双方自愿达成仲裁协议的，可依据《仲裁法》向当地仲裁机构或者双方仲裁协议中约定的仲裁机构申请仲裁。对于涉外商业秘密侵权纠纷可以根据仲裁协议请求世界知识产权组织仲裁与调解中心仲裁。

4. 地理标志

地理标志侵权纠纷可参见商标权的侵权纠纷解决方式进行协商处理。

5. 集成电路布图设计

根据《集成电路布图设计保护条例》第三十一条规定，未经集成电路布图设计权利人许可，使用其集成电路布图设计，即侵犯其集成电路布图设计专有权，引起纠纷的，由当事人协商解决。

6. 计算机软件

计算机软件遭遇侵权引发纠纷的，当事人在协商时，可参考著作权、专利和商业秘密的侵权纠纷解决方式处理。

（二）行政保护路径

1. 专利行政保护路径

专利行政保护是指专利行政管理机关和执法机关依据法律赋予的行政权履行职责，依照行政执法程序及有关法律法规的规定对具体专利侵权纠纷进行调解、处理，对假冒专利行为进行查处，维护专利权利人的合法权益。

（1）专利行政保护的主管机关

专利行政保护的主管机关为国家知识产权局和地方知识产权行政管理部门。

（2）请求行政保护的条件

根据《四川省专利保护条例》第三十三条规定，请求管理专利工作的部门调解、处理专利纠纷，必须符合以下四个条件：①请求人与专利纠纷有直接利害关系；②有明确的被请求人和具体的请求事项、事实根据；③当事人无仲裁协议并且一方当事人未向人民法院提起诉讼；④属于管理专利工作的部门案件管辖范围。

（3）专利行政保护的措施

专利行政保护的措施主要包括责令停止侵权、查封、扣押等行政强制措施，罚款、没收违法所得等行政处罚，以及对赔偿数额的行政调解等。

2. 商标行政保护路径

（1）请求工商行政管理部门处理

根据《商标法》第六十条规定，侵犯注册商标专用权，引起纠纷的，商标注册人或者利害关系人可以请求工商行政管理部门处理。

第一，行政管辖。商标侵权案件的行政管辖，既可以是侵权人所在地的工商行政管理部门，也可以是侵权行为地的工商行政管理部门。

第二，对侵权行为处理。工商行政管理部门处理时，认定侵权行为成立的，责令立即停止侵权行为，没收、销毁侵权商品和主要用于制造侵权商品、伪造注册商标标识的工具，违法经营额5万元以上的，可以处违法经营额5倍以下的罚款，没有违法经营额或者违法经营额不足5万元的，可以处25万元以下的罚款。对5年内实施两次以上商标侵权行为或者有其他严重情节的，应当从重处罚。销售不知道是侵犯注册商标专用权的商品，能证明该商品是自己合法取得并说明提供者的，由工商行政管理部门责令停止销售。

第三，对赔偿数额争议的处理。对侵犯商标专用权的赔偿数额的争议，当事人可以请求进行处理的工商行政管理部门调解，也可以依照《民事诉讼法》向人民法院起诉。经工商行政管理部门调解，当事人未达成协议或者调解书生效后不履行的，当事人可以依照《民事诉讼法》向人民法院起诉。

（2）向海关申请知识产权保护备案

商标注册人及其代理人通过向海关申请知识产权保护备案，海关在发现涉嫌侵犯备案的商标权的进出口货物时，可以依职权扣留侵权嫌疑货物并进行进一步的调查和处理。

第一，备案手续。海关保护备案的流程比较简单，可以在我国海关总署官方网站完成备案，境内商标权利人可以直接或者委托境内代理人提出申请，境外商标权利人应当由其在境内设立的办事机构或者委托境内代理人提出申请。

第二，备案期限。海关保护备案自海关总署核准备案之日起生效，有效期为10年。自备案生效之日起商标权的有效期不足10年的，备案的有效期以商标权的有效期为准。在商标权海关保护备案有效期届满前6个月内，商标权利人可以续展。

第三，备案费用。海关保护备案无任何官费产生。

第四，向海关申请扣留侵权嫌疑货物注册商标权利人发现侵权嫌疑货物即将进出口的，可以向货物进出境地海关提出扣留侵权嫌疑货物的申请，其办理程序如表4-1-1所示。

表4-1-1　向海关申请扣留嫌疑物办理程序

程序	要求
提出申请提交文件	提交相关的证明文件及足以证明侵权事实明显存在的证据，这些证据需要能够证明的事实为：①请求海关扣留的货物即将进出口；②在货物上未经许可使用了侵犯其商标专用权的商标标识
提供担保	同时向海关提供不超过货物等值的担保，用于赔偿可能因申请不当给收货人、发货人造成的损失，以及支付货物由海关扣留后的仓储、保管和处置等费用

程序	要求
海关决定通知	如果海关决定扣留侵权嫌疑货物，会书面通知申请人，并将海关扣留凭单送达收货人或者发货人。如果海关经审查后发现不符合扣留的条件，则会驳回申请，并书面通知申请人
海关调查	货物被海关扣留后，海关会在自扣留之日起30个工作日内对被扣留的侵权嫌疑货物是否侵犯商标权进行调查、认定，必要的时候，商标权利人和收货人或者发货人对该调查应当予以配合
停止侵权或财产保全	商标权利人可以依照《商标法》及其他有关法律的规定，就被扣留的侵权嫌疑货物向人民法院申请采取责令停止侵权行为或者财产保全的措施。海关收到人民法院有关责令停止侵权行为或者财产保全的协助执行通知后会予以协助

3. 商业秘密的行政保护路径

（1）向工商行政管理机关申请查处

第一，举证。《国家工商行政管理局关于禁止侵犯商业秘密行为的若干规定》第五条规定，权利人（申请人）认为其商业秘密受到侵害，向工商行政管理机关申请查处侵权行为时，应当提供商业秘密及侵权行为存在的有关证据。被检查的单位和个人（被申请人）及利害关系人、证明人，应当如实向工商行政管理机关提供有关证据。权利人能证明被申请人所使用的信息与自己的商业秘密具有一致性或者相同性，同时能证明被申请人有获取其商业秘密的条件，而被申请人不能提供或者拒不提供其所使用的信息是合法获得或者使用的证据的，工商行政管理机关可以根据有关证据，认定被申请人有侵权行为。

第二，受理机构。根据《反不正当竞争法》和《市场监督管理行政处罚程序暂行规定》的相关规定，县级以上市场监督管理部门及其派出机构均可受理关于侵犯商业秘密的投诉和举报。

（2）向工商行政管理机关提出调解

《国家工商行政管理局关于禁止侵犯商业秘密行为的若干规定》第九条规定，权利人因损害赔偿问题向工商行政管理机关提出调解要求的，工商行政管理机关可以进行调解。权利人也可以直接向人民法院起诉，请求损害赔偿。

（3）行政处罚

《反不正当竞争法》第二十一条规定，经营者以及其他自然人、法人和非法人组织违反该法第九条规定侵犯商业秘密的，由监督检查部门责令停止违法行为，没收违法所得，处10万元以上100万元以下的罚款；情节严重的，处50万元以上500万元以下的罚款。2022 年 3 月 2 日，《市场监管总局关于印发全国商业秘密保护创新试点工作方案的通知》印发，强调加强商业秘密保护监管执法的相关要求。该通知的发布，标志着借助行政执法力量处理商业秘密侵权将成为企业保护自身商业秘密的一种高效途径。

4. 地理标志的行政保护路径

（1）《商标法》体系的行政保护路径

对于地理标志侵权采用《商标法》体系保护路径的，参照上文商标侵权的保护方式。商标注册的地理标志权利人发现侵权产品，为制止侵权，其作为注册商标权利人，可以申请行政查处或者提起商标侵权民事诉讼，在这个过程中，相关市场监督管理部门在执法、法院在司法过程中可依法对地理标志商标进行保护。如果相关假冒注册地理标志集体商标或证明商标的行为构成刑事犯罪的，依据《刑法》按照犯罪论处。

（2）《地理标志产品保护规定》的行政保护路径

地理标志除了作为商标通过《商标法》进行保护，还可通过《地理标志产品保护规定》作为一类产品予以保护。知识产权行政主管机关可以根据《地理标志产品保护规定》第三十条规定，依法对地理标志保护产品实施保护。对于在产地范围外的相同或者类似产品上使用受保护的地理标志产品名称的；在产地范围外的相同或者类似产品上使用与受保护的地理标志产品名称相似的名称，误导公众的；将受保护的地理标志产品名称用于产地范围外的相同或者类似产品上，即使已标明真实产地，或者使用翻译名称，或者伴有如"种""型""式""类""风格"等之类表述的；在产地范围内的不符合地理标志产品标准和管理规范要求的产品上使用受保护的地理标志产品名称的；在产品上冒用地理标志专用标志的；在产品上使用与地理标志专用标志近似或者可能误导消费者的文字或者图案标志，误导公众的；销售上述产品的；伪造地理标志专用标志的；以及其他不符合相关法律法规规定的，知识产权行政主管部门将依法进行查处。社会团体、企业和个人可监督、举报。

5. 集成电路布图设计侵权的行政保护路径

发生侵权后，当事人不愿协商或者协商不成的，集成电路布图设计权利人或者利害关系人可以请求国务院知识产权行政主管部门处理。国务院知识产权行政主管部门处理时，认定侵权行为成立的，可以责令侵权人立即停止侵权行为，没收、销毁侵权产品或者物品。当事人不服的，可以自收到处理通知之日起 15 日内依照《行政诉讼法》向人民法院起诉；侵权人期满不起诉又不停止侵权行为的，国务院知识产权行政部门可以请求人民法院强制执行。

应当事人的请求，国务院知识产权行政主管部门可以就侵犯集成电路布图设计专有权的赔偿数额进行调解；调解不成的，当事人可以依照《民事诉讼法》向人民法院起诉。

6. 计算机软件侵权的行政保护路径

计算机软件由于其表现形式的特殊性，其保护途径亦有别于其他知识产权类型，不仅可通过著作权给予保护，还可通过商业秘密路径和专利权路径给予保护。根据《计算机软件保护条例》第二十四条规定，除《著作权法》和《计算机软件保护条例》或者其他法律、行政法规另有规定外，未经软件著作权人许可，对于侵权行为应当根据情况，承担停止侵害、消除影响、赔礼道歉、赔偿损失等民事责任；同时损害社会公共利益的，由著作权行政管理部门责令停止侵权行为，没收违法所得，没收、销毁侵权复制品，可以并处罚款；情节严重的，著作权行政管理部门可以没收主要用于制作侵权复制品的材料、工具、设备等；触犯刑律的，依照刑法关于侵犯著作权罪、销售侵权复制品罪的规定，依法追究刑事责任。

（1）著作权保护路径

根据《计算机软件保护条例》第二十四条规定，未经软件著作权人许可，侵权行为同时损害社会公共利益的，由著作权行政管理部门责令停止侵权行为，没收违法所得，没收、销毁侵权复制品，可以并处罚款；情节严重的，著作权行政管理部门可以没收主要用于制作侵权复制品的材料、工具、设备。对于复制或者部分复制著作权人的软件的或者向公众发行、出租、通过信息网络传播著作权人的软件的，可以并处每件100元或者货值金额1倍以上5倍以下的罚款；有故意避开或者破坏著作权人为保护其软件著作权而采取的技术措施的、故意删除或者改变软件权利管理电子信息的或者转让或者许可他人行使著作权人的软件著作权的，可以并处20万元以下的罚款。

第一，行政投诉的受理机构。权利人的软件著作权受到侵害时可以向地方各级版权局或者文化市场综合行政执法部门投诉。权利人即使不知道侵权行为是否损害公共利益，也可以向著作权行政管理部门投诉，由著作权行政管理部门进行审查判断。

第二，地域管辖。权利人发现侵权行为后，可以根据情况向侵权行为实施地、侵权结果发生地（包括侵权复制品储藏地、依法查封扣押地、侵权网站服务器所在地、侵权网站主办人住所地或者主要经营场所地）的著作权行政管理部门投诉。

第三，投诉时效。投诉应该自侵权行为发生之日起2年内向著作权行政管理部门提出，超过2年著作权行政管理部门不再受理。对于有连续或者继续状态的侵权行为，2年期限自侵权行为终止之日起计算。

第四，投诉须提交的材料。根据国家版权局在2020年发布的《版权局关于进一步做好著作权行政执法证据审查和认定工作的通知》，权利人在投诉时应当提交的材料如表4-1-2所示。

表4-1-2　投诉人向著作权行政管理部门提交的材料

材料	内容
调查申请书	调查申请书应当写明投诉人、被投诉人的姓名（或者名称）和地址，投诉日期，申请调查所根据的主要事实和理由
投诉人的身份证明	投诉人的身份证明文件（如果投诉人委托代理人进行投诉，应当同时提交委托书和代理人的身份证明）
权利归属初步证据	投诉人的著作权或与著作权有关的权利归属证据：①作品底稿、原件；②合法出版物；③著作权登记证书；④取得权利的合同；⑤国家著作权行政管理部门指定的著作权认证机构或者著作权集体管理组织出具的著作权认证文书；⑥其他可以据以推定权利归属的证明材料
侵权证据	被投诉人侵犯权利人的软件著作权或者与著作权有关的权利的证据：①侵权的计算机软件（侵权复制品）、购买记录；②涉及侵权行为的账目、合同和加工、制作单据；③证明侵权行为的公证书、有关照片、视频或网页截图；④证明出版者、复制发行者伪造、涂改授权许可文件或者超出授权许可范围的证据；⑤其他能够证明侵权行为的材料
翻译件	投诉人提交的投诉材料如果文字部分是外文，应当附带相应的中文译本

第五，投诉材料提交方式。投诉材料可以直接向著作权行政管理部门提交，也可以通过邮寄方式提交。

第六，其他行政保护措施。权利人如果发现侵权复制品将从中国海关进出口，可以请求海关依照《知识产权海关保护条例》采取相应的保护措施。

（2）商业秘密保护路径

企业可以选择以商业秘密为路径对计算机软件进行保护，例如微软公司对其操作系统和软件的源代码一直以商业秘密的形式严加保护。以商业秘密为保护路径，企业往往需要构建一整套严密的内部保密管理体系，并需要在程序开发全过程应用必要的保密设施，从开发人员流动管理、开发设备管理、开发前后监控、技术加密等多角度采取措施，方能产生较好的保密效果。而以商业秘密为保护路径能实现的经济目的，主要是在市场竞争中取得先发优势或争取延长处于优势地位的时间。计算机软件作为商业秘密保护受到侵犯的可以采取上文商业秘密侵权民事、行政、刑事保护路径。

（3）专利权保护路径

根据《专利审查指南》第二部分第九章"关于涉及计算机程序的发明专利申请审查的若干规定"，如果专利申请中除单纯的方法、规则外，还包含其他技术特征并能通过专利"三性"审查，同样也应获授专利权。《专利审查指南》对此列出了软件符合专利权保护的主要情形包括：①软件程序可以和外部或内部对象相配合，实现符合自然规律的技术效果；②软件程序对外部技术数据进行技术处理，获得符合自然规律的技术数据处理效果；③软件程序按照自然规律完成对该计算机系统各组成部分实施的一系列设置或调整，从而获得符合自然规律的计算机系统内部性能改进效果。获得专利权保护的计算机软件受到侵权，可以采取上文专利权侵权的民事、行政、刑事路径进行保护。

（三）司法保护路径

1. 专利权

《专利法》第六十五条规定："未经专利权人许可，实施其专利，即侵犯其专利权，引起纠纷的，由当事人协商解决；不愿协商或者协商不成的，专利权人或者利害关系人可以向人民法院起诉，也可以请求管理专利工作的部门处理。管理专利工作的部门处理时，认定侵权行为成立的，可以责令侵权人立即停止侵权行为，当事人不服的，可以自收到处理通知之日起十五日内依照《中华人民共和国行政诉讼法》向人民法院起诉；侵权人期满不起诉又不停止侵权行为的，管理专利工作的部门可以申请人民法院强制执行。进行处理的管理专利工作的部门应当事人的请求，可以就侵犯专利权的赔偿数额进行调解；调解不成的，当事人可以依照《中华人民共和国民事诉讼法》向人民法院起诉。"由此可以看出，专利权侵权存在三种保护路径。

（1）民事保护路径

专利纠纷当事人不愿协商或者协商不成的，专利权人或者利害关系人可以向人民法院提起专利权侵权诉讼。

第一，原告资格。专利权侵权诉讼的原告包括专利权人与利害关系人。利害关系人包括专利实施许可合同的被许可人、专利财产权利的合法继承人等。专利实施许可合同被许可人中，独占实施许可合同的被许可人可以单独向人民法院提起诉讼；排他实施许可合同的被许可人在专利权人不起诉的情况下，可以提起诉讼。

第二，管辖研究专利侵权案件的管辖法院主要包括：①级别管辖，专利侵权纠纷第一审案件，由各地中级人民法院和最高人民法院指定的人民法院管辖；②地域管辖，因侵犯专利权行为提起的诉讼，由侵权行为地或者被告住所地人民法院管辖。专利侵权行为地如表4-1-3所示。

表4-1-3　专利侵权行为地

序号	侵权行为地
1	被诉侵犯发明、实用新型专利权的产品的制造、使用、许诺销售、销售、进口等行为的实施地
2	专利方法使用行为的实施地，依照该专利方法直接获得的产品的使用、许诺销售、销售、进口等行为的实施地
3	外观设计专利产品的制造、许诺销售、销售、进口等行为的实施地，以及上述侵权行为的侵权结果发生地

第三，证据及举证。专利侵权案件所涉及的证据大体包括权利证据、侵权证据和索赔证据三类，如表4-1-4所示。

表4-1-4　专利侵权案件证据

证据类别	证据内容
权利证据	证明涉案专利权权属状态的证据，证明涉案专利权法律状态的证据，以及证明涉案专利权稳定性的证据
侵权证据	被诉侵权产品的实物证据，被诉侵权产品的销售凭证，被诉侵权产品的许诺销售材料，被诉侵权方法实施的事实和证据等
索赔证据	权利人在被侵权期间因被侵权所受到的损失的证据，侵权人在侵权期间因侵权所获得利益的证据，相关的会计、审计资料，侵权行为情节的证据，权利人合理支出的证据等

（2）刑事保护路径

《专利法》第六十八条规定，假冒专利构成犯罪的，依法追究刑事责任。《刑法》第二百一十六条规定了"假冒专利罪"，假冒他人专利，情节严重的，处3年以下有期徒刑或者拘役，并处或者单处罚金。根据《最高人民法院、最高人民检察院关于办理侵犯知识产权刑事案件具体应用法律若干问题的解释》第四条的规定，假冒他人专利，具有下列情形之一的，属于"情节严重"：①非法经营数额在20万元以上或者违法所得数额在10万元以上的；②给专利权人造成直接经济损失50万元以上的；③假冒两项以上他人专利，非法经营数额在10万元以上或者违法所得数额在5万元以上的。

2. 商标权

《商标法》第六十条规定，有该法第五十七条所列侵犯注册商标专用权行为之一，引起纠纷的，由当事人协商解决；不愿协商或者协商不成的，商标注册人或者利害关系人可以向人民法院起诉，也可以请求工商行政管理部门处理。

（1）民事保护路径

商标侵权案件可以由侵权行为地或者侵权人所在地人民法院管辖。对此，被侵权人可以自主选择侵权行为地或侵权人所在地人民法院起诉。

人民法院一般商标侵权案件的处理采用民事制裁的方式。基于被侵权人行使的停止侵权请求权、损失赔偿请求权、恢复信誉请求权，人民法院可单独采用或合并采用以下办法：①责令侵权人立即停止侵害，可以销毁构成侵权行为的物品，拆除侵权行为所用的设备，收缴直接专门用于侵权行为的工具、模板等；②消除影响，恢复被侵权人的信誉，如责令被侵权人在报纸杂志上登载道歉声明等，以恢复被侵权人的商业信誉；③赔偿被侵权人的损失，赔偿额的计算办法为侵权人在侵权期间因侵权所获得的利润或者被侵权人在被侵权期间因被侵权所受到的损失；④被侵权人因调查、取证、聘请诉讼代理人或非诉讼代理人所花的费用，侵权人也应予以赔偿。

（2）刑事保护路径

商标注册人可以向公安机关举报，《商标法》第六十七条规定，未经商标注册人许可，在同一种商品上使用与其注册商标相同的商标，构成犯罪的，除赔偿被侵权人的损失外，依法追究刑事责任。伪造、擅自制造他人注册商标标识或者销售伪造、擅自制造的注册商标标识，构成犯罪的，除赔偿被侵权人的损失外，依法追究刑事责任。销售明知是假冒注册商标的商品，构成犯罪的，除赔偿被侵权人的损失外，依法追究刑事责任。《刑法》第二百一十三条、第二百一十四条和第二百一十五条分别规定了"假冒注册商标罪""销售假冒注册商标的商品罪""非法制造、销售非法制造的注册商标标识罪"。对有证据显示商标侵权人已经涉嫌构成犯罪的，将已经掌握的涉嫌犯罪的线索向管辖地的公安机关举报。对公安部门侦查终结，检察院已经受理并提起公诉的案件，可同时向受案的人民法院提出刑事附带民事诉讼。

3. 商业秘密侵权保护方式

（1）民事保护路径

根据《民法典》《反不正当竞争法》等法律规定，企业的商业秘密被侵犯，可以直接向人民法院起诉。

第一，地域管辖。一般来说，应向被告住所地人民法院或侵权行为地人民法院起诉。

第二，诉讼内容选择。企业可以选择合同违约之诉或者侵权之诉的情况主要包括：①对于采用合同违约之诉的企业，需证明与被诉侵权人已签署协议约定保密事项，被诉侵权人违反保密约定，违约之诉的赔偿范围包括继续履行协议和支付违约金；②对于采取侵权之诉的企业，需证明存在商业秘密、被诉侵权人所使用的信息与自己的商业秘密具有一致性或者相同性、被诉侵权人存在接触商业秘密的可能性。

通过侵权之诉，被侵犯商业秘密的企业可得到以下法律保护：①侵权人应停止侵害、消除影响、赔礼道歉；②给权利人造成损害的，应当承担损害赔偿责任；③侵权人应承担被侵害的经营者因调查该经营者侵害其合法权益的不正当竞争行为所支付的合理费用。

企业因员工违反竞业协议或者保密协议造成侵犯商业秘密的，可以根据《劳动法》提起劳动仲裁。对仲裁裁决不服的，可以在15日内向人民法院起诉。

（2）刑事保护路径

对于侵犯商业秘密罪，根据《刑法》第二百一十九条规定，有下列侵犯商业秘密行为之一，情节严重的，处3年以下有期徒刑，并处或者单处罚金；情节特别严重的，处3年以上10年以下有期徒刑，并处罚金。①以盗窃、贿赂、欺诈、胁迫、电子侵入或者其他不正当手段获取权利人的商业秘密的；②披露、使用或者允许他人使用以前项手段获取的权利人的商业秘密的；③违反保密义务或者违反权利人有关保守商业秘密的要求，披露、使用或者允许他人使用其所掌握的商业秘密的；④明知上述行为，获取、披露、使用或者允许他人使用该商业秘密的，以侵犯商业秘密论。

根据《最高人民检察院 公安部关于修改侵犯商业秘密刑事案件立案追诉标准的决定》对公安机关管辖的侵犯商业秘密刑事案件立案追诉标准规定，侵犯商业秘密，涉嫌下列情形之一的，应予立案追诉：①给商业秘密权利人造成损失数额在30万元以上的；②因侵犯商业秘密违法所得数额在30万元以上的；③直接导致商业秘密的权利人因重大经营困难而破产、倒闭的；④其他给商业秘密权利人造成重大损失的情形。

根据《最高人民法院关于适用〈中华人民共和国刑事诉讼法〉的解释》第一条和《最高人民法院、最高人民检察院关于办理侵犯知识产权刑事案件具体应用法律若干问题的解释（二）》第五条规定，针对侵犯商业秘密犯罪，权利人的刑事救济途径包括公诉和自诉两种。公诉是由检察院就犯罪行为向人民法院提起刑事诉讼的诉讼活动，而自诉是指被害人及其法定代理人、近亲属为追究被告人的刑事责任，直接向司法机关提起诉讼，并由司法机关直接受理的诉讼活动。商业秘密权利人通常优先选择公诉进行刑事救济。采取公诉途径进行维权的要先向公安机关报案、控告并积极配合公安机关和检察院的办案工作。

4. 地理标志

地理标志的司法保护路径见前述行政保护路径的内容，此处不再赘述。

5. 集成电路布图设计

根据《集成电路布图设计保护条例》第三十一条规定，侵犯集成电路布图设计专有权，引起纠纷的当事人不愿协商或者协商不成的，集成电路布图设计权利人或者利害关系人可以向人民法院起诉。另外，当事人在国务院知识产权行政主管部门就侵犯集成电路布图设计专有权的赔偿数额调解不成的，当事人亦可依照《民事诉讼法》向人民法院起诉。

6. 计算机软件

如上所述，计算机软件可以通过著作权、商业秘密和专利权等方式给予民事和刑事保护。

（1）民事保护途径

根据《计算机软件保护条例》第二十四条规定，未经软件著作权人许可，对于侵权行为应当根据情况，承担停止侵害、消除影响、赔礼道歉、赔偿损失等民事责任。

企业可以选择商业秘密方式对计算机软件进行保护，例如微软公司对其操作系统和软件的源代码一直以商业秘密的形式严加保护。以商业秘密方式保护，企业往往需要构建一整套严密的内部保密管理体系，并需要在程序开发全过程应用必要的保密设施，从开发人员流动管理，开发设备管理、开发前后监控、技术加密等多角度采取措施，方能产生较好的保密效果。而以商业秘密方式保护能实现的经济目的，主要是在市场竞争中取得先发优势或争取延长处于优势地位的时间。计算机软件作为商业秘密保护受到侵犯的可以采取上文商业秘密侵权民事、行政、刑事保护路径。

获得专利权保护的计算机软件受到侵权，还可以采取上文专利权侵权的民事、刑事路径进行保护。

（2）刑事保护途径

根据《计算机软件保护条例》第二十四条规定，未经软件著作权人许可，侵权行为触犯刑律的，依照刑法关于侵犯著作权罪、销售侵权复制品罪的规定，依法追究刑事责任。根据《刑法》第二百一十七条规定的"侵犯著作权罪"，以营利为目的，有下列侵犯著作权或者与著作权有关的权利的情形之一，违法所得数额较大或者有其他严重情节的，处3年以下有期徒刑，并处或者单处罚金；违法所得数额巨大或者有其他特别严重情节的，处3年以上10年以下有期徒刑，并处罚金：未经著作权人许可，复制发行、通过信息网络向公众传播其计算机软件。根据《刑法》第二百一十八条规定的"销售侵权复制品罪"，以营利为目的，销售明知是《刑法》第二百一十七条规定的侵权复制品，违法所得数额巨大或者有其他严重情节的，处5年以下有期徒刑，并处或者单处罚金。

第二节　外向型企业知识产权管理

随着经济全球化的深入发展，知识产权问题已成为国际经济贸易的核心，知识产权经济成为推动国家和企业核心竞争力的重要存在。特别是后 TRIPS 时代的到来，以美国为首的西方各国通过双边、区域协定不断提升知识产权保护的国际水平，导致国际知识产权环境的不确定性增加，受制于国际市场的我国外向型企业如何进行战略布局、风险防控是国内商品、服务出口的关键一环。高效的企业内部知识产权管理体系可以帮助企业进行前期知识产权开发、中期市场风险防范、知识产权运营、后期知识产权再开发和全程知识产权数据的监测与预警，形成良性的知识产权利用循环，帮助企业实现知识产权利用效率的最大化，促进企业技术创新、支撑企业进行可持续性发展，提升企业国际市场的核心竞争力。根据《创新管理—知识产权管理指南》（ISO 56005）（以下简称《知识产权管理指南》）国际标准，将知识产权管理活动嵌入创新全过程，通过明确创新过程中的知识产权管理目标、方法和路径，全面提升创新效率、创新质量和创新效益。

有效的创新管理应包括实施与业务战略相一致的知识产权战略。与知识产权战略相关的若干管理活动，包括知识产权全景分析、知识产权创造与获取、知识产权组合、知识产权商业化，以及知识产权风险管理等活动。通过对知识产权进行全景分析，可为外向型企业提供创新路径；通过创造并获取知识产权，可取得并保护创新成果；通过对企业各类知识产权进行组合，可增强企业的市场竞争优势；通过对拥有的知识产权进行商业化利用，可实现知识产权的价值，促进企业进一步发展；当然企业还需进行知识产权风险管理，以在将来一旦发生风险时，减轻责任，和/或者减轻风险的不确定性。《知识产权管理指南》中说明了与企业的知识产权战略相关的知识产权管理活动，如图4 - 2 - 1所示。

企业知识产权管理活动是以企业对知识产权管理的需求为基础进行，本节就上述一系列知识产权管理活动中的重点内容列出。已在其他章节提到的内容不再赘述。在外向型企业知识产权管理体系的构建过程中，企业需要依赖知识产权人力资源的合理配置，并借以实施知识产权的各项管理活动，如立项开发、质量管理、风险管理和全程的数据监测与预警。本节将对该内容在企业知识产权管理体系构建中的作用及注意事项作进一步指引。

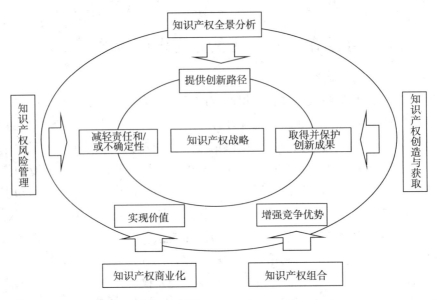

图 4－2－1　助力创新管理的知识产权管理活动

一、与员工有关的知识产权管理

与员工有关的知识产权管理属创新过程知识产权管理的内容。在知识经济时代，企业竞争的核心资源是知识、信息、技术，而人正是创造、运用知识的主体。因此，人力资源是企业资源配置的核心，其他资源均以人力资源为轴心运作，重视人力资源的合理配置是外向型企业创新过程知识产权管理的基础。

（一）知识产权人力资源要求

企业知识产权人力资源是企业开发新技术、运营、维护知识产权、推动企业技术创新、提高企业核心竞争力的关键力量。知识产权人力资源是指企业知识产权工作人员。外向型企业对企业知识产权人力资源的配置需要明确其岗位与职责，对人力资源的录用、培训、劳动关系的确立、激励制度等进行详细规划和实施。

（二）知识产权人力资源类型及职责

企业知识产权工作人员除了具备专业性，还具有协调、管理、运营知识产权的特殊价值。对于外向型企业而言，其知识产权人力资源往往被分为：知识产权高级管理人员、知识产权部门管理人员、知识产权流程人员、知识产权管理工程师、知识产权研发人员、工程技术人员、信息检索工程师、法务人员、知识产权评估机构以及企业合作的各专项法律服务、知识产权评估机构。

1. 知识产权高级管理人员

（1）岗位职责

主要是企业内具备知识产权背景的高级管理人员，如董事、总监、经理等，统筹负责企业知识产权管理体系，知识产权发展战略的制订、上报、下达和运作。

（2）岗位要求

知识产权高级管理人员需要具备精深的知识产权知识与行业敏锐度，作为衔接企业股东会、董事会等权力机构、执行机构与中下级知识产权管理、工作人员的重要桥梁，是企业知识产权管理体系运作的主心骨。

2. 知识产权管理工程师

（1）岗位职责

知识产权管理工程师主要负责各知识产权开发研究项目知识产权申报工作的审批与建议，包括是否申请专利、申请何种专利、权利范围如何确定、是否申请商标、防御商标注册策略等，以及有关知识产权管理制度的起草、建议，例如商业秘密保密等级、保密策略、涉密人员安排。

（2）岗位要求

知识产权管理工程师不仅要具备相关理工科背景，而且要熟知有关知识产权的保护策略、方法并熟练运用，具备专业知识与技能，最好持有相关证书，以为企业拟定各种知识产权发展战略。

3. 知识产权部门管理人员

（1）岗位职责

知识产权部门管理人员主要负责专利、商标、著作权、商业秘密各部门中的统筹规划，要求其熟知专利、商标、著作权、商业秘密管理的各项业务。

（2）岗位要求

知识产权部门管理人员需要具备高效的组织、协调能力，能够快速解决部门内部出现的衔接问题。

4. 知识产权流程人员

（1）岗位职责

知识产权流程人员主要负责专利、商标的申请、注册及授权后的权利维持、年费缴纳工作，以及著作权的登记备案工作，监控申请流程、时限变化，并将信息与知识产权管理工程师、知识产权工程师、研究人员、专项法律服务机构等及时共享、传递，以便进行答辩、申请策略调整。

（2）岗位要求

知识产权流程人员需要熟悉各类知识产权申请和后期维护；熟悉各类知识产权政府资助项目；协助律师完成知识产权相关诉讼事务；撰写知识产权相关项目和资质维护档案；负责相关材料的准备、送审和验收工作等。

5. 知识产权工程师

（1）岗位职责

知识产权工程师主要负责各知识产权专项项目的统筹工作，组织各知识产权研发人员、工程技术人员进行知识产权项目成果的总结归纳与申报。知识产权工程师需要制作各知识产权项目的计划书、结项报告等，并为项目成果承担内部的主要责任。

（2）岗位要求

知识产权工程师通常需要具备管理、协调、组织能力。

6. 知识产权研发人员、工程技术人员

（1）岗位职责

知识产权研发人员、工程技术人员主要负责专利研发、商标设计、著作创作、企业数据的收集加工等，是企业知识产权信息的来源。

（2）岗位要求

知识产权研发人员、工程技术人员要求其专业领域十分广泛，例如，信息安全、网络通信、制药工程、能源管理等。

7. 信息检索工程师

（1）岗位职责

信息检索工程师需要负责国内外知识产权权利文献、信息的检索、收集、整理与分析工作，并在此基础之上进行数据处理与加工，完成专业化的分析研究报告，以给知识产权管理工程师、知识产权工程师的决策提供参考意见。

（2）岗位要求

信息检索工程师需要熟悉国内外专利、商标等知识产权信息的网站的信息检索方法，并熟练运用数据处理、指引、制表、制图等技术，将风险与预期结果直观、简洁地展现出来，是外向型企业避免海外知识产权侵权、快速获得权利保护、制订海外营销策略的关键人才。

8. 法务人员

（1）岗位职责

法务人员主要负责合同起草、审核、管理、法律风险评估与防范，以及外向型

企业海外知识产权产品面临的维权、诉讼等工作。

（2）岗位要求

法务人员需要熟知国际经济法，各国知识产权法、诉讼法及行政授权、处理流程，特别是防范国外企业为阻止中国外向型企业拓展市场进行的恶意缔约、恶意诉讼等不正当竞争行为，为企业最大限度地争取合法利益和及时止损。

9. 知识产权联络员

知识产权联络员分散在专利、商标、著作权、商业秘密、法务等各部门，主要负责外向型企业内部知识产权信息、管理体系运转问题等在各部门之间的传递、沟通与协调，及时向知识产权高级管理人员反映各部门进度及问题，是企业知识产权管理体系运转的链条与润滑剂。

10. 专项法律服务、知识产权评估机构

当企业内部人力资源的能力不足以支撑以上业务时，需借助外部的法律和知识产权相关资源来处理。

第一，外向型企业知识产权管理体系在运转过程中产生的问题很难通过内部筛查、评估找出，往往需要依靠专业的企业知识产权管理评估机构进行制度评估。

第二，对企业在专利、商标申请等过程中权利要求书的修改、防御商标注册策略的制订等知识产权代理机构也可进行针对性建议、法律协同等。

第三，知识产权权利维持、年费缴纳、合同订立等也需要专业的知识产权评估机构对知识产权价值进行评估，以确定成本、预期收益等数据，便于进行企业知识产权的维护与运用。

由此可见，外向型企业知识产权人力资源除了内部工作人员，还需要寻求与专项法律服务、知识产权评估机构的长期合作，方可保持企业知识产权管理体系的高效、稳定运作。

（三）知识产权人力资源管理

企业人力资源管理包括教育与培训、劳动合同、劳务合同、入职、离职和激励五个部分。具体而言，外向型企业知识产权人力资源的管理包括：①员工招聘、入职前的背景调查；②劳动合同的订立；③知识产权等相关知识的教育与培训；④知识产权人力资源管理中最重要的产权激励政策。下面将介绍这四个部分在企业中的运作过程及注意事项。

1. 背景调查

为了避免外向型企业后期与员工的各种法律纠纷甚至商业秘密泄露导致经营风险提升，同时也为了给员工安排合适岗位、最大限度地发挥员工的个人价值，企业可在员工招聘时、入职前进行相当程度的背景调查。

（1）任职资格说明书

外向型企业在发布招聘信息时可以制作相应的"任职资格说明书"，针对性招聘人才，减少简历筛选的成本。对于外向型企业知识产权人力资源而言，"任职资格说明书"可以从企业的产业方向、知识产权战略安排、发展目标出发，参考上文具体知识产权人力资源类型的特点、主要职责、岗位要求在企业知识产权管理体系中的地位和作用进行拟定。通过明确岗位职责、目标、权限、内外部关系及任职条件等将企业招聘目标清晰化，以获得更优质、与企业岗位更契合的人才，进而简化企业进行背景调查的时间与经历。

（2）调查方式

外向型企业在初步选定新入职的员工后，需要对员工进行详尽的知识产权背景调查。其调查方式包括：①填写相应的"知识产权背景调查表"，例如，就职经历、知识产权权属、纠纷情况、竞业限制协议、保密协议订立情况等重要信息；②必要时可成立专项调查组，检索员工名下的知识产权情况，与入职前雇主的人事部门进行信息核实，全面把握员工职业素养、产权纠纷、从业限制等情况。

（3）背景调查的作用

关于背景调查的作用，对员工知识产权背景的调查可以排除以下四个方面的法律风险：①避免与员工入职前雇主发生知识产权纠纷，进而影响企业产品的后续研发、市场销售等；②避免员工因违反竞业限制协议、保密协议等内容与前雇主发生不必要的诉讼，减少时间、金钱、人力成本；③全面掌握员工职业素养、忠诚度，防止出现企业内部泄密，进而影响知识产权获得、商业战略实施等；④通过对员工从业经验、主要研究领域的了解，可为员工安排更合适的岗位，促进企业知识产权人力资源的高效、优质分配。

（4）员工涉密评估

外向型企业需要对新入职的涉密员工进行员工画像和涉密等级划分。一般而言，性别、年龄、性格、工龄、工资待遇、工作经历等都是重要的检查项目，并被赋予不同的比重，综合评估员工涉密的危险等级，对不同等级进行不同的权限限制，特别是评价为高危的员工需重点防控，减少泄密风险。这一环节高度依赖企业的商业秘密管理制度，在员工入职前一定要做好相关保密协议的订立工作。知识产权背景调查如表4-2-1所示。

表4-2-1　知识产权背景调查

本单位保留必要时向候选人/员工进一步获得信息的权利；候选人/员工有义务配合本次调查并保证以下内容的真实性			
姓名		身份证号	
联系方式		入职部门	
申请/任职岗位		入职日期/任职时间	
知识产权信息	和被申请人岗位相关的已申请或已完成的专利、商标、著作权信息，请列明：		
任职前的详细信息❶			
公司名称		公司地址	
任职时间	自　　　至	任职岗位	
人事部联系人		人事部联系电话	
离职原因			
保密协议	□有　□无		
知识产权状况	请列明您在前雇主处取得或参与的知识产权： 离职后，是否仍有未完成的研发课题或技术思路？如有，请列明并说明情况：		
竞业限制协议	是否签订过竞业限制类的协议？ □有　□无 若有，雇主是否向您发放竞业限制补偿金？ □是　□否 若有，您目前是否仍处于竞业限制期内？ □是　□否 若有，您认为该竞业限制协议是否会影响您在本公司的正常工作？如果会，请列明相关限制：		

---

❶　该部分可视入职、任职员工的就职经历重复添加使用。

其他	您是否有过以下情形？如有，请说明情况 □被辞退 □与前雇主发生知识产权或其他纠纷 □未通过单位背景调查 □被限制或取消进入单位相关设施或接触相关文件
您是否允许本公司在您入职前向该雇主核查您所提供的相关信息？□是　□否 如果否，请说明原因：	
被调查人签字	本人承诺以上信息全部真实，如因提供不实信息而带来的一切法律责任均由本人承担。 　　　　签字：　　　　　　　　　　日期：
调查人		日期	

2. 劳动合同

经过详尽的知识产权员工背景调查后，可通过劳动合同对知识产权人力资源进行初步管理。主要内容包括：①约定知识产权权属、明确发明创造人员的权利义务，并安排相应的保密条款；②对于研发、工程技术等与知识产权创造紧密相关的岗位，需要要求员工签署知识产权声明文件；③如有必要，应在劳动合同中提前设置相应的竞业限制和补偿条款。其中，对劳动合同最重要的就是权属约定、保密条款和竞业限制条款。保密协议和竞业限制这部分内容须注意以下两个事项。

（1）保密协议

由于知识产权人力资源接触的都是企业内外部的知识产权信息，而知识产权战略又是企业发展战略的核心，因此对知识产权人力资源的保密性要远高于一般人力资源，企业在与员工订立劳动合同时必须签订保密协议或加入相应事项的保密条款。

保密的内容属商业秘密，企业应针对以下不同类型的商业秘密进行价值评估，设置不同的秘密等级，并以此确定涉密人员的范围。

第一，技术信息。包括设计资料、实验报告、程序代码、技术方案、产品配方、制作工艺、制作方法、图纸等。

第二，经营信息。包括内部经营信息、内部管理信息、第三方信息等。

第三，在实际外向型企业运作过程中，申请失败的专利申请文件、资源情报，甚至失败的实验数据都是企业的商业秘密。

在与入职员工订立保密协议、保密条款时需要考虑该员工的背景调查和危险评估等级，对其设置具有针对性的保密条款。同时，需要根据其职位高低、工作可能的涉及范围确定其涉密权限。除此之外，保密期限也需要根据相关知识产权的研发需要、特点进行涉及，一般是入职至离职后的一定时间。

（2）竞业限制协议

竞业限制协议是通过合同约定限制员工在任职过程中或离职后一定时间内不能从业于与原单位有竞争关系的单位，包括员工自己创建经营范围相同的企业。对于企业而言，竞业限制协议带来的利益结构是多元化的，同时包含员工、现单位、原单位、未来单位。因此，企业在对员工进行知识产权背景调查时应当确定其是否与其他单位存在竞业限制协议，以及评估该员工的跳槽、离职风险。在审查、订立竞业限制协议时需要考虑的因素如表4-2-2所示。

表4-2-2　审查、订立竞业限制协议时需要考虑的因素

因素	考虑的内容
补偿金标准	①根据《劳动合同法》第二十三条第二款规定，用人单位需要在竞业限制期限内按月给予劳动者经济补偿，相应地，劳动者违反竞业限制约定的，也应当按照约定向用人单位支付违约金；劳动者履行了竞业限制义务；②需要注意的是，无论是否约定补偿金，用人单位都必须承担补偿义务。根据《最高人民法院关于审理劳动争议案件适用法律问题的解释（一）》第三十六条规定，没有约定补偿金的，劳动者可以主张劳动关系终止前一年度平均月工资的30%作为经济补偿；③经济补偿条款是否约定不影响竞业限制协议的本身效力，对于违反竞业限制协议的员工企业依然可以追责
违约金数额	违约金数额的确定需要通过对该员工在竞争对手单位任职所带来的可能损失进行评估得到，存在具体的评估标准，不然过高的违约金可能会被认定为对竞业限制条款的滥用
竞业限制的范围和期限	①根据《劳动合同法》第二十四条规定，竞业限制的人员限于用人单位的高级管理人员、高级技术人员和其他负有保密义务的人员……竞业限制期限，不得超过2年；②针对不同人员竞业限制期限需要区别适用，可以通过对不同知识产权人力资源违反竞业限制给企业带来的影响进行评估，避免过长期限的经济补偿为企业带来不必要的负担
离职员工的竞业掌控	对于签署了竞业限制协议的已离职员工，应及时掌握其在竞业限制期限内的任职去向，将竞业限制协议的运作落到实处，也能为企业排除隐形损失

3. 教育与培训

企业需要定期对知识产权人力资源展开教育培训，主要内容包括：①设置教育

培训要求，制订计划并执行；②组织全体员工按照业务领域和岗位要求进行知识产权培训，并形成记录；③组织对中层和高层管理人员进行知识产权培训，并形成记录；④组织对研发等与知识产权关系密切的岗位人员进行知识产权培训，并形成记录。具体培训内容有以下三个方面。

（1）企业认同感培训

企业认同感培训的目的在于提升知识产权人力资源的忠诚度，也提升人力资源与企业需要的契合度。要求企业提供尊重知识、尊重人才、善用人才的工作环境，使企业对员工具有吸引力、凝聚力，对每位员工进行潜能开发、培养，按照人才学习、成长的规律提供相应的学习机会与实践机会，让员工有自身价值的认同感、归属感，才能激发其对企业的认同感。

（2）知识产权法律知识培训

由于知识产权人力资源与知识产权相关事务关系密切，需要对其进行专利、商标、著作权、商业秘密、反不正当竞争法等法律知识的教育培训。一方面让其了解泄密、侵权的法律责任与风险，另一方面也是让其在与客户、竞争对手的日常往来中具备商业和法律敏感度，及时将风险或维权需要与法务部进行沟通。

（3）岗位技能培训

企业认同感、知识产权法律知识是知识产权人力资源必须进行的培训内容，此外，还需要对不同类型、岗位的知识产权人力资源进行特殊的岗位技能培训。此时可以借鉴其他企业导师制培训模式，由老员工在最短时间内将工作经验、技能传授新员工，保证新员工与部门、企业运作的迅速接轨。

4. 知识产权激励

企业应通过有效的激励机制才能最大限度地开发人力资源带来的经济价值。《专利法》第十五条明确规定，授权后企业对职务发明人应当给予奖励以及以后续推广应用范围为标准的报酬，同时，国家还鼓励企业实行产权激励，采取股权、期权、分红等方式，使发明人或者设计人合理分享创新收益。这已经为企业实施知识产权激励提供了明确方向。

（1）合理数额的奖励及报酬

外向型企业可以在知识产权管理体系内设置相应的奖惩制度，并专门设置评估机构或与外部知识产权评估机构对接，既能对员工的创新提供相应对等的激励，也可以避免约定不明、适用僵硬的法律标准，增加不必要的奖励支出，更重要的是，通过价值评估可以发掘知识产权的潜在商业价值，以进行企业知识产权或商业战略布局。

除此之外，企业也不应被固有思维限制，还可以对员工的创造性思维进行科学引导，对一些不适合用知识产权制度保护的创意加以奖励（如适合作为商业秘密保护的操作方法、配方等），从而鼓励员工从企业利益出发，充分发挥自己的聪明才智，同时为企业培养具有忠诚度、认同感、归属感的创新人才。

（2）职业晋升考评指标

除了一般的物质奖励，还可以将科研人员的知识产权创造、保护和运营转化情况与企业内升值、加薪的考核机制挂钩，例如，将知识产权申请和授权数量、知识产权运营转化收益作为考评指标，设定具体的权重、分值，建立完善的员工创新考评机制。

（3）分享创新收益

国内企业对于知识产权人力资源的激励政策多为一般前置化的奖励、报酬制度，这样不足以激励员工创造出有后续利用价值、能够转化为实际产品或科技成果的知识产权，容易产生应付考评、敷衍了事的消极态度。因此，必须采取能够加强激励效果的优化制度。

外向型企业的知识产权激励制度构建可参考"科技成果混合所有制"政策构建：企业对知识产权的发明创造者或持有人可以进行股权激励，明确其对有关知识产权享有部分或全部的所有权，同时企业享有相应的剩余索取权或优先使用权。但对职务发明人采取股权激励时，应当注意对知识产权价值的评估，考虑该知识产权的市场预测、社会效益以及企业自身发展战略的规划，避免员工持股过高影响企业正常经营决策。

（4）精神激励

除了以上三种激励制度，企业还需在企业文化中建立崇尚创新、尊重创新、鼓励创新的氛围，增强创新性知识产权员工的荣誉感、积极性，充分发掘激励机制的可能形式。

二、立项研发

知识产权的创造是外向型企业扩大和坚守已有市场份额的有力武器，当企业无法研发出新的或更高的技术，就会被其他新的、具有创新竞争力的企业所替代，从而丧失原有的市场份额。因此，研发活动是企业创造价值、维持生命力的必要活动。企业必须建立完善的知识产权立项研发机制，以增强自身技术创新、创造经济效益的能力。

（一）知识产权立项研发的基本流程

在外向型企业知识产权立项开发阶段，主要包括对文献和情报进行市场需求分析、调查确定选题以及对选题的可行性分析，进而达到立项目的，以及后续项目的开发和成果的评估、验收、管理。

1. 市场需求分析

市场需求分析是企业技术研发的初始动力，没有市场需求、经济前景的知识产权研发出来也毫无意义，企业应当立足于自己的内部管理、科研实力、外部经济环境、市场竞争效果，进行相应的市场调查、文献检索、情报分析。

（1）市场竞争情况

外向型企业为拓展海外市场进行技术创新的第一步就是对市场现有技术、设计、权利人以及市场未来可能出现的相似竞争者的充分调查与分析，以及企业现有产品的市场占有率，这样可以为后续产品的推出降低大量成本和法律、商业风险。

第一，在进行正式立项前，必须调查市场内是否有其他竞争者在从事类似的研发工作，防止其他竞争对手相似成果的提前入市，打乱自己的研发计划甚至导致全部研发成本的沉没。

第二，对自己研发项目进行评估，是否会被他人专利权利要求范围所包含，即自己新专利的研发是否受制于基础专利的实施。如是，则企业会在产品后续的推广应用中长期受制于人，寻求同行业竞争对手的专利许可更非易事。

（2）企业生产需求

企业生产需求的分析需要结合以下两个方面。

第一，对行业盈亏状况、企业生产成本和预期经济效益的评估，即企业是否有必要生产。如果新技术的研发较市场内现有技术差别不大，或存在相应的替代技术，并不能为企业扩大市场份额、提高竞争力提供良好帮助，在平衡行业平均生产效率和企业个别生产率的情况下，应放弃相应技术的立项开发。

第二，对企业内知识产权人员科研能力、企业知识产权、营销策略安排的综合考量，即企业是否有能力生产。对于外向型企业而言，其主要面对海外市场，相关技术的研发是否能在时间效率、功能强度上超越国际市场内具有垄断地位的大企业，以及成果完成后如何作为产品推向市场都是企业对自身研发能力的重要评估，如果相应的推新能力不足，应当将主要成本放在提高生产效率、招纳知识产权科研人才等基础能力的构建上。

（3）国家政策环境

由于外向型企业的创新产品主要面向海外市场销售，因此，在相应技术的立项开发时必须考虑该项技术成功研发后是否能在相应国家受到知识产权保护、知识产权授权难易程度，该国是否存在为公共利益而实施的强制许可，强制许可适用条件如何等重要政策、制度。除此之外，相关行业在其他国家的经济扶持政策、优惠政策也是企业调查的重要内容，其良好、优惠的经济政策能为企业后期的产品推出减少阻碍、节约成本。通过对海外各国的政策环境进行调查、分析，企业需要得出最终技术成果产品化、应用化的经济效益、预期风险，综合评估是否有必要进行立项开发。

2. 立项

立项阶段主要针对选题的可行性进行论证，制订相应的技术开发方案，形成可行性分析报告。可行性分析报告的目的在于防止在知识产权方面出现重大瑕疵，保障企业研究的高起点和前瞻性。可行性报告应当明确专利技术、设计的检索与分析情况，载明在开发阶段可以获得的知识产权情况，例如，通过研究开发获得的知识产权数量、类型、技术含量以及获得知识产权的大致过程，并对该项知识产权的管理、保护政策进行明确。报告出台后，企业应组织评审组对报告的知识产权情况、技术开发路线、预期成果及其预期收益以及相应的知识产权风险作出评估，可行性报告通过后方可进行立项。

3. 开发

研究开发阶段是取得自主知识产权成果的实质阶段。在这一阶段的工作主要有以下三个方面。

第一，研究开发人员应当加强与各部门知识产权管理人员的沟通和交流，及时对成果作出申请专利或作为商业秘密保护的决策，采取相应的确权或定密措施。

第二，保留企业整个研究开发活动过程中的档案和记录，并实施有效的档案管理，方便后续侵权或维权纠纷中举证，能为企业节约大量诉讼成本。

第三，整个开发研究过程中，企业生产、制造、营销等部门必须密切监控市场动态，并及时反馈到研发人员处，使得研究开发活动具备较强的市场适应性，灵活应对各种市场变化，及时调整开发方案，降低侵权概率，减少成本沉没。

4. 成果验收

（1）项目验收程序

企业需要组织有关人员梳理项目研究开发过程中的知识产权成果，形成项目知识产权清单，将知识产权成果作为项目考核验收的重要指标，并纳入项目总结验收报告，此清单是专家组评价知识产权成果的关键指标。

（2）项目验收清单

知识产权成果资料包括：项目结题知识产权查新检索报告，新技术产品的经济效益证明，新技术应用效益证明，基于专利技术的企业、行业、国家标准的制定、修订及发布证明，专利受理通知书，专利授权证书，计算机软件著作权登记，论文文献等。公司创新发展部在收到项目组送交的验收知识产权成果资料后，应组织科研管理人员对上交文件进行清点。对验收不合格的文件，项目组采取措施进行修改或补充；对未能完成的知识产权计划，项目负责人应提交情况说明。

（3）项目验收人员及工作

第一，验收人员组成。成果的验收评审组由公司知识产权总工程师牵头，包括熟悉该项成果内容的技术、设计专家。

第二，验收内容。评审组重点验收项目所做的创造性工作、解决的关键性技术问题、获得的知识产权成果、取得的新颖性成果、生产实际应用情况等，根据以上各知识产权验收评价指标对该项目成果进行评价。评审组必须就该项目的知识产权成果形成验收意见，才可以完成该项目的成果验收工作。

5. 成果管理

成果管理是指通过对评审组评审意见的分析及相应的评估程序对成果进行分类、确权、定密、定人员权限等。

将成果快速纳入企业知识产权管理体系，可以此为基础技术开发出更多的核心技术和关键技术，进一步提高企业核心竞争力。同时，有助于企业尽快开展合同谈判、建立合作关系、技术推广、法律事务等各种工作，加速实现成果的商业化、市场化。

（1）商业秘密保护

一般而言，企业选择作为商业秘密保护的创新成果包括：①研发成本高、难度大，无法通过反向工程破解；②不宜作为专利保护，如不符合专利授权的条件或作为专利保护，会因强制许可或法定许可的规定折损经济收益；③企业暂时不愿公开和实施的技术、设计，目的在于将其作为基础技术进一步研发；④通过对经济效益评估，认为按照目前的商业战略不宜申请专利；⑤容易被宣告无效或被竞争对手采用替代技术、设计避开。

对于以上情形，外向型企业应当通过对商业布局、成果价值评估等综合考虑确定是否采用商业秘密保护。

（2）专利战略布局

决定不作为商业秘密保护后，企业应当尽快制订专利申请计划、开展著作权登记活动，较为复杂的是专利申请，需要进行相应的专利战略布局，以形成相应的专利族，迅速拓宽海外市场。

专利族是指在具有共同优先权的不同国家或国际专利机构多次申请、多次公布或批准的内容相同或基本相同的一组专利文献。

企业通过市场需求分析阶段对各国专利政策的研究应当在确定申请专利后迅速制订相应的专利申请计划，以避免超过专利申请优先权的法定期限。同时，由于各国专利申请程序、法律法规、政策不同，例如，我国就存在专利快速审查通道，应当有选择性、针对性地设置申请顺序，以最快的时间在各国获得专利保护，方便产品的统一上市或营销策略的制定。

（二）知识产权立项研发的基本形式

一般而言，企业知识产权的立项研发形式主要有自主研发、合作研发、委托研发三种形式。

1. 自主研发

（1）适用的企业

自主研发是指企业利用自己的资金、技术和科研人员进行技术、设计的立项开发，从而获得专利技术、商业秘密或相应的竞争优势。若企业的资金、技术、人力资源丰厚，可选择自主研发的形式，以获得成果技术、设计的完整权利，进一步获得或巩固自己在市场上的支配地位。

（2）自主研发的优势

由于研发是自主进行的，所以研发成果完全归企业所有，一旦研发成功且具有相应的市场价值，企业便会迅速获得市场的垄断地位，从而提高自己的市场竞争力。

（3）自主研发的风险

企业需要承受较高的市场风险、法律风险和技术风险，并在整个开发研究过程中投入大量成本，尤其是对于研发周期长的技术，企业将承受巨大的成本压力，研发不成功会导致巨大损失甚至导致企业被迫转型、破产，其商业战略、知识产权战略都会受到严重影响。

2. 合作研发

（1）适用的企业

中小企业可选择进行合作开发。对于自身知识产权实力较弱的企业来说，找准自己定位，从基础知识产权体系建立着手，构建适合企业发展的知识产权管理体系，规范知识产权行为，逐步培育知识产权自主研发、运营能力是更为妥当的。如果企业不具备某种技术的研发能力，存在人才不足、资金不足等情况时，企业多会选择共同合作研发，组建技术联盟等。

（2）合作开发的优点

合作开发的优点包括：①分担企业自主研发的各项风险；②提升企业科研的灵活性，可以灵活应对市场变化；③提供了企业间知识产权制度、管理模式的学习机会。

（3）合作开发的法律风险

第一，如前期约定不明或后期利益分配存在失衡，会导致企业发生知识产权权属纠纷，不利于维持企业间的友好商业伙伴关系。

第二，极容易发生泄密问题，包括企业经营信息、管理信息、核心技术等，还容易被合作企业挖走核心科研人员，产生人才流失。

第三，除此之外，稳定合作对象的选择也是十分困难的，后期其中一方拒绝继续进行资金投入的情况不在少数。

3. 委托研发

适用于自身没有科研能力研发、通过评估认为委托他人研发更节约成本或者企业由于经营范围或处于改制等特殊阶段不便于研发的企业。

委托开发是指企业委托另一企业或单位完成技术、设计研发，实质上等同于合作开发，由一方提供资金支持，另一方提供科研人才、技术和数据开展研发工作。例如，企业可委托高校等科研机构承接项目，进行相应的评估、科研工作。

（1）委托开发的优点

能够克服自身科研能力不足或不便，将精力集中在更有经济效益的产业、部门发展上。

（2）委托开发的缺点

研发成果无法预料，整个项目的进程都受制于被委托人，可能出现成果拖延、质量不高等情况。

（3）权属约定

委托开发时企业需要格外注意预先约定成果的权利归属，根据《专利法》第八条，委托发明创造的专利申请权在没有约定或约定不明的情况下归属完成或者共同完成的单位或者个人，为避免后续权属纠纷应在委托合同中明确权属。

三、授权后的质量管理

外向型企业成功取得知识产权后，不能只关注其投入生产后的经济效益，更要关注知识产权自身质量的维护，包括对知识产权的日常维护、权属变更与放弃以及知识产权密集型企业的知识产权分级管理。

（一）质量管理的必要性

知识产权质量管理是指通过对知识产权的有效维护、运用和流转，实现其增值、保值的目的，将知识产权的质量管理与企业整体战略相融合，从而保证知识产权持续发挥最大价值，提高企业经济效益。其中最重要的就是防止知识产权被撤销、宣告无效或贬值。因此，需要建立相应的日常维护机制，定期对知识产权进行质量评估、选择合适的运营模式，对于知识产权密集型企业更是需要建立专门的知识产权分级管理制度，细化企业内的知识产权体系，具体到每项独立的知识产权。

（二）日常维护的作用

外向型企业想要保证其知识产权的长久价值，必须建立具体、详细的知识产权分类管理档案，企业知识产权档案管理是实施企业知识产权战略管理的一个重要支撑条件。知识产权档案可清晰呈现知识产权状态的物理载体，通过对档案的分类处理，企业可以实时监控知识产权的使用情况、年费缴纳、无效宣告、诉讼程序等，保证及时排除知识产权所面临的各项风险。

一般而言，知识产权档案分类可按照知识产权的管理流程分成六个二级目录，以最大限度地涵盖企业整个立项开发到成果保护、风险防范过程的知识产权文件。[●]知识产权档案分类如表4-2-3所示。

表4-2-3　知识产权档案分类

流程类别	具体内容
战略规划	科学研究与开发（R&D）战略、知识产权战略与商业战略。主要是企业战略的指导性文件
R&D与知识产权组织机构图、R&D联盟	企业R&D组织结构图、企业知识产权机构、R&D战略联盟等文件
知识产权创造	各类知识产权从研发、申请到授权整个过程所产生的文件资料归入此类，以及企业的知识产权收购合同、技术协议等
知识产权管理	企业知识产权组合政策、知识产权收购管理、商业秘密管理、预防技术泄露政策等相关文件归入此类
知识产权应用	企业知识产权内部自用、对外许可使用、技术转移等所涉及的一切文档资料入此类
知识产权风险防范	包括企业作为原告或被告涉及的知识产权侵权诉讼材料、许可协议、相关法律、条例变化对企业的影响，以及相应的对应措施文件等

对于外向型企业而言，其知识产权分类档案的建立更为复杂，因为其涉及多个国家和地区的法律条文、企业战略布局以及申请文件、授权文件等，可以先根据国家和地区对知识产权档案进行分类，再下设详细的三级分类。当然，具体分类的选择取决于企业自身的知识产权情况，例如，有的企业主要依赖他人的知识产权许可、转让，其就不存在相应的研发过程知识产权档案。

[●] 李红，罗军. 企业知识产权档案战略性管理刍议［J］. 档案学通讯，2010（3）：88-91.

（三）权属变更与放弃

1. 企业并购时采用

知识产权价值的提升有时不仅依赖企业的维护，而且来源于企业自身价值的提升，比较典型的情况就是企业并购。当企业被收购后，设立新公司，或被并入其他企业，应当根据并购协议及知识产权转让协议，向各国政府主管部门申请知识产权权属的变更事项，并应当进行公告，取得法律认可的所有权人的合法地位。知识产权权属变更登记是企业行使知识产权财产处置权的法定程序，政府的变更登记确认书是新企业保护知识产权的法律依据。

2. 企业知识产权质量、价值下降时采用

当企业持有知识产权已经成为企业发展负担时，企业可选择以下两个途径：①将该知识产权转让，以尽可能地回收成本；②放弃知识产权，进行注销登记或放弃年费缴纳。

这两种路径的选择都格外依赖知识产权的价值评估，通过其预期经济效益与预期成本、风险的比较进行抉择。

（四）知识产权分级管理

知识产权分级管理的管理成本较低，但精细化的分级管理会受到分类体系和分级标准的科学性、专利价值评价的质量、不同级别管理模式和内容的设置是否合理、运营保护中市场环境和竞争对手的影响等诸多因素的影响，工作难度较大、成本较高。开展分级管理的企业一般应具备以下三项条件。

1. 企业知识产权管理需求明显

这种需求可能来源于三个方面，一是知识产权管理效率、质量提高的要求，二是企业提高知识产权竞争力的要求，三是外部知识产权风险成本的提高。企业愿意为知识产权分级管理投入成本，也愿意承担获得收益的时间成本，以降低来自市场的知识产权纠纷的风险成本。

2. 知识产权数量达到一定规模

知识产权数量达到一定规模时，一方面会催生提高知识产权管理效率和质量的需求，另一方面通过规模效应降低知识产权分级管理对单件知识产权效果不确定性的影响。

3. 知识产权管理体系具备一定的基础

知识产权分级管理只是提高企业知识产权竞争力的一种手段，需要通过作用于

创造、运用和保护环节才能真正发挥作用，转化为市场竞争力。因此，需要企业的知识产权工作体系具备一定的基础，才能使分级管理发挥作用。

四、知识产权风险管理

外向型企业的知识产权活动是一个包含技术、人员、管理、市场以及多种外部因素共同作用的过程。因此，知识产权的取得、运作会遭受各种风险，其中既有法律风险、技术风险，也有人员风险。企业预先设置相应的风险识别、应对机制进行风险防范、控制、管理，有利于提高技术开发与知识产权运用的效率。

对于企业知识产权的创造、运用而言，其风险在于专利、商标、作品、商业秘密在研发、生产经营、使用过程中产生的泄露、流失、权属纠纷、侵权诉讼等，进而影响企业经营目标、经济效益的实现。一般而言，一个完整的企业知识产权风险管理制度包括风险识别、风险分析、风险控制三个阶段。

(一) 企业知识产权风险的识别

1. 风险识别团队组成

知识产权风险的识别可由外向型企业组织专业的团队进行，人员配置包括具有风险评估经验的企业知识产权高级管理人员、知识产权部门管理人员、知识产权工程师、法务人员等，以及企业委托的外部专项服务机构或专家。

2. 风险识别工作程序

企业知识产权风险识别程序如表4-2-4所示。

表4-2-4　企业知识产权风险识别程序

风险识别工作程序	工作内容
制作调查清单	风险识别团队应当对企业内部的知识产权档案，知识产权管理制度，知识产权研发流程，企业人力、财力等资源配置，市场内的技术变化，竞争对手的相关情报等信息进行收集整理并制作调查清单
开展调查	与企业中项目相关工作人员进行充分沟通，可以采用调查问卷、访谈会议等形式，但一定要形成相应的记录文件
调查结果	经过对项目、企业经营范围、管理制度等的充分调查，初步得到可能涉及哪些领域的知识产权问题、企业内风险的分布情况，进而进行针对性的风险评估、分析

（二）企业知识产权风险的评估

企业知识产权风险评估的主要目标有两个方面，一是对知识产权的风险进行定性评价（对风险的影响程度、发生概率进行描述和说明），二是对知识产权的风险进行量化分析（通过具体数据更为直观地呈现风险情况），最终形成相应的风险评估报告，制作风险清单。

1. 定性分析

定性分析是指通过对知识产权档案等基础信息的归纳、分析、演绎、推理等，以达到把握风险的严重程度、发生可能的目的，虽然定性评价不要求精确数字，但同样应当达到足以使决策者作出如何调整知识产权战略的程度。因此，一般通过设置不同的等级进行描述，例如风险造成的损失极高、高、中、低、极低等，定性分析可以采用的方法主要有以下三种。

（1）德尔菲法（专家预测法）

德尔菲法是指通过征求专家集体的意见来洞悉和预见风险，对于影响因素众多以及缺乏原始数据、无法建立预测模型的情况优势明显。

（2）风险矩阵法

风险矩阵法按照风险发生的可能和损失的严重程度，将风险绘制在矩阵图中，展示风险及其重要性等级，为企业确定各项风险重要性等级提供了可视化的工具，但由于其需要对风险重要性等级标准、风险发生的概率、风险发生的影响程度等作出主观判断，可能影响使用的准确性。定性分析的风险矩阵如图 4－2－2 所示。

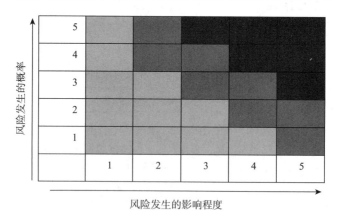

图 4－2－2　定性分析的风险矩阵

（3）风险地图（风险热图）

风险地图也称风险热图，通过图形技术表示识别出的风险信息，直观地展现风险的发展趋势。地图分成四个象限，其中右上方的预期损失是"高频率、高强度"，风险状况非常严重，应引起管理层的高度重视；对于"低频率、高强度"的风险情况，应保持警惕，注意进行风险转移；对于"高频率、低强度"的风险事件，应进行积极管理，降低风险的发生概率；至于"低频率、低强度"的风险，可以作为日常管理的部分，常被列入成本控制的范围。定性分析的风险地图如图4-2-3所示。

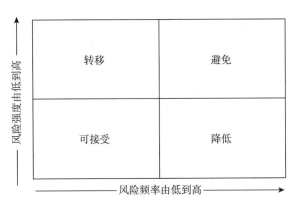

图4-2-3 定性分析的风险地图

2. 定量分析

定量分析建立在数学、统计、计量学、计算机等学科基础之上，通过数学模型和图表从不同角度来直观描述风险情况。与定性评价不同，定量分析更加强调数字的精确性、直观性。但其与定性分析的优劣并非绝对，也不存在适用的先后，而是企业需要基于现有信息、人力资源等条件区别适用的。定量分析可以采用的方法有以下两种。

（1）风险矩阵法

风险矩阵法是企业知识产权风险定量分析的主要方法，适用于由2个要素值确定另一个要素值的情形，例如，以"风险发生的影响程度""风险发生的概率"这2个要素确定另一个要素"风险重要性等级"。风险的影响程度（x）和风险的发生概率（y）这2个要素值确定了另一个要素值，即风险的重要性等级（Z），其函数关系可记为 $Z = F(x, y)$。函数 F 可以采用矩阵形式表示，以要素 x（x_1，x_2，$\cdots x_m$）和要素 y（y_1，y_2，$\ldots y_n$）的取值构建一 $m \times n$ 阶阵，行列交叉处的 Z 值即为所确定的计算结果。矩阵内的计算需要根据实际情况确定。$Z = F(x, y)$ 可以是一个数学解析式；也可以不遵循统一的计算公式，可以是 Z 根据与 x，y 之间的变化关系判断的一个值。但是，必须具有统一的增减趋势，即如果是递增函数，Z 值应随着 x，y 的值递增；反之亦然。定量分析的风险矩阵如图4-2-4所示。风险重要性等级划分标准如表4-2-5所示。

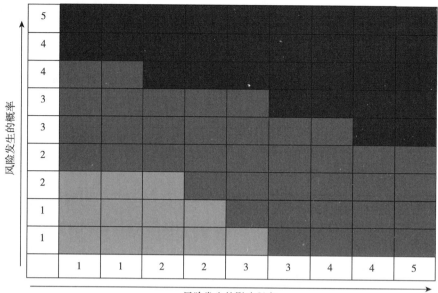

图 4 - 2 - 4　定量分析的风险矩阵

表 4 - 2 - 5　风险重要性等级划分标准

风险重要性等级分值	风险重要性等级划分
1.00 ~ 2.00	低等级风险
2.01 ~ 3.50	中等级风险
3.51 ~ 5.00	高等级风险

（2）风险因素分析法

风险因素分析法一般是在对企业整体知识产权法律风险进行评估时使用。使用风险因素分析法时最重要的是对风险形成因素的选择以及赋值，因此格外依赖风险识别团队前期制作的风险评估报告。知识产权风险因素分析如表 4 - 2 - 6 所示，表中数字为分值。

表 4 - 2 - 6　知识产权风险因素分析❶

要素类型		赋值上限	实际赋值	参照企业
企业环境	宏观政策	10	5	5
	所处行业	5	5	5
	所处地域	5	3	3
	涉外因素	10	10	10
	业务伙伴	10	5	5

---

❶　刘如翔. 企业知识产权法律风险提示 ［M］. 北京：法律出版社，2014：231.

要素类型		赋值上限	实际赋值	参照企业
企业形态	企业规模	5	5	2
	组织形态	5	5	2
	商业模式	5	5	2
企业管理	企业文化	5	0	0
	管理机构	5	5	0
	管理制度	10	10	5
知识产权	权利类型	5	2	2
	权利数量	10	8	5
	权力分布	5	2	0
差异要素	……	5	0	0
综合评定		100	70	46

（三）企业知识产权风险的控制

风险控制，也称风险管理，是指通过风险识别与分析后，对企业经营管理过程中可能产生的风险因素，采取一定预防、消除和弥补措施，以求用最小的耗费获得企业经营安全最大保障的科学管理方法。对企业知识产权风险控制而言，一般有四种方法可供选择。

（1）回避风险

回避风险是从根本上清除风险的方式，其是指在知识产权风险管理过程中考虑风险的严重程度以及风险的发生概率，自动地放弃采用具有风险或风险比较大的方案或方法。例如，企业在通过对新研发成果申请专利这一活动进行风险识别和评估后，认为专利授权的结果不仅是每年缴纳高额年费，而且可能被宣告无效、面临侵权风险等，市场也不一定能够很好地接受该项新产品，因而选择不进行专利申请。

风险回避能够最大限度地避免甚至消除风险，但其最大的弊端也非常明显，即放弃预期可得利益。风险的识别、评估涉及多种可变因素，且高度依赖人的主观判断，无法对未来长远的市场变化进行预估，这种消极的处理办法可能使企业失去许多潜在的发展机会。

（2）减小风险

相较于回避风险而言，减小风险是一种更为积极的风险应对方式，在保留知识产权风险的前提下，降低其发生的概率或损失，从而达到控制风险的目的。

企业减小知识产权风险需设置两种知识产权制度：①企业知识产权风险预防机制，例如，监测与预警机制，以及企业知识产权管理制度的完善、员工知识产权风险意识的提高等；②企业知识产权风险控制机制，主要依赖于风险实际发生后的各项紧急预案、抢救措施等。

企业减小知识产权风险包括两种途径。

第一，对知识产权风险的形成要素进行控制，包括立项研发阶段对知识产权权属的预先约定、知识产权开发人员与管理人员的及时沟通、企业相应保密机制的完善等，从源头上减小知识产权风险发生的概率；或者在利害关系人提出无效宣告请求、侵权诉讼后及时固定相关证据、准备相应的维权、诉讼方案以及应急公关等。

第二，对知识产权风险的相关要素进行控制，包括申请注册商标时，提前设计好相应的防御商标，尽可能地扩大自己商标的保护范围，避免相同、类似商标抢占自己的市场份额；专利技术研发过程中，积极申请阻碍专利，增加其他竞争对手的生产必要成本。

例如，特斯拉汽车公司的创始人埃隆·马斯克（Elon Musk）在 2014 年就宣布免费开放其公司下的全部专利，从风险管理角度分析，其策略实际上是减小企业知识产权开发风险的优秀代表。特斯拉汽车公司作为电动汽车领域内的早期引领者，其在技术开发上面临巨大的商业风险，因为技术领域本身较新，功能技术的发展方向并不统一，特斯拉汽车公司的技术研发方向可能面临断崖式的风险，但其通过免费开放专利的商业策略，一方面零成本进行了有效的宣传，另一方面将各企业的技术研发方向聚集到自己已经领先的研究领域，有效减小了新技术开发面临的市场风险。

（3）转移风险

风险转移是在知识产权风险本身并没有降低或消失的条件下，通过合法经济措施将风险转移给其他经济主体承担的事前风险管理策略。相应的，由外向企业对风险接受者进行补偿。

知识产权风险转移的方式主要有以下两种。

第一，非保险转移方法。借助合同或协议，将损失的法律责任、经济责任转移给非保险的个人或组织。非保险转移方法包括：①购买，即从直接的项目之外获取产品或服务；②分包，指项目组织通过分包合同将其认为风险较大的子项目转移给非保险的其他个人或组织。

第二，保险转移方法。由合同双方当事人约定，一方交付保费，另一方承诺当特定事件发生后，承担经济补偿责任的一种风险转移方法。保险转移风险，从经济角度来看是分摊知识产权开发损失、侵权、市场风险和提供经济保障的财务安排；从企业角度来看是一种风险转移机制，外向型企业可以向保险公司转移知识产权开发、运用、市场化活动中未知风险带来的损失。企业充分运用保险型风险转移方式能将项目风险实现合理转移，有效降低知识产权活动风险。

（4）接受风险

接受风险是指企业对知识产权风险的自我承担，是知识产权开发、市场化等项目中企业自我承受风险损害后果的方法。企业接受风险的适用条件有以下两种。

第一，如果某一风险带来损失的概率相对低，且最大损失也不会对企业造成重大影响，就可主动选择接受风险，这将是比其他风险处理技术更经济有效的处理方式。

第二，若没有其他更好的替代方案，或其他应对方案无法实施的特殊情况时采用，但此时企业对风险的接受则是被动的、消极的。

（四）企业知识产权风险管理的机制

虽然通过知识产权风险的识别、分析、控制流程能够帮助企业实现知识产权风险管理活动，但正确、高效的风险管理离不开企业内风险管理机制的运作。企业需要针对以下四个方面采取有效措施。

1. 知识产权管理制度构建

企业内部知识产权管理制度的构建，包括前文所述的各类人力资源配置及其相应的激励机制、立项开发活动中的风险监控机制、企业知识产权质量管理机制、风险评估机制等。企业知识产权管理体系中的任何一个部门都对知识产权的风险管理起到至关重要的作用。只有明确企业内各岗位员工的权利与义务、职责，明确立项研发团队的目标与使命，才能够增强员工的责任心，保证企业知识产权从立项开发到产品化都能有条不紊地进行。

2. 知识产权档案管理

企业知识产权分类档案的建立以及日常管理，包括以下两个方面内容。

第一，立项、研发、管理、应用等多种过程文件，还涉及多个国家或地区的法律文件、企业战略布局以及申请文件、授权文件等，因此务必保证档案保存的有序性，针对企业需要建立科学的分类体系。

第二，由于文件的保存对于未来侵权、维权诉讼、行政答辩等活动都具有重要意义，应当保证其真实性，相关负责人员应当在过程文件的产生过程中均进行签字，必要时还需对相关情况进行说明，方便节约诉讼中的举证成本。对于重要的技术资料，必要时可以移交公证处封存并确立日期，以保证其技术证据的效力。

3. 保密控制

保密控制体现为对企业内保密机制、人员权限的设置，防范泄密事件的发生。保密机制的设立不仅针对企业内全体员工，而且针对合作开发单位的工作人员来企业进行业务谈判、学习、交流的外部人员等，主要体现为员工画像、对高危员工的重点监控、对不同重要程度和泄密危险程度的商业秘密的定密、涉密场所的管理、背景调查、离职谈话等制度。作为商业秘密的技术信息和经营信息在进行保密管理时可成立相关组织结构，企业商业秘密管理组织结构如图4-2-5所示。

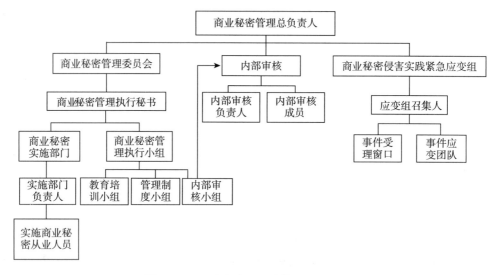

图4-2-5　企业商业秘密管理组织结构

4. 对接知识产权专项法律服务机构

海外知识产权业务包括海外商标注册、PCT专利申请等，可通过法律服务机构高水平、高质量的专业服务，为企业知识产权的发展提供高效、便捷的服务。法律服务机构还可以充分调动各方资源，发挥中间人的调和作用，合理解决不同企业之间的知识产权纷争，最大限度降低企业知识产权活动中产生的风险。

五、知识产权监测与预警

外向型企业知识产权监测与预警主要依赖知识产权监测预警系统的建立。知识产权监测预警系统是指持续性收集、鉴别、分析国际知识产权信息，并进行预警信息分析、反馈和跟踪的制度、机构、网络、措施等构成的一种预警系统，作用在于超前反馈与知识产权尤其是知识产权纠纷相关的信息，督促企业及时进行战略部署，打响知识产权安全的主动战。

建立知识产权监测预警系统对于外向型企业十分重要，这将有助于企业随时掌握知识产权竞争态势，提前准备和应对即将来临的竞争威胁，正确应对已经发生的知识产权纠纷，从而促进企业公平健康地参与国际竞争。

企业知识产权监测预警系统主要由信息采集、信息分析及信息应用三个子系统构成。

（一）信息采集系统

信息采集系统是预警系统的基础模块，它的工作质量和速度决定着企业专利预警系统的效能。

1. 确定信息采集的范围

进行预警分析，要正确选择与企业知识产权保护关系密切、对知识产权制度依赖性较大、对企业竞争有重大影响的重点产业，或重点产品、重点技术领域进行信息的采集和监测，其对象应由重点到一般，逐步推进，主要收集以下五个方面的信息。

（1）专利申请与审查相关信息

在专利审批系统中采集各种专利申请的特征、数据和值得关注的问题，特别是不同技术领域重点企业的专利申请量、授权量等数据。同时采集申请的有关情况，例如涉及的当事人、审查结果等。

（2）知识产权纠纷相关信息

在行政执法和司法执法系统采集各种知识产权纠纷，特别是专利纠纷案件的特征、数据和值得关注的问题，包括纠纷的类型、产业或产品门类、地域分布、国际纠纷的比例及国别、原告类型、被告类型、处理结果、结案周期、诉讼费用、执法效果等。

（3）重大贸易相关信息

对各个国家或地区重大贸易政策变化、企业自身所处领域及其相关领域产品的进出口量进行动态检测，找出数量或市场占有率显著变化的产品类别及其市场、产地、相关企业等信息，采集它们涉及的知识产权信息。

（4）国内外政策法律相关信息

国内外政策法律采集内容如表 4 - 2 - 7 所示。

表 4 - 2 - 7　国内外政策法律采集内容

信息类别	主要采集内容
国际信息	采集世界贸易组织、世界知识产权组织、世界海关组织、世界银行、亚太经济合作组织、东南亚国家联盟等主要国际组织关于知识产权保护政策的重大变化或动议，以及上述组织关于中国知识产权保护环境的评价
	中国主要贸易伙伴关于中国知识产权保护环境的评价，以及中国主要贸易伙伴有关知识产权保护的政策、法律、机构的重大变化及近期重大措施
	有关技术国际标准、国家标准的变化态势
国内信息	采集国内相关的科技、法律法规的各类相关信息

（5）其他信息

国外重点报纸和专业杂志、行业协会出版物、产业研究报告、政府出版物、商业数据库等获取的其他信息。

2. 企业内信息采集工作的协调

企业知识产权监测、预警需要的信息来自企业内部诸多部门，要统一组织协调信息的报送工作，建立通畅的信息交流渠道，保证从各信息源及时准确完整地获取相关信息。

（二）信息分析系统

信息分析系统是知识产权监测预警系统的核心模块，通过企业内专职和兼职的信息分析人员，借助各种信息分析工具，采用人工和计算机辅助分析方法相结合的手段，将信息采集系统所采集的相关信息有序化、系统化、层次化，最终产生出有价值的预警情报。信息分析系统的工作流程主要有以下四个方面。

1. 数据的鉴别和验证

（1）鉴别和验证的总原则

信息分析应围绕知识产权权利的基本状态（知识产权拥有量），以及变化趋势（知识产权拥有量的变化）展开。

（2）分析的内容

分析内容包括：①国外企业可能通过知识产权手段制约企业经济发展的技术领域和地域（市场范围）；②企业知识产权拥有量低而国际市场份额占有量高的技术领域，以及可能造成的危害程度等。

具体鉴别和验证方法则有待于具体项目立项后，对各种数据源进行调查研究，制订数据评价和筛选原则。

2. 信息的有序化组织

在整个系统中，除了连接已有的各种结构化数据格式的数据库，企业还需要建立一个非结构性数据库，用于存放文本或文档格式的数据。为了降低系统建设成本，企业可以通过接口连接已有的数据库，对需要重点跟踪的行业、其他竞争对手或某个技术领域建立相应的特定行业、特定企业、特定技术领域数据库。信息的有序化组织中，另一项重要任务是设计信息存储表格，这项工作应在对各种数据源进行调查研究后完成。

3. 信息分析

信息分析包括预警指标的确定、信息分析方法、分析内容和辅助信息分析工具的选择。企业进行预警分析旨在及时掌握相关领域知识产权竞争态势，提升企业自主创新能力，有效处置可能发生的竞争威胁，提升企业竞争优势。

一般来说，预警指标的选择包括贸易指标、知识产权指标和科技指标三个方面。

（1）贸易指标

经济利益的争夺是知识产权纠纷发生的根源，对各种贸易数据的统计、分析、再加工是专利监测、预警工作的重要内容之一。这些数据包括海关进出口贸易数据和国外特定市场的销售等相关数据，以及出口产品价格同比变化率、出口产品数量同比变化率、进口国同类产品的市场占有率、企业产品在国际国内市场的占有率变化等。

（2）知识产权指标

知识产权指标是知识产权监测和预警工作的基础指标，主要包括知识产权数量指标、申请人或权利人指标、知识产权市场领域分布、技术主题指标、技术区域分布指标和研发团队指标等。信息分析系统中的知识产权指标具体内容如表4-2-8所示。

表4-2-8　信息分析系统中的知识产权指标

指标分类	指标细分内容
知识产权数量指标	以数量和数量的变化为依据，包括知识产权申请数量和授权数量及其变化率等
申请人或权利人指标	包括企业的主要竞争对手（特定申请人，即某行业中重要的生产、研发企业）和潜在竞争对手及其技术特征等
知识产权市场领域分布	包括注册商标的核准注册商品或服务类别分布，著作权的主题、形式等
技术主题指标	包括利用各种专利分类号（如国际专利分类号、美国专利分类号、欧洲专利分类号等）、数据挖掘或人工标引方法进行的针对专利涉及的技术主题所做的各种分析
技术区域分布指标	包括同一技术主题在不同国家或地区的专利分布，或同一专利权人在不同国家或地区的指标等
研发团队指标	包括重要竞争对手知识产权权利人的数量及其变化等指标，旨在探索企业立项研发的投入动向

（3）科技指标

科技指标包括企业所采用的技术要素、相关行业国际主流技术标准要素等指标，旨在探索企业跟随科学技术发展的能力。

4. 信息分析的方法

根据系统设立的各市场领域或主要竞争对手的知识产权预警信息的警示点，由系统自动生成统计报表，监测相关市场领域或专利申请人知识产权申请（或授权）量及其变化信息。由分析人员阅读统计报表，以信息预警快报的形式发出。

对于涉及企业知识产权战略调整的重大事件和可能产生严重知识产权风险的警示信息，应成立相应的信息分析专家组，针对有关技术和产品，在对所收集的信息进行深入综合分析的基础上，对其可能给企业造成的影响作出预判，并出具评估和分析报告。

（三）信息应用（服务）系统

信息应用（服务）系统是知识产权监测预警系统的输出系统，其主要功能是面向企业各级决策层提供信息产品和信息服务，并负责收集和处理各种反馈信息。信息应用（服务）系统包括以下四个方面。

1. 信息分层推送制度

信息应用（服务）系统应当设置向企业最高领导层、企业知识产权高级管理人员、企业知识产权相关部门主管、知识产权管理工程师等不同层面的信息推送制度。

2. 信息产品的类型

信息应用（服务）系统所提供的信息产品的类型包括信息简报、特别专题报告、重点行业跟踪研究报告、主要竞争对手分析报告、竞争环境分析报告、新兴产业领域预测报告，以及对国际有关政策的变动进行分析形成的报告和重要市场事件涉及的知识产权通告等。

3. 信息产品发布形式

信息应用（服务）系统的信息产品发布形式包括定期和不定期的口头汇报、电子邮件形式、内部资料或刊物形式和网络资源共享等方式。

4. 预警信息结果的反馈和跟踪

企业各有关人员在收到知识产权通告后，应提供通告的质量和效果等反馈意见，并及时将反馈意见输送到信息应用（服务）系统中的反馈信息收集窗口。知识产权监测预警部门将在此基础上进行后续的跟踪研究，并提出进一步的指导意见，同时根据反馈的结果对信息分析方法进行修正。

第三节　外向型企业知识产权尽职管理

知识产权尽职调查，指基于特定的商事需求，由企业的知识产权人员或委托第三方专业机构对目标公司的知识产权进行全面性调查及系统性梳理，为企业提供目标公司可能影响预期商业计划或其他关键因素的知识产权信息，最终形成专业性综述报告的非诉讼法律服务活动。

一、调查主体

知识产权尽职调查可由企业知识产权人员进行，也可以委托知识产权专业机构进行。调查既涉及知识产权法律层面的内容，也涉及技术层面的内容，应根据需求匹配相应的专业领域人才。

二、知识产权尽职调查的目的

知识产权尽职调查的目的有两个方面，其一，梳理目标公司的知识产权状况，包括权利内容、权利归属、权利来源、权利负担、权利价值等；其二，分析目标公司知识产权存在的风险，包括实施风险、交易风险、管理风险等。

三、调查内容[1]

（一）具体内容

知识产权所涵盖的内容较广，包括专利、商标、著作权、商业秘密、专有技术、与企业/商品相关的网络域名、原产地名称保护、集成电路布图设计专有权、植物新品种权及其他与知识产权相关的权利。但是一般的知识产权尽职调查主要针对著作权、商标、专利、商业秘密、域名等。

---

[1]　参见《中华律师协会知识产权尽职调查操作指引》。

1. 著作权

著作权尽职调查针对目标公司所享有的著作权权属状况、法律状态、运营情况、涉诉情况及法律风险等方面具体内容开展尽职调查。

目标公司享有著作权的作品清单,内容应包括证书编号、作品类型、作者、权利来源、权利归属、权利限制等。

目标公司各作品完成日期、发表日期,剩余权利期限及是否办理了著作权登记。

目标公司办理了著作权登记的,主要核查著作权登记证书,结合国家版权登记中心网站进行核实,并通过访谈等方式对其著作权权属情况进行印证。

目标公司未办理著作权登记,但声称对作品享有著作权的,则需核查相关协议、作品创作底稿、软件代码及相关证明文件,包括:①目标公司自主创作取得著作权的,需要对创作底稿,自主创作的会议记录及决议、创作完成的时间证明文件、首次发表的证明文件等内容进行审查;②目标公司通过委托创作取得著作权的,需要对著作权委托协议、权利归属协议等内容进行审查;③目标公司通过与他人合作创作取得著作权的,需要对合作协议、权利归属协议等内容进行审查;④目标公司通过个人的职务创造取得著作权的,需要对职务作品归属协议、公司内部的职务作品创造激励办法等内容进行审查;⑤目标公司通过受让取得著作权的,需对著作权转让协议、转让费支付凭证、著作权登记变更证明等内容进行审查;⑥涉及国外著作权的,则需对作者、完成的时间、首次发表的时间及所在国是否为《伯尔尼公约》成员国等内容进行审查。

目标公司通过被许可方式取得著作权的使用权的,则需对著作权权属证明、著作权许可使用协议、许可使用费支付凭证、被许可使用的权利范围及限制、被许可的类型及使用期限约定及剩余期限等内容进行审查。

目标公司将著作权作价出资的,需要对投资对象的情况、投资对象与目标公司之间的关系、出资协议中著作权作价合理性等内容进行审查。

目标公司将著作权许可或转许可他人使用,需要对许可使用协议、许可使用期限、许可的类型、许可使用的权利范围及限制、许可使用费支付凭证等内容进行审查。

目标公司将著作权质押的,需要对著作权质押协议、质押目的、期限及著作权质权登记簿等内容进行审查。

目标公司与著作权相关或者与著作权协议相关的诉讼、仲裁等涉诉情况。

目标公司与核心研发创作人员之间的保密协议、竞业限制协议约定的内容,以及竞业限制补偿金的发放情况。

目标公司著作权管理及保护的内部规章制度,以及对于核心著作权的相关保密措施。

目标公司核心研发创作人员的工作经历及与其原单位之间的劳动合同、保密协议、竞业限制协议约定的内容，以及竞业限制补偿金的发放情况。

目标公司各作品的具体内容，是否存在侵害他人在先著作权（含邻接权）乃至他人姓名权、肖像权等在先权利的风险或者构成不正当竞争的风险。

2. 商标权

商标权尽职调查主要针对目标公司所注册的商标的申请注册情况、商标权权属状况、法律状态、运营情况、涉诉情况及法律风险等方面具体内容开展尽职调查。

目标公司商标清单的内容应包括注册类别、商标号、商标样式、申请日期、授权日期、续展情况、核准注册的商品或服务内容、转让情况、许可情况等。

目标公司商标已经核准注册的，则需对各商标证书及变更、续展等通知中注册类别、商标号、商标样式、申请日期、授权日期、续展情况、核准注册的商品或服务内容进行核查，结合中国商标网等对商标情况进行核实。

目标公司商标未核准注册的调查方式有两种，其一，目标公司的商标已提交注册申请尚未被核准注册的，需要对商标注册申请受理通知书、注册申请费缴纳凭证、申请过程中的官方批复文件等内容，结合当地商标网等进行审查；其二，目标公司的商标未提交注册申请但实际使用未注册商标的，需要对使用的产品、商标显著性证明、商标原始使用证明、商标实际使用情况、驰名情况等内容进行审查。

目标公司申请注册国际商标的，需要国际商标权属证明、申请文件、注册申请类别、申请国的商标注册申请法律规定等内容进行审查。

目标公司通过委托设计、合作设计取得商标申请权或商标权的，需要对委托协议、合作协议及权利归属内容进行审查。

目标公司通过受让取得商标申请权或商标权的，需要对转让协议、转让登记证明、商标变更证明、转让费支付凭证等内容进行审查。

目标公司通过被许可方式取得著作权的使用权的，则需对商标权属证明、许可使用协议、许可使用费支付凭证、被许可使用的权利范围及限制、被许可的类型及使用期限约定及剩余期限、许可使用合同备案登记证明、商标共同使用情况约定等内容进行审查。

目标公司将商标权作价出资的，需要对投资对象的情况、投资对象与目标公司之间的关系、出资协议中商标权作价合理性等内容进行审查。

目标公司将商标权许可或转许可他人使用，需要对许可使用协议、许可使用期限、许可的类型、许可使用的权利范围及限制、许可使用费支付凭证、合同备案情况等内容进行审查。

目标公司将商标权质押的，需要对著作权质押协议、质押目的、期限及商标权质权登记簿等内容进行审查。

目标公司与商标权相关或者与商标权协议相关的诉讼、仲裁等涉诉情况。

目标公司商标是否仍具有显著性、是否存在被弱化或成为核准注册类别的通用名称的风险内容进行审查。

目标公司是否存在注册商标连续 3 年不使用而被撤销的风险进行审查。

目标公司已使用但未核准注册的商标，是否存在侵害他人合法在先权利的风险的审查。

3. 专利权

专利权尽职调查针对目标公司相关专利的申请授权情况、专利权权属状况、法律状态、运营情况、涉诉情况及法律风险等方面具体内容开展尽职调查。

目标公司专利清单的内容应包括专利及专利申请的类型、名称、申请号、申请日期、公开（告）号、公开（告）日期、授权日期、有效期限、法律状态、转让情况、许可情况等。

目标公司已授权专利，需对专利证书、专利登记簿副本、授权文本、有效期限、年费缴纳凭证等内容进行审查。

目标公司已提交申请但尚未获得授权的专利，需要对申请文件提交回执、专利申请受理通知书、进入实质审查通知书、审查意见通知书等官方发文及缴费凭证内容进行审查。

目标公司通过自行研发取得专利申请权或专利权的，需要对研发利用的物资技术来源进行调查，并对专利权证书、技术研发记录文件等内容进行审查。

目标公司通过委托开发或合作开发取得专利申请权或专利权的，需要对委托开发协议、合作开发协议、权利归属相关条款或协议等内容进行审查。

目标公司通过个人的职务发明取得专利权的，需要对职务发明归属协议、发明人或设计人的工作经历、公司内部的职务发明管理规定等内容进行审查。

目标公司通过受让取得专利申请权或专利权的，需要对转让协议、转让登记证明、专利著录变更证明、变更公告、转让费支付凭证等内容进行审查。

目标公司通过被许可方式取得专利使用权的，需要对专利权属证明、许可使用协议、许可使用合同备案登记证明、许可使用费支付凭证、被许可使用的权利范围、被许可的类型及使用期限约定等内容进行审查。

目标公司将专利申请权或专利权作价出资的，需要对专利权属证明、专利权评价报告、出资协议等内容进行审查。

目标公司将专利权许可或转许可他人使用的，需要对专利权属证明、许可使用协议、许可使用费支付凭证、许可使用期限、许可的类型、许可使用的权利范围、合同备案情况等内容进行审查。

目标公司将专利权质押的，需要对专利权属证明、质押协议、专利权质押登记证、年费缴纳情况等内容进行审查。

目标公司与专利权相关或者与专利权协议相关的诉讼、仲裁等涉诉情况。

目标公司与核心研发人员之间的保密协议、竞业限制协议约定的内容，以及竞业限制补偿金的发放情况。

目标公司专利管理及保护的内部规章制度，以及对于正在研发过程中的核心技术的相关保密措施。

目标公司核心研发人员的工作经历及与其原单位之间的劳动合同、保密协议、竞业限制协议约定的内容，以及竞业限制补偿金的发放情况。

目标公司专利的稳定性情况，包括但不限于对授权专利是否进入复审或无效程序，专利（申请）是否属于技术领域的公知常识和自由技术、是否可能被在先公开。

目标公司竞争对手的产品和专利情况，分析竞争对手产品是否有侵害目标公司专利权的可能性，或者目标公司产品（特别是核心产品）是否有侵害竞争对手专利权的可能性。

4. 商业秘密

商业秘密主要包括经营秘密和技术秘密，对以下六个方面进行调查。

第一，目标公司商业秘密权属证明资料，如技术信息或经营信息形成记录等。

第二，目标公司商业秘密的表现形式及使用情况。

第三，公司内部商业秘密管理制度落实情况及商业秘密保密措施实施情况，例如，是否与员工签订了保密协议、竞业禁止协议，是否对涉密资料进行了存档管理，是否明确告知保密人员商业秘密的范围、保密义务等。

第四，目标公司涉及商业秘密研发人员的劳动合同，对职务创作或者职务发明的约定及激励措施等。

第五，目标公司核心研发人员的工作历程及与其原单位之间的劳动合同、保密协议、竞业限制协议约定的内容，以及竞业限制补偿金的发放情况。

第六，目标公司将专有技术对外许可的，则需要对许可使用协议、许可使用期限、许可的类型、许可使用的权利范围及限制、许可使用费支付凭证等内容进行审查。

5. 域名

域名尽职调查应结合相关资料及信息，对以下六个方面开展调查。

第一，目标公司域名及对应网站清单，应包含域名注册时间、网站开办时间、网站名称、网站备案主体、备案主体与目标公司的关系等相关信息。

第二，目标公司域名注册申请文件、域名注册证书、备案信息等权属证明资料。

第三，目标公司域名申请注册的时间、保护期限、剩余期限及续费情况。

第四，目标公司域名使用情况、转让情况，包括使用证明、转让协议、权利变更证明资料等。

第五，目标公司域名是否存在被抢注的情况。

第六，目标公司域名是否存在与在先商标权、知名服务特有名称等他人合法在先权利冲突情况，以及是否有使用该等域名的合理事由及证明材料等。

（二）应用场景

知识产权尽职调查主要存在以下四种应用场景。

1. 新产品上市的专利尽职调查

新产品上市的专利尽职调查的内容包括：①主要竞争对手在相关领域技术的专利情况，例如主要技术分布领域、主要专利权人专利申请情况、专利申请趋势、专利法律现状等；②目标国家或地区市场相关技术领域专利情况；③核心技术及高风险专利深度分析。包括对权利要求保护范围、具体技术方案、创新点、技术效果、技术手段、技术先进性的分析等。

2. 跨国并购的知识产权尽职调查

跨国并购的知识产权尽职调查的内容包括：①并购目的与知识产权的关联性；②被并购方关键的知识产权资产是否包含其中；③知识产权资产的权属是否明晰；④目标方附属企业知识产权资产的权属情况；⑤并购对目标方知识产权协议的影响；⑥知识产权的价值；⑦并购后知识产权资产的转移问题（所在国法律的相关规定或限制）；⑧知识产权侵权风险和责任的承担等。

3. 针对知识产权重大权属纠纷的尽职调查

企业高管团队和核心人才对于企业的重要性毋庸置疑，他们对于知识产权的权利形成起着重要作用，他们的重大变化会给企业的正常经营造成影响。知识产权作为科技创新型企业核心竞争力的集中体现，其重大权属纠纷和诉讼仲裁事项无疑会影响企业的正常经营。因此，需要对有无知识产权重大权属纠纷构进行调查。

知识产权尽职调查应着重针对目标对象的调查，包括目标公司本身、母公司、子公司、分公司等关联主体，发明人、设计人、企业中高级管理人员等影响企业知识产权归属和掌握企业技术秘密的相关人员。

4. 针对知识产权风险信息披露的尽职调查

知识产权风险披露的内容，主要涵盖知识产权诉讼风险、知识产权权利效力风险（例如专利权因未缴纳年费而终止、商标权因未续展而无效等）、知识产权权利行使风险等。知识产权尽职调查不仅要注重权利对象的调查，包括目标企业所有、共有及仅有使用权（通过转让、许可等方式）获得的专利权、商标权、著作权、商业秘密等知识产权，还应当针对竞争对手进行实时监控，避免因侵权而造成的潜在诉讼风险。

知识产权尽职调查除了需要对上述各项知识产权进行信息披露，以防止企业存在重大权属纠纷或者重大诉讼，还需要包括对企业的知识产权价值进行评估的环节。知识产权价值评估涵盖技术价值、法律价值和市场价值的评估。技术价值评估部分包括技术分布、技术成熟度分析、核心专利解析等方面的评估。法律价值评估部分包括专利保护强度审查、稳定性分析、竞争对手侵权风险分析等他方面的评估。市场价值评估部分包括行业发展趋势分析、市场规模分析、竞争对手分析等方面的评估。

四、调查程序

知识产权尽职调查的必要性及受重视程度日趋突显，尽职调查的广度和深度亦逐渐扩张，因此，特定的项目对应的知识产权尽职调查的范围有所不同。在委托外部机构调查时，知识产权尽职调查有具体的流程操作。

1. 明确尽职调查的需求，确定尽职调查的范围

委托方因相关项目存在知识产权尽职调查需求，通过定向询价或者开放式招标形式以招徕受托方。

2. 提交报价

无论是定向询价或者开放式招标形式，有意向的知识产权尽职调查单位均需应向委托方提交书面的报价单或者服务方案。

3. 确定委托

委托方针对项目的实际需求，根据报价情况选定知识产权尽职调查服务单位，签署委托合同，确定委托关系及尽职调查内容。

4. 立项组队

委托方与受托方双方对知识产权尽职调查项目分别立项，各自选定合适人员组建团队；委托方及受托方应当根据项目实际情况及需求组建项目团队，成员一般可以包括委托方内部指定的管理人员、技术人员、偏重法务方向的律师、有技术背景的律师及其他助理人员等。

5. 制订计划

受托方根据项目实际情况及时间节点，制订工作计划及尽职调查内容清单。

6. 前期调查

受托方根据委托方提供的初步资料以及互联网公开渠道，对项目所涉尽职调查目标进行前期调查。

（1）调查工商信息

通过公开渠道查询企业信用信息，包括营业执照信息、股东及出资信息、存续和变更信息、分支机构信息、行政许可和处罚信息、失信信息等。

（2）调查涉诉信息

通过人民法院公开文书查询目标公司涉诉信息。

（3）调查经营信息

通过目标公司官方网址公开的信息，了解其生产经营状况、研发状况、主营业务和产品。

（4）调查竞争优势和知名度

通过媒体公开报道了解目标公司的竞争优势、企业及相关产品和服务的知名度等。

（5）调查知识产权信息

通过国家公示网站或专业知识产权数据库查询目标公司的专利、商标、著作权及域名的申请、授权、注册、登记、许可、转让和出质等信息。

7. 资料收集

受托方根据前期调查情况，结合实际需求开列资料清单，分别通过委托人提供、被调查单位提供及自行收集等方式收集资料。

8. 访谈和走访

受托方结合项目实际需求，针对目标单位实际控制人、股东、高级管理人员、核心技术人员等分别制作访谈清单，通过访谈和走访的方式获取相关信息。

9. 核查信息

针对委托方、目标单位提供的资料以及访谈获悉的内容，要求相关单位及人员进行真实合法性承诺，同时受托方还需通过政府部门、第三方机构等有公信力的渠道对相关信息及资料进行核查确认。

10. 与第三方机构沟通交流

在知识产权尽职调查过程中，还应在委托方的组织下，与评估机构、会计师等第三方机构保持良好沟通，例如，对进场安排、资料收集、访谈安排乃至信息核实等过程中各方存在重合或者可能互有影响的部分及时沟通交流。

11. 撰写报告

受托方根据调查获悉的资料及信息，进行全面分析，并据此起草撰写知识产权尽职调查报告。尽职调查报告的正文应包括以下三个方面。

第一，事实陈述部分，包括工作计划及完成情况，参与尽职调查的目标公司相关人员基本情况，目标公司及竞争对手知识产权情况，相关行业领域知识产权基本情况等内容。

第二，对相关事实进行分析所适用的具体法律条文。

第三，最后为法律风险分析及建议部分，受托方应当根据调查所得的资料以及现有法律法规等依据，充分客观地披露存在的法律风险，并据此提出专业的处理意见或解决方案。

12. 反馈与修改

根据委托方及相关机构对于知识产权尽职调查报告初稿的反馈意见进行必要的调整与修改。

13. 补充尽调

在基准日等时间节点发生变化、主要知识产权标的发生变化或者确有必要的情况下，根据项目实际需求，开展补充知识产权尽职调查。

14. 完成报告

结合知识产权尽职调查（含补充尽调）的结果，参考委托方的反馈意见，最终调整，完成知识产权尽职调查报告。

15. 归档备查

按照法律规定、合同约定及单位内部要求，进一步核查知识产权尽职调查过程中的工作底稿、尽调报告后进行归档以备查阅。

知识产权尽职调查程序如图 4-3-1 所示。

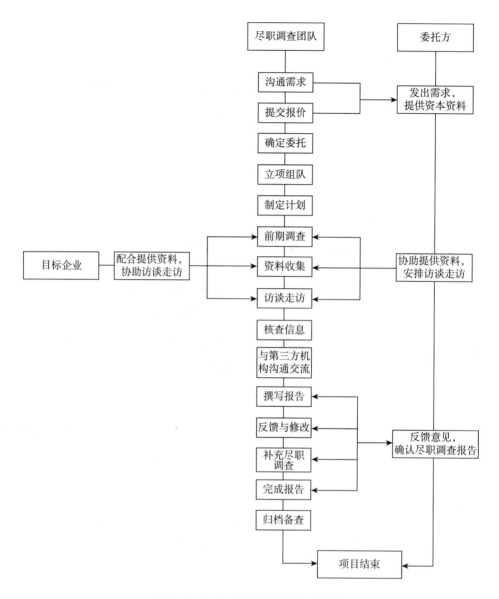

图 4 - 3 - 1　知识产权尽职调查流程❶

---

❶　参见中华全国律师协会知识产权尽职调查操作指引附录二。

第五章　外向型企业知识产权典型问题

第一节　海外常见知识产权风险应对

企业在"走出去"的过程中，不可避免地会参与海外市场竞争。以华为技术有限公司（以下简称"华为公司"）、中兴通讯股份有限公司（以下简称"中兴通讯公司"）、联想集团有限公司（以下简称"联想集团"）、小米公司等为代表的大批企业，通过对外投资、贸易等方式走向海外。我国企业在获得巨大经济效益同时，也因参与国际贸易竞争而引发了越来越激烈的知识产权纠纷，来自外国政府和企业的知识产权风险陡然增加。例如，联想集团的"legend"商标在海外被他人抢注，被迫以新的商标"lenovo"重新进入市场；海信集团控股股份有限公司的"HiSense"商标被西门子股份公司在德国抢注后，曾被索要巨额商标转让费；"长虹""格力""新科""康佳""大宝"等商标在南非、巴西、俄罗斯、美国等国家被抢注。专利方面，我国相关产业也不停遭遇美国的 337 调查。[1] 此外，企业还可能会支付不合理的高额专利许可费等。

企业海外常见知识产权风险主要是指企业在海外经营过程中，由于某些行为的发生，可能导致知识产权侵权或被侵权，进而导致损失的不确定性。从企业发展的海外环境来看，目标市场的知识产权制度复杂多变，这一风险广泛存在于企业海外发展的整个经营与管理活动中，有必要提前准备与布防。

一、如何应对 337 调查

根据有关数据显示，2012～2021 年，美国发起 337 调查共 599 件。其中认定不侵权案件共 101 件，占 18%；案件被告的中国企业共 558 家，按照不侵权认定的中国企业仅 29 家；中国企业不侵权胜诉率约 5.2%。而中国企业一旦被诉诸 337 调查，

---

[1]　337 调查是指美国国际贸易委员会（United States International Trade Commission，USITC）依据美国 1930 年关税法第 337 条的规定，针对进口贸易中的知识产权侵权行为以及其他不公平竞争行为开展调查，裁决是否侵权及有必要采取救济措施的一项司法程序。

往往难以摆脱失去美国市场并被亚马逊等电商平台下架的命运。❶ 因此，了解并理性应对 337 调查对中国的外向型企业"走出去"至关重要。

（一）337 调查制度❷

1. 337 调查的法律依据

337 调查是 USITC 依据美国 1930 年关税法第 337 条（以下简称"337 条款"）的有关规定开展的调查。根据该条款的规定，如果任何进口贸易中存在侵犯知识产权或其他不正当竞争的行为，USITC 都可以进行行政调查。如果 USITC 认定某项进口产品侵犯了美国国内知识产权，或虽未侵犯知识产权但其效果破坏或实质上损害美国某一产业，或阻碍该产业的建立，或对美国商业或贸易造成限制或垄断，则有权采取制裁措施。

337 调查与裁决所遵循的法律规则包括实体法和程序法两部分。在实体法方面，337 调查主要适用 337 条款的有关规定、美国联邦和各州关于知识产权侵权认定的各种法律，以及其他关于不公平竞争的法律。在程序法方面，337 调查主要适用包括美国联邦法规汇编关于 USITC 调查的有关规定、USITC 操作与程序规则、美国联邦法院证据规则关于民事证据的规定、行政程序法关于行政调查的有关规定等。此外，美国联邦法院关于知识产权和 337 调查上诉案件的判例对 USITC 的调查与裁决也有一定影响。

2. 337 调查的程序

337 调查虽然不是由美国司法机关负责，但其调查程序、调查方式与民事诉讼有许多相似之处。它由一名行政法官负责审理，一项完整的调查程序大致可分为以下阶段：立案、证据开示程序、开庭、行政法官初裁、USITC 复审、USITC 终裁和总统审查。

根据调查结果，若 USITC 认定被申请人违反 337 条款，可应申请人的请求，针对被申请人发布有限排除令（limited exclusion order），或在满足特定条件的前提下发布普遍排除令（general exclusion order），禁止侵权产品进入美国市场。此外，USITC 还可发布制止令（cease and desist order），要求美国境内的批发商或零售商等停止销售相关侵权产品。

（1）立案

337 调查可以由申请人向 USITC 提起，也可以由 USITC 主动发起，实践中由 US-

❶ 刘叶琳. 听听胜诉 337 调查的新思路 ［EB/OL］.（2022 – 07 – 29）［2022 – 12 – 10］. http：//chinatradenews. com. cn/content/202207/29/c147915. html.

❷ 中国知识产权保护网. 337 调查制度概述 ［EB/OL］.［2020 – 09 – 14］［2022 – 12 – 11］. http：//cacs. mofcom. gov. cn/article/flfupt/zscqibl/threezn/202009/166222. html.

ITC 主动发起的案件较少。当申请人认为进口到美国的产品侵犯了自己的知识产权，可以向 USITC 的不公平进口调查办公室（Office of Unfair Import Investigations，OUII）提交调查申请。OUII 可自收到申请书 20 日之内调查申请书中的背景情况，确定申请书是否符合 USITC 的程序性规定，向 USITC 提出是否立案的提议。USITC 通常自收到申请书之后 30 日内决定是否立案。如果申请人在提交申请时要求 USITC 签发临时救济措施，USITC 可在收到申请书之后 35 日内决定是否立案。一旦决定立案，ITC 将在美国《联邦公报》上发布立案公告，将申请书和立案公告一并送达给被申请人以及被申请人所属国家驻美国大使馆，并委派一名行政法官负责审理该案件。同时，OUII 的一名调查律师也将作为独立的一方当事人全程参与调查。如果 USITC 决定不予立案，将书面通知申请人和所有被申请人。

立案前，申请人可自主决定修改申请书中的内容；立案后，对申请书的修改必须以动议的方式提出并获得行政法官的批准。对于修改申请书中细微错误的动议，行政法官通常会批准；而对于增加被申请人、增加或变更涉案专利请求、增加涉案专利等动议，行政法官除了考量被申请人和公共利益的需要，通常还会要求申请人在合理的时限内提出动议。

美国《联邦公报》公布 337 调查的立案公告后，337 调查程序正式开始。行政法官在被指定负责案件的 15～30 日内将召开初次庭前会议，设定结案期限、审理进程及基本规则。在立案后的 45 日内，行政法官将确定结束调查的目标日期，通常情况下设定在 12～16 个月内审结；行政法官将确定案件的审理进程，设定相关事项的具体时间；各个行政法官将根据其习惯设定基本规则，对调查程序中设计的动议、证据开示、专家报告以及和解会议等事项作出明确的规定。

（2）证据开示

与法院诉讼程序相似，当事人在 337 调查应诉中的主要工作之一是在证据开示（discovery）程序中提供证据。该程序通常在美国《联邦公报》公布立案公告后开示，通常持续 5～10 个月。一方可以请求对方开示所有与请求和抗辩相关的文件、物品以及知情人的相关信息，除非该信息受到拒证特权保护。在 337 调查中，享有拒证特权的材料包括律师和客户之间的沟通交流信息、为诉讼作准备的劳动成果以及与国外的专利代理人之间的某些沟通交流信息。证据开示有以下八种方式。

第一，问卷。一方当事人可向其他当事人送达问卷，要求被送达的当事人答复。发出问卷的一方可以提出与案件请求或抗辩有关的任何问题，对方当事人作出的答复可以作为证据使用。

第二，提供文件。当事人可以要求被请求方出示或者允许请求方或其代理人检查并复制任何指定的文件，或者检查并复制、测试或者采样任何被请求方所拥有、保管或控制的实物。

第三，现场检查。一方当事人可以请求对方当事人允许其进入对方当事人所拥有或控制的土地或者其他财产，进入现场检查的请求应当列明要检查的事项，并确定检查的时间、地点和方式。

第四，调取证人证言。任何一方当事人可以向任何有能力宣誓作证的人收集证词。

第五，专家证人。申请人和被申请人可以聘请各自的专家证人对相关专业问题发表意见，并出具专家报告。

第六，承认。任何当事人可以向任何其他当事人送达一份书面请求，要求其承认与调查有关的事实。

第七，传票。一方当事人在无法从对方当事人取得相关证据的情况下，可以请求第三方开示相关信息。

第八，电子取证。除非受拒证特权的保护，任何以电子形式保存的与调查有关的文件都有可能落入337调查开示的范围之内。

（3）开庭

在证据开示程序结束后的1~2个月内，各方的主要任务是为开庭作准备，包括准备庭审前陈述和证据、提交证据可采用性的动议、进行某些调查中的技术演练以及召开最后一次开庭前会议。

为提高庭审效率，行政法官通常要求当事人提交庭审前陈述（pre-hearing statement），该陈述主要包括：出庭作证的证人名单，出庭将提交的证据清单，需要由行政法官审理的主要争议点以及表明本方的立场及理由，庭审前会议将要提出的问题，对由宣誓作证证言替代现场作证的看法。OUII调查律师通常在双方提交相关陈述后的几日内也向行政法官提交其庭审前陈述，首次全面对调查的实体问题表明相应的立场和观点。

庭审中，当事人需要在主审行政法官前表明本方的立场、反驳对方的立场并提供证据支持。庭审由行政法官在USITC法庭内进行，持续数天甚至数周。在实践中，因337调查通常涉及商业秘密信息，绝大部分的庭审不公开进行。其间，OUII将作为独立第三方参加庭审。

行政法官将在开庭结束后审阅各方当事人以及OUII调查律师提交的庭审总结（post-hearing brief），然后作出初裁，此时离庭审结束大约2个月。行政法官会在庭审结束后设定各方当事人及OUII调查律师提交庭审总结的日程，通常持续3~5周。该日程包括提交本方庭审总结及提交反驳对方庭审总结的安排。本方庭审总结主要就事实和法律争议点发表意见，这也是各方说服行政法官的最好机会。部分行政法官会在收到庭审总结后举行总结辩论（closing argument），但大部分调查不举行总结辩论。

（4）初裁

收到庭审总结后，行政法官将就被申请人行为是否违反337条款作出初裁（Initial Determination）。初裁的内容包括事实认定和法律结论。初裁对所有重大问题作出认定，包括不公平行为、进口以及国内产业是否存在等问题。初裁通常不对公共利益等问题发表意见。如果调查不涉及在美国登记或注册的知识产权，行政法官还须就美国国内产业是否受到损害作出认定。除非 USITC 在初裁作出 60 日内作出复审决定，初裁即被视为 USITC 的终裁。在作出初裁之后的 14 日内，行政法官将颁布建议裁决（Recommended Determination），主要对被 USITC 认定存在侵权时的救济措施等提出建议。与初裁不同，建议裁决不会自动成为 USITC 的裁决，而是供 USITC 参考。

（5）复审及终裁

不服行政法官初裁的任何一方当事人可以在行政法官初裁送达后的 12 日内向 USITC 提出申请，要求其复审。USITC 可以接受或拒绝复审申请，也可依职权主动决定复审。当事人不提出申请则视为其放弃以后任何上诉的权利。

如果 USITC 决定对初裁进行复审，将就复审范围和问题作出具体规定；如果 USITC 只决定审查初裁的部分内容，则未被列入审查范围的内容将自动成为 USITC 的终裁。如果 USITC 不进行复审，则行政法官的初裁在上报 60 日后成为 USITC 的裁决。对行政法官的初裁，USITC 可以在复审后作出终裁，维持、撤销、修改或驳回初裁的部分或全部，也可以发回由行政法官重审。

USITC 终裁送达后 14 日内，任何关系方均可以提出申请要求 USITC 复议。USITC 在收到复议申请后，可以维持、撤销或修改其终裁。

（6）总统审查

在 USITC 作出被申请人违反 337 条款的终裁后，除了应立即在美国《联邦公报》上公告外，还应立即将其终裁裁决、救济措施意见以及作出终裁的依据一并呈交美国总统或者美国总统授权的人员（美国贸易代表）。美国贸易代表将向美国总统建议应采取哪种措施。美国总统应在收到终裁后 60 日内决定是否批准；若 60 日内没有作出否决终裁的决定，视为已批准终裁。

如果 USITC 认定被申请人未违反 337 条款，则无须总统审查程序。如果申请人不服 USITC 作出的被申请人不违反 337 条款的裁决，可以立即启动上诉程序，向美国联邦巡回上诉法院（CAFC）对 USITC 裁决提起上诉。337 调查进度表如图5-1-1所示，美国法院体系如图 5-1-2 所示。❶

3. 337 调查的救济途径

（1）不服 377 调查初裁提出复审

不服行政法官初裁的任何一方当事人可以在行政法官初裁送达后 12 日内向 USITC 提出申请，要求其复审。USITC 可以接受或拒绝复审申请，也可依职权主动决定

---

❶ 中国（宁波）知识产权保护中心．知产维权微课堂：美国"337"调查（视频讲解）［EB/OL］．（2020－03－23）［2022－12－11］．http：//mp．weixin．qq．com/s/OykahJ9_CSO7dWsU26GbsA．

复审。当事人不提出申请则视为其放弃以后任何上诉的权利。

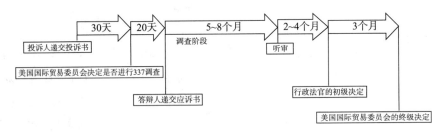

图 5-1-1　337 调查进度表

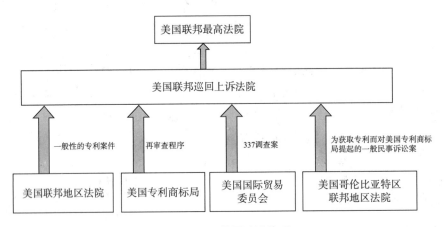

图 5-1-2　美国法院体系

（2）不服 337 调查裁决提出上诉

USITC 对 337 调查的裁决结果不具有终局性。任何受到 USITC 终裁不利影响的当事人，包括申请人、被申请人、第三人，可在 ITC 终裁生效之日起 60 日内向美国联邦巡回上诉法院上诉。

美国联邦巡回上诉法院的审理范围包括事实问题和法律问题。对于事实问题，只有在缺乏实质性证据之时，往往是 USITC 基于案卷证据不能自证时，美国联邦巡回上诉法院才会推翻 USITC 的事实认定。对于法律问题，美国联邦巡回上诉法院可以依据其自身对法律的理解作出结论。至于可以向美国联邦巡回上诉法院提起上诉的事项，当事方必须首先在 USITC 用尽行政救济。因此，如果一方对行政法官在初裁中作出的对其不利的认定不服，应首先向 USITC 提出复审。如果未提出复审，视为放弃提起复审的权利，通常也就无法上诉至美国联邦巡回上诉法院。

美国联邦巡回上诉法院的裁决包括决定是否维持 USITC 的原判或改判，或者发回 USITC 重审。理论上，如果当事人对美国联邦巡回上诉法院判决不服，还可向美国联邦最高法院上诉。但美国联邦最高法院极少受理此类案件，因此在司法实践中，美国联邦巡回上诉法院的裁决通常是终局裁决。

（3）反诉

作为 337 调查被申请人的企业可以在调查启动后至开庭之前的任何时候，向 US-ITC 提起反诉。为了不拖延案件的审理进程，USITC 并不会审理反诉，而是自动交由有管辖权的联邦地区法院审理。被申请人提出反诉时，应根据 337 条款有关规定，向 USITC 提交单独的文件，并向具有管辖权的联邦地区法院提交移案通知。

提起反诉可以在一定程度作为迫使申请人接受和解的筹码，但是由于反诉程序复杂以及不太容易确定管辖法院，很少有企业提起反诉。

（二）中国企业在 337 调查胜诉案例的应对策略

1. "华为 – 中兴"案

2011 年 7 月 26 日，美国 IPR Licensing 公司、美国 InterDigital Communications 公司、美国 InterDigital Technology 公司向 USITC 提出 337 调查申请，主张被申请人对美国出口、在美国进口及销售的特定具有第三代移动通信技术（3G）功能的无线设备及其组件侵犯了专利权，请求发布排除令和禁止令。该案中，被申请人包括华为公司旗下的 3 家关联公司，中兴通讯公司旗下的 2 家关联公司等。该案行政法官于 2013 年 6 月 28 日作出初裁，认为华为公司和中兴通讯公司没有违反 337 条款。随后，对于 337 调查申请人提出的复审请求，2014 年 2 月 12 日，USITC 作出终审裁定，同样认为华为公司和中兴通讯公司未违反 337 条款。

华为公司和中兴通讯公司在该案中的应对策略对其他外向型企业具有重要的参考借鉴意义。

（1）运用多种抗辩策略积极应诉

在 337 调查案件中，企业作为被申请人一定要积极应诉。立案后应尽快聘请专业律师针对立案申请书进行答辩。从近几年中国企业应诉案件的数量及裁判结果来看，只要中国企业积极应诉，胜诉或者迫使申诉方撤诉的案件数量就会超过被判侵权案件数量。

企业的抗辩可以采用以下九种策略对申请人的主张进行反驳：①无效抗辩（invalidity），主张申请人的专利无效；②不侵权抗辩（non – infringement）；③申请人不存在国内产业（lack of domestic industry）；④不可实施性；⑤专利申请历史懈怠；⑥违反合理和不带歧视性的条款（RAND）或公平、合理和不带歧视性的条款（FRAND）原则的专利滥用；⑦明确许可或默示许可（express or implied license）；⑧违反单点登录（SSO）等合同披露义务（breach of contract）；⑨公平和禁止反言（equitable and promissory estoppel）等。

（2）利用中国法律发起反制措施

可依据反不正当竞争的相关制度向中国的主管机关进行行政投诉，例如投诉其滥用市场支配地位、发起反垄断调查；同时向司法机关提起反诉其滥用市场支配地位造成公司损失等，特别是涉及将标准必要专利和非标准必要专利捆绑销售的情况。

（3）如有可能，可在中国法院提起专利合同纠纷之诉

如果标准必要专利的许可使用费远远高于其他公司，则可以违反 FRAND 原则为由提起诉讼，以增加对方压力，促使双方达成和解。

2. "立讯精密"案

2020 年 12 月 18 日，美国安费诺集团向 USITC 提出 337 调查申请，指控立讯精密工业股份有限公司（以下简称"立讯精密"）及其多家子公司在对美国出口、在美国进口及销售的特定电连接器与壳及其组件和下游产品侵犯其专利权。2021 年 1 月 21 日，USITC 决定对特定电连接器和保持架组件及其组件和下游产品发起 337 调查，其中，立讯精密涉案。2022 年 9 月 9 日，USITC 终裁结果确认了初裁意见，认定立讯精密的现行设计/方案均未构成任何权利侵犯并终止调查，至此，立讯精密从这场历时 630 余天的 337 调查案件中收获胜诉。2022 年 9 月 13 日，立讯精密在其公告中表示，该公司涉及该次 337 调查事项已全部终结，且未对公司生产、经营造成实质性影响。❶立讯精密提供了以下五个方面的外向型企业应对 337 调查事前及事后布控启示。

（1）建立全面的企业知识产权管理体系

健全的知识产权管理体系能够提供产品研发、专利申请、专利管理、专利布局、市场分布等环节的全面布控，提高企业防范和应对 337 调查和其他知识产权纠纷的能力。

企业应注重对人才流动性的管理以及相应风险评估机制建立，通过组建各知识产权部门及配备相关知识产权人力资源积极开展各项知识产权的申请、保护和运营工作。所有产品、技术实施前均开展多重专利排查，切实防范潜在的侵权风险。

（2）聘请专业律师团队参与诉讼

企业在国内可选择具有团队合作制、英文水平高的律师事务所，在国外可选择本领域业务经验丰富的律师团队，在尽可能短的时间内提交答辩意见和证据。

（3）积极应诉

在 337 调查的整个过程中，企业应保持积极应诉的态度，积极、及时参与证据提交、听证会等各程序，并积极与原告方谈判。

---

❶ 吴力."果链"龙头涉美 337 调查案终获胜诉 [EB/OL]. (2022 - 09 - 19) [2022 - 12 - 11]. http：// baijiahao. baidu. com/s?id = 1744373739745306051&wfr = spide&for = pc.

（4）及时公关保证企业正常经营

企业在337调查立案后应尽快向公众发表声明，详细说明案件的调查基本情况、涉及产品情况以及公司的应对措施，同时在短时间内进行内部核查，向外部公告针对企业有利的初步判断，这样可将知识产权诉讼风险给企业经营带来的影响降到最低。

（5）成立专门工作组在应诉中，企业可以成立专门工作组，开展其内部专利排查，防范侵权风险。

3."远大医药"案

2019年1月30日，美国一家企业向USITC提出，对生产牛磺酸的3家主要中国企业提起337调查，诉称中国企业侵犯其牛磺酸相关的美国专利，请求发布有限排除令和制止令。湖北远大生命科学与技术有限责任公司（以下简称"远大生命科学"）在所属中国远大集团有限责任公司及远大医药（中国）有限公司带领下，联合另外2家中国企业，对调查程序进行研究，充分掌握证据，认为美国企业并不满足调查案件中对于美国国内产业的要求，向美国申请启动"百日程序"。相比一般案件16～18个月的结案时间，"百日程序"可在4个月内结案。这意味着美国企业要在短期内证明其专利产品在美国构成产业，把压力还给了美国企业。2019年3月1日，USITC发布立案公告启动调查。应诉过程中，中国远大集团有限责任公司所属团队对美国企业在诉状中公开的专利数据进行还原，发现专利试验存在不可实施等嫌疑。中国企业通过律师向美国企业提出，对其提供证据勘验真伪。2019年4月1日，美国企业宣布无条件撤诉，距离立案仅31天。该案创下了337调查案中国企业胜出的最快纪录。❶

除了积极应诉等策略，"远大医药"案的最大闪光点在于其对案件情况的准确把握、分析和主动启动377调查的"百日程序"，反客为主掌握案件初期的主动权。

（1）有效利用337调查的"百日程序"

"百日程序"是USITC提供的一种快速的证据开示、事实查明和裁决机制，旨在337调查程序中优先解决是否存在国内产业、专利是否有效等前置性问题，于2018年5月正式生效。完整的337调查往往需要16～18个月，在没有"百日程序"的情况下，即便应诉企业通过上述争议点赢得案件，时间也将延后，对企业而言，经营状况、诉讼成本等都会受到显著影响，特别是对于中小企业而言，337调查的启动等于是对其进入美国市场宣判了死刑。该案中，由于远大生命科学等被诉企业灵活使用"百日程序"的规则，使调查重心落在申请人一侧的美国国内产业问题上，这不

---

❶ 刘睿彻.31天在美国337调查应对中胜出，武汉药企牵头3家中国企业，守住约1亿美元药品市场［EB/OL］.（2021－08－25）［2022－12－11］.http：//cacs.mofcom.gov.cn/article/flfwpt/zscqjbl/threezn/202108/170429.html.

仅减轻了被诉企业在时间、精力和成本上的负担，还使得申请人的前期负担增加，为被诉企业赢得了宝贵的应诉主动权，并最终迫使申请人放弃诉讼。

（2）涉案企业联合应诉

在该案中，3 家涉诉企业进行了联合应诉，不仅有利于增强胜诉信心，而且针对性地为企业将要面临的共性问题进行分析和策略应对，降低应诉成本。对于外向型企业而言，想要在外国获得保护企业存在先天的地域、国籍缺陷，特别是对于在市场上具有较大市场份额的大企业的恶意诉讼，可以通过联合诉讼、联合防御策略提升企业在国际市场上的谈判地位，降低所面临的知识产权风险。

因此，在面临 337 调查时，企业一定要积极应诉，不能因不出庭导致缺席裁决或败诉的出现，选择专业、可靠的法律服务机构做好企业相关文件及案件情况的对接。并在此基础之上，充分利用 337 调查的相关条款，积极与 USITC 进行沟通交流，针对案件的具体情况采用灵活、准确的应诉策略，并进行相应的风险控制措施，例如危机公关等减低企业经营风险。

二、如何应对他国知识产权保护的国家安全例外

安全例外条款是世界贸易组织协议的重要法律支柱，在成立世界贸易组织的协议如《关税及贸易总协定》（GATT）、《服务贸易总协定》（GATS）以及其他多边与双边贸易协议中均设置有安全例外条款。知识产权保护国家安全例外制度的国际法渊源是 TRIPS 第 73 条。

（一）国家安全解释的逐步扩张

国家安全例外的设置是考虑知识产权的垄断力量，为了防止过度知识产权保护会侵蚀公共利益，从而对国家安全形成威胁，例如某项可以用于军事用途的产品或技术如果落入不友好国家，可能会危害其自身安全。

但近些年来，国家安全的范畴不断扩大，逐步由传统的军事、政治安全扩大至经济、科技、文化、网络等非传统安全领域。其中最为典型的就是美国以国家安全为由，对其他国家在美国知识产权技术、产品、竞争力的打压。

美国外国投资委员会（CFIUS）有对外国在美国的直接投资进行审查的责任，但是该委员会故意未对国家安全进行定义，因为这样可以扩大对国家安全概念的解释。美国政府积极推动对美国贸易法进行广泛的解释，部分情况下将国家安全和常规贸易问题混为一谈，美国认为其知识产权技术的国际领先地位受到威胁即为国家安全受到威胁，使得国家安全变成打压外国企业的"幌子"。例如，2020 年 8 月 6日，美国政府指责 TikTok 软件"可能会被用于虚假信息活动"、WeChat 软件"会自动从用户那里获取大量信息"，进而"可能会让中国接触美国人的个人和专有信息"。

美国政府声称其对美国构成的"重大威胁",先是逼迫 TikTok 将在美国的业务出售给美国公司,随后又签署行政命令,威胁在 2020 年 9 月 20 日后,禁止美国个人和实体与 TikTok 母公司字节跳动和 WeChat 母公司腾讯进行任何交易。可以看出,美国对国家安全例外的扩张解释已经严重侵蚀到未来知识产权发展的核心领域,对中国企业进入美国市场设置了巨大障碍。2021 年 6 月 8 日,美国通过了创新与竞争法案,该法案从多个方面规定了科学技术方面的国家安全保护问题。主要针对第四次工业革命集中的技术领域:电子通信、半导体、人工智能、量子计算机与生物技术。这些领域均是未来知识产权集中发展的领域,但这些领域里的知识产权并不必然会威胁国家安全,只有在国防领域或涉及国家基本民生问题的知识产权才可能成为危害国家安全的潜在客体。

(二) 中国企业的应对策略

在国家安全逐渐成为国家贸易保护战略性举措的情况下,中国外向型企业对国外的投资、产品、技术出口将会遇到更为敏感、复杂的政治环境,尤其是高新技术领域。因此,中国企业应当在产品、技术的立项研发、市场进入方式、合作伙伴的选择、公关技巧等方面设置更有针对性、准确性的战略布局。

1. 事前尽职调查

在相关产品、技术的立项研发前,就应当提前预设好未来产品、技术的主要出口国,并提前了解该国对进口产品、技术的审查、补助政策,收集该产品、技术市场中其他外国企业受到该国制裁、抵制的案例,避免产品、技术市场化阶段遇到巨大阻碍,导致前期研发、营销成本的沉没。

同时,要对目标市场中的竞争对手、竞争状况、目标国内相关利益方的政治诉求、潜在政治阻力等进行分析预判,避免在市场推入过程中受到企业、政府所带来的干扰。

2. 建立应急管理方案

在进行产品、技术研发、市场推入过程中,设置可以保证企业正常经营的备选方案,例如设置目标市场的替代市场、知识产权申请的替代保护措施(商业秘密)。有条件的企业也可以通过并购、投资等方式扩大海外市场,为后期产品、技术的市场化减小阻力。这些备选方案的预设有赖于企业整体海外商业战略的布控,能够降低企业在遭遇贸易壁垒的情况下所受的损失。

3. 构建利益联盟

在海外设立工厂时,尽量扩大在当地本土市场的采购,拓展供应商渠道。条件允许的话，在进入海外特定产业时尽量选择与该产业内影响力较大的公司进行合作。

4. 注重企业形象公关

在进入海外市场的初期应该循序渐进，尽可能避免进行规模较大或者涉及敏感行业的大规模资金投入，从而在最大限度降低当地民众对来自中国产品、技术的恐慌，并逐渐提升中国企业的形象，为以后扩大市场份额打好基础。

同时，由于国与国之间历史和文化等方面的差异，中国企业的海外市场活动必然会面临各种沟通障碍。中国企业应该尽可能地聘请当地管理人员和顾问，这些人士不仅更熟悉当地市场，而且能够促进企业与当地政府和媒体的沟通，避免媒体对中国企业形象的恶意宣传。

三、如何应对知识产权的海关保护

外向型企业产品、技术出口时必然会同时受到进口国和出口国海关对知识产权状况的相应审查，涉嫌侵权还可能被采取扣押、销毁等强制措施，这一审查制度就是各国依据国内法所实施的知识产权海关保护制度。

（一）知识产权海关保护概述

知识产权海关保护制度是指某一单独关税区内，以海关为主的执法主体在进出境环节，依据法定的权限，按照法定的程序对特定有关知识产权的货物进行监管，从而实现在边境对知识产权进行执法保护的制度。❶ TRIPS 中首次规定了各成员知识产权边境保护制度，根据 TRIPS 相关内容，应提供保护的知识产权有六类，分别是专利、商标、著作权与邻接权、地理标志、集成电路布图设计和商业秘密。对于边境措施，除了规定冒牌货物和盗版货物强制适用，其他知识产权类型，由各成员方自行决定是否纳入边境措施法律制度的保护范围。目前各国知识产权海关执法的对象基本上涵盖了以商品为载体的商标、著作权及其邻接权、发明专利、实用新型、外观设计、植物新品种和集成电路图设计等知识产权，但在后 TRIPS 时代一系列双边协定、区域自由贸易协定的不断推动下，许多国家知识产权海关执法权限和处置的严厉程度都有扩张和提升的趋势，比如《美国－墨西哥－加拿大协定》（USMCA）中除了规定货物的知识产权海关保护，还规定海关有权对过境货物实施知识产权执法，无形中引发了知识产权保护和国际贸易往来的紧张关系。

我国外向型企业众多，需要同时接受出口国和进口国的双重海关保护，知识产权风险不言而喻。因此，知识产权海关保护对外向型企业的知识产权战略制定至关

---

❶ 朱秋沅. 知识产权边境保护制度理论与实务［M］. 上海：上海财经大学出版社，2006：7.

重要。

（二）知识产权海关保护程序

通常各国知识知识产权海关保护程序都包括中止放行、调查认定、处置措施三个环节。

1. 中止放行

中止放行是指海关依知识产权权利人申请或在侵权情况十分明显的情况下暂扣涉嫌侵权货物，以达到保护知识产权目的的执法行为。中止放行主要有以下两种执法方式。

（1）依申请

知识产权权利人发现涉嫌侵权货物即将进出口，向货物进出境地海关提出扣留侵权嫌疑货物的申请，告知其侵权商品的入关时间并提供担保。符合规定的，海关将扣留涉嫌侵权货物。

（2）依职权

在侵权行为十分明显的情况下，海关也可以依职权自行进行查扣。由于海关扣押产品具有一定的时间限制，如果海关依职权扣押时没能找到相关权利人，则货物将停止查扣。

需注意的是，在 TRIPS 的要求下，各成员海关在执行边境措施时必须满足对申请启动的侵权证明要求、中止放行的通知、时限、担保、信息提供等要求。因此海关扣押产品具有一定的时间限制、证明要求：①如果申请人没有提起司法诉讼、提供相应担保或者海关依职权扣押时没能找到相关权利人，则货物将会停止查扣；②TRIPS 明确规定海关接受依申请或依职权中止放行时需要达到"初步证明侵权"的标准，防止知识产权权利人恶意申请、拖延外国企业进入国内市场，或海关任意中止外国货物入关复辟贸易保护主义，阻碍贸易、竞争自由。

2. 调查认定

在调查认定环节，海关应当听取申请人和被扣押人的主张，允许被扣押人和权利人提供各项证据材料。对于疑难问题，部分国家（例如韩国）会设置专门调查组，咨询专家和专业部门的意见。认定结论作出后，不侵权的货物将予以放行，相反，认定侵权的，海关将对侵权货物采取相应的处置措施。

2013 年，欧盟在关于知识产权海关执法及废除 2003 年第 1383 号条例中规定其成员国可以采用简化程序，不用对侵权行为进行实质判断即可在申请人、货物持有人、报关人的同意下销毁货物，减轻权利人和海关主管机关的负担。

3. 处置措施

由于 TRIPS 等相关国际贸易协定中关于侵权的处置措施较为原则性，各成员采取了不同的处置措施。

中国采用销毁兜底式的处置措施，将没收的侵权货物先用于公益事业或由权利人收购。

欧盟通过《欧盟第 608/2013 号条例》❶ 将处置措施交由其成员国内法确定，但底线是应当销毁的货物不能被放行进入自由流通，也不能被带出欧盟海关管辖区域、存放自由区或保税仓库，在例外情况下可将涉嫌侵权货物用于排除商业渠道外的公益用途，但必须事先取得申请人的同意。

美国则采用较为严厉的处置措施，以销毁为基本原则，一方面依据海关保护条例进行保护，另一方面会启动 337 调查。对商标、著作权等不同知识产权商品采取不同的处置措施。

日本除上述没收、销毁等措施外，还会采用退回的处置措施等。

（三）中国企业的海关应对策略

如果前期知识产权信息的监测不到位，外向型企业可能在海关审查阶段面临侵权纠纷，阻止产品、技术进入市场，造成前期成本投入的巨大损失，或是遭遇竞争对手的恶意申请等情况。此时为了降低已发生风险的实际损害，企业可以采用以下四种应对策略。

1. 积极进行海关知识产权备案

目前，多数国家都具有相应的海关知识产权备案制度。知识产权海关保护备案是指知识产权权利人为了寻求海关对其知识产权实施依职权保护，将其拥有知识产权情况向海关总署申请备案的制度。

企业对自身知识产权进行备案的作用包括：①海关知识产权备案可以有效避免企业的产品被误认为侵犯他人的知识产权从而顺利通关，由于海关不介入民事纠纷，因此当企业的知识产权存在备案时，即使他人申请进行扣押调查，海关也只会认为企业是在实施自己的知识产权而非侵犯他人的知识产权；②可以防止进出口环节他人对自己知识产权的侵犯，知识产权权利人在申请备案时，会提供有关知识产权的法律状况、权利人的联系方式以及合法使用知识产权等情况，使海关有可能在日常监管中发现侵权嫌疑货物并主动予以扣留，降低侵权产品进入相应市场抢占企业的市场份额，同时，海关的日常监管也能够一定程度上降低企业对知识产权侵权行为

---

❶ Regulation（EU）No. 608/2013 of the European Parliament and of the Council of 12 June 2013 concerning Customs Enforcement of Intellectual Property Rights and Repealing Council Regulation（EC）No. 1383/2003.

的监测、维权成本。

申请知识产权海关保护备案的主体。只有知识产权权利人能够向海关总署提出知识产权海关备案申请。知识产权权利人包括：商标注册人，专利权人，著作权人与邻接权人，奥林匹克标志、世界博览会标志专有权人（境内权利人可以直接或者委托境内代理人提出申请，境外权利人应当由其在境内设立的办事机构或者委托境内代理人提出申请）。

对于共有知识产权，只要其中任何一个权利人已向海关总署提出备案申请，其他权利人无须再提出申请。具有共同权利人的，提交共同权利人的证明文件，如无法提供，建议将其添加为合法使用人。

海关备案指引：海关备案的具体办理事项参见我国《知识产权海关保护条例》和《中华人民共和国海关关于〈中华人民共和国知识产权保关保护条例〉的实施办法》。

2. 配合各国海关进行全面举证

在货物被海关扣押后，海关会启动调查认定程序听取申请人和被扣押人的主张并要求其举证，如果被扣押人收到通知后不积极举证甚至不参加调查认定程序，会导致货物直接被没收进入处置措施环节，对企业而言无疑是巨大损失。

因此，外向型企业在进出口前应当提前准备知识产权的授权证明、权利要求书、公证书等相关法律文件和立项研发等过程文件，在接到海关扣押通知后能够尽快就相关事项举证说明，加快通关速度。

3. 主动尝试各种司法、行政救济程序

企业接到货物被海关扣押的通知后，应立即咨询相关法律服务机构和评估机构，对是否进入申诉等行政、司法救济程序进行决策。各国国内立法均设置有相应的救济程序。

例如，涉嫌侵权货物在入境口岸被美国海关扣押后可通过以下四种方式处理：①被扣押人有自接到通知之日起30天的时间去申诉；②若进入司法程序，被扣押人可以引用相关法律向法院申请返回货物；③如果是非故意侵权行为，可以向处罚部门申请行政救济，即减免罚金、罚款、没收，或者终止起诉，或者申请与处罚部门达成和解；④如果是允许进境的货物，可以申请按照货物的国内零售价支付担保金，如果海关接受则会立即放行货物。

通过上述司法程序或行政救济程序，海关可能：①全部或部分退还被扣押的货物，加处罚金或者不加处罚金；②将货物退运；③支付货物等价值的现金将货物赎回。处理得当的情况下，可以将企业损失降到最低。

4. 推动与权利人和解

如果企业由于知识产权意识淡薄或前期知识产权信息监测不到位而实施了侵权

行为，应当自接到被扣押通知之日起就积极与相关知识产权权利人进行和解、协商，尽可能取得该权利人的知识产权许可，避免大批货物被销毁，甚至面临海关的罚金和后期针对该侵权行为的民事诉讼、刑事诉讼，造成不可挽回的风险。

四、如何应对采用海外标准必要专利的风险

标准必要专利是经济全球化过程中知识产权发展的一种必然趋势，有益于技术的统一协调发展和国际贸易成本的降低，避免同领域技术的重复研发、成本投入，但也会引发专利劫持、专利陷阱等风险。对于参与全球化并且正在逐步成为标准制定者的中国企业来说，认识到标准必要专利带来的知识产权风险并积极应对，对于其减少损失、开展海外专利布局具有重要意义。

（一）采用标准必要专利的可能风险

通过总结近些年我国企业涉及标准必要专利的海外纠纷的情况，企业面临的可能风险主要有以下六种。

1. 企业对标准的实施需要付出巨大成本

由于中国外向型企业比持有标准必要专利的专利权的海外企业晚一步进入市场，在实施技术、生产能力上都与已经使用该标准必要专利一段时间的海外企业无法相比。

因此，当标准必要专利使用人为提供符合标准规格的产品或服务时，已存在巨额的先前技术、人力资源投入并且产生庞大的沉没成本，再加上所提供的产品或服务若不符合业界标准，通常难以在市场上与其他符合标准规格的产品或服务竞争。此外，技术上可能不存在其他可供选择且具替代性的同类技术，即便存在，但转而实施该技术可能需要经营者另行投入高额资金或是生产良率过低导致成本过高。在各种先天与后天条件的束缚下，企业所付出的成本已经远超该标准必要专利所能带来的预期效益。

2. 高额的许可使用费

当某一标准中包含复数项的技术时，其所涉及专利的数量往往成百上千，当多个专利分属于不同的权利人时，任一标准的实施必须获得多次授权，导致实施者多次支付许可使用费。致使各专利持有人所主张许可费的总和超出该标准中所有必要专利的总价值。

与此同时，标准必要专利的持有人还可能利用其优势地位向被许可方提出不合理的使用条件，例如捆绑销售、强制销售其他专利、设定不符合企业市场战略需要

的许可范围等，让企业支出大量不必要的费用，如果被许可方拒绝则会以侵权诉讼、惩罚性赔偿、禁令救济等相威胁。

3. 标准必要专利权利人对技术信息的不完全公开

对于持有标准必要专利而又自行实施的专利持有人而言，由于其属于被许可企业的同市场内竞争者，为了保证其生产、竞争优势，标准必要专利的持有人往往不会将标准必要专利实施的核心技术、数据与被许可人共享，而是作为商业秘密进行保护，这就导致被许可企业支付相应许可使用费甚至是高额使用费仍然无法获得与持有者相同的生产效果。

4. 遭遇"专利流氓"

"专利流氓"又称专利蟑螂、专利鲨鱼，是指那些没有或几乎没有实体业务、主要通过积极发动专利侵权诉讼而生存的公司。由于没有实体业务，这种公司在国际上又被称为非执业实体（non - practicing entities，NPE）。

这些公司往往通过低价向破产公司购买专利或者从其他公司、研究机构等单位购买重要专利，在企业实施相关专利时进行侵权诉讼进而索要高额许可使用费。企业往往为了产品的后续市场投入选择息事宁人，被迫接受不合理的高额许可使用费。

5. 遭遇"专利陷阱"

"专利陷阱"是指企业在进行专利战略制订时为竞争对手设置的陷阱，例如高新技术产业的行业领头者、具有强劲技术研发实力的大企业，当其技术研发阶段已经处于行业内的金字塔顶部时，会将企业的尖端技术作为商业秘密保护，中端技术则申请专利，作为路障阻碍其他企业的技术研发，其他企业只能通过研发具有相同或类似功能的新技术绕开该专利，否则就要在专利保护期内一直受制于人。

6. 贸易保护主义与各国法律差异

各国法院在面对同一标准必要专利许可纠纷时作出的裁决往往并不统一，例如，美国对 NPE 的限制越来越多，想要申请禁令非常困难，但英国则倾向于作出有利于标准必要专利持有人的裁决。其中，有些案件是由于部分国家贸易保护主义的抬头，例如，美国常常对外国企业使用该国企业标准必要专利的许可费率的裁决数额明显偏高；有些案件则是由于各国法律制度不同，例如，印度知识产权的赔偿数额就远高于中国，企业往往面临着巨额的惩罚性赔偿等。

（二）采用标准必要专利的风险应对策略

针对上述采用标准必要专利的可能风险，企业可采取以下五种应对策略。

1. 注重事前评估分析

企业在寻求该标准必要专利许可前需要结合企业自身技术、人力资源、资金等储备情况进行评估，通过对技术实施可能、预期经济等方面的综合分析决定是否采用该标准必要专利。同时，事前评估分析还可以通过对该技术的现有市场实施情况等信息的收集避开相关专利陷阱，也能通过与其他实施主体的生产情况的对比，判断标准必要专利的持有人是否保留了该标准必要专利的核心技术、数据，提前进行布防。

2. 收集各国标准必要专利保护信息

企业可以通过掌握各国标准必要专利法律的差异，选择合理的诉讼策略。事先分析标准必要专利侵权诉讼的成本，结合该国有关标准必要专利侵权诉讼审理期限、管辖法院、惩罚性赔偿数额的确定标准，以及以往对待同一标准必要专利许可使用费率的确定等，通过比对确定最终可能确定的许可使用费率、赔偿数额，估算诉讼成本，作出诉讼策略选择以最大限度地降低诉讼损失。

3. 面对禁令威胁时保持积极态度与专利持有人谈判

禁令制度是指知识产权的持有人向法院、执法机构申请停止侵权人侵权行为的制度。法院、执法机构在收到禁令救济申请时，会针对侵权行为的紧急性、权利人的胜诉可能性、权利人是否会遭受不可挽回的损失、双方当事人的利益平衡（对被申请人的影响）、对公共利益的影响进行综合判断。

一般情况下，若专利实施者以积极的态度进行谈判或者专利持有人是 NPE 时，法院并不会对实施者作出禁令。因此，企业在面对标准必要专利持有人的禁令威胁时，需要保持积极的谈判态度促进二者之间达成和解。

4. 通过反不正当竞争法、反垄断法或专利无效宣告进行反击

企业在面对标准必要专利持有人提出的侵权诉讼时，可以提出持有人违反反不正当竞争法的抗辩、反诉以及无效宣告，这也是面对标准必要专利持有人的侵权诉讼的主要策略，华为公司在与无线星球国际有限公司等专利纠纷中就采用了这种策略。

特别是在面对 NPE 时，由于其往往大批量收购其他企业、机构的专利，专利质量参差不齐，企业可以通过知识产权数据库检索现有技术的相关信息对其申请无效宣告，既能避免高额的赔偿、许可使用费，还能为该技术的后续使用、创新清除阻碍。

5. 收购标准必要专利进行专利战略防御

对于专利基础薄弱的企业，可以选择收购一批标准必要专利以增强专利防御力。同时，对于新技术使用了标准必要专利而面临技术阻碍的企业来说，收购也可以帮助企业绕开该专利阻碍，便于后续技术的应用与市场化。

五、跨境电商如何应对海外知识产权侵权风险

电子商务作为一种新型的贸易方式，这种贸易方式多数需要依靠网络平台进行。在跨境电商入行门槛低、优惠政策多的大环境下，越来越多企业都纷纷扩大业务范围，通过电子商务平台进行商品、服务出口。但当知识产权问题掺杂了"跨境""线上"这两种因素，相对于传统类型的知识产权问题来说，会变得更加复杂，也给知识产权保护问题带来新的冲击和挑战。

（一）跨境电商的海外知识产权侵权风险

跨境电子商务是指分属不同关境的交易主体，通过电子商务平台达成交易、进行电子支付结算，并通过跨境电商物流及异地仓储送达商品，从而完成交易的一种国际商业活动。❶ 由于电子商务平台的全球性和各国知识产权法律制度的地域性，造成了交易信息大量流通，知识产权信息却严重不对称的局面，再加上国内许多中小企业知识产权意识淡薄，导致国内电商出口时知识产权纠纷频发。跨境电商业务的侵权行为主要成因有以下三个方面。

第一，由于电子商务平台交易对象来自世界各地，企业很难在各个国家均获得知识产权授权，反而会面临其他国家企业的商标抢注、专利抢先注册，因此，在货物出口到该国时面临海关扣押或知识产权侵权诉讼。

第二，电商的典型特点是"跟风销售"，即跟风制造网络流行的爆款商品。事实上，流行商品多数情况下都是仿照某些受知识产权保护的商品的外观、装潢、商标等进行设计与制造的，企业盲目地跟风制造或销售会面临极高的知识产权侵权风险。

第三，不同国家知识产权法律、侵权认定规则不同，例如典型的平行进口问题，有些企业会从国内获得合法授权的生产者处购买知识产权产品，再出口到其他有需求的国家，通过不同国家之间的知识产权产品的差价获益。但平行进口问题的处理方式在国际上较为模糊，有些国家认为应当遵守知识产权产品的首次销售原则，也有国家认为平行进口抢占了国内知识产权实施人的市场份额和利益。因此，企业会面临不同国家法律制度差异所带来的侵权风险。

---

❶ 赵慧娥，岳文. 跨境电子商务［M］. 北京：中国人民大学出版社，2020：2.

（二）应对策略

针对上述企业可能存在的侵权风险，企业开展电商业务时可采纳以下五点建议。

第一，事前进行法律、知识产权检索。

由于电商交易可能会同时涉及多个国家的知识产权及其法律制度，因此，企业开展电商业务时应当对其产品可能侵犯的现有知识产权进行全球检索，可以在世界知识产权组织官方网站中找到大部分国家的商标、专利检索网站。同时，对产品涉及的海外市场进行国内知识产权法律检索，提前了解相关国家对于平行进口、间接侵权、销售侵权等的法律规则，针对性地调整目标市场范围。

第二，积极获取海外知识产权。

对于企业自主研发的知识产权，一定要积极获取各国专利、商标授权，避免专利抢先申请、商标被抢注，导致后面布局海外市场时面临他国的知识产权侵权问题。而对于著作权产品只要其创作者所在国是《伯尔尼公约》或 TRIPS 的成员，都可以在成员国内得到自动保护。因此，需要在作品创作完成时保存好相关过程文件、创作证据，必要时进行公证，以便进行后期参与知识产权侵权诉讼时的举证。

第三，主动运用平台维权措施。

由于海外诉讼成本高、周期长，当电商企业遭遇其他电商的知识产权侵权时，选择运用电商平台维权是最为高效、便捷的救济措施。此时，需要先在电商平台上进行侵权证据保全，必要时对证据材料进行公证。做好证据保全后，向电商平台投诉，若投诉被认可，电商平台一般会将侵权产品下架。

第四，向侵权方发律师函警告。

可向侵权方发律师函警告，要求其停止继续侵权，下架以及销毁侵权产品。

第五，其他方式。

通过上述救济方式仍然不能停止其他电商的侵权行为时，尽可能向国内法院提出侵权诉讼，根据我国《民事诉讼法》有关规定，国内法院对网络交易侵权的管辖范围十分广泛。因此，可以通过对维权成本、法院以往裁判案例的分析评估制订相应的诉讼策略。

六、如何应对海外商业秘密纠纷

近年来，中国企业在海外尤其是在美国频频遭遇商业秘密纠纷。由于商业秘密的相关法律裁判规则尚且由美国等发达国家主导，导致审判中自由裁量的主动权掌握在这些发达国家手中，商业秘密越来越多地成为制约和阻碍我国企业国际化发展的竞争工具和有力武器。而且，商业秘密纠纷通常会与专利、商标和著作权等其他知识产权侵权纠纷相伴相生，产生复杂的法律关系，诉讼周期较长，在诉讼策略、裁判结果上都存在较大的不确定性，为企业应对策略的制订提出了较高要求，使得中国企业在应对海外商业秘密侵权诉讼时总是处于较为被动的地位。同时，由于美国、英国等国家惩罚性赔偿制度十分严厉，中国企业往往面临着天价赔偿，严重影响其后续商业活动的实施。因此，中国企业在进行海外商业活动时，应当注意对商业秘密侵权风险的提前防控和有效应对。❶

第一，企业应做好风险防控和知识产权信息的监测和预警，时刻关注竞争对手的可能动向，特别是在引进知识产权研发人才时，应当提前做好知识产权背景调查，避免侵犯其他公司的商业秘密。根据近些年来美国涉及中国企业的商业秘密侵权诉讼数量的发展趋势，以及原告公司获得的高额赔偿和有利判决，未来中国企业仍然面临较大的商业秘密诉讼风险。因此，中国企业一定要进行事前的风险防控，避免被卷入侵权诉讼。

第二，企业应充分关注和利用国外商业秘密的保护规则、法案和判例。例如，在摩托罗拉系统公司和海能达通信股份有限公司（以下简称"海能达公司"）涉商业秘密及著作权侵权纠纷一案中，海能达公司在面临惩罚性赔偿时提出其极大部分利润来自美国域外，而判决的依据之一美国伊利诺伊州商业秘密法案并不能适用于境外，虽然该主张被法院利用判决的另一依据所替代，即美国商业秘密保护法可以适用于境外，并没有成功降低惩罚性赔偿，但海能达公司对美国法案的充分应用应当给予中国企业相应诉讼启示。当中国企业的商业活动一旦被卷入商业秘密或知识产权纠纷时，最终赔偿数额有被扩大的高度风险，因此应当充分利用该国法律法规、案例主张权利保护，掌握诉讼的主动权，尽可能避免惩罚性赔偿的适用或惩罚性赔偿的高额适用。

第三，企业应全面提升商业秘密保护意识和能力，建立商业秘密保护制度规则。例如，在员工聘用和培训时，对曾经任职于竞争对手公司的员工，禁止其使用前雇主或者任何第三方的机密信息或者专有信息，着重强调员工对前雇主和现雇主均承担保密义务，以保护自身的商业秘密，并降低或者减少潜在的第三方指控的风险。再如，若发现员工有任何盗用或者滥用任何第三方商业秘密或专有信息的行为，及时研究制订救济方案，保存有关证据等。

第二节　海外知识产权纠纷应对❷

当前知识产权在全球贸易往来中的作用极其重要，成为各国企业争夺国际市场份

❶ 宋蓓蓓，寿晶晶，齐明媛. 预警：中国企业应加强海外商业秘密纠纷风险防控［EB/OL］.（2020 - 04 - 03）［2022 - 12 - 11］. https：//https：//amr.ahsz.gov.cn/ztzl/zscqhdzt/192545211.html.
❷ 本部分内容根据智南针网发布有关海外知识产权纠纷应对等内容整理。

额、提高市场控制力的武器，海外知识产权纠纷亦随之增多。海外知识产权纠纷的应对、维权成本巨大，对企业国际市场经营影响重大，再加上中国企业面临的知识产权侵权诉讼与日俱增，中国企业自身知识产权研发能力的不断增强，如何系统化地建立海外知识产权纠纷的应对机制，成为中国外向型企业走向国际市场的重要一环。

本节将从企业知识产权战略与防控部署、纠纷应对策略、海外维权途径，以及相关法律服务机构的帮助指引四个方面系统地为企业海外知识产权纠纷应对提供参考。

一、战略与防控

企业应对海外知识产权纠纷的战略与防控可以从以下五个角度构建。

（一）监测各国知识产权纠纷数据

企业应当提前检索和监控各个国家或地区，特别是竞争对手所在地的知识产权纠纷情况，包括诉讼、无效宣告、行政执法等，归纳、分析得出知识产权纠纷风险较高的国家或地区，进行针对性的商业布局、知识产权资源分配。同时，也需要格外关注 NPE 主体，即"专利流氓"知识产权纠纷较为活跃的国家或地区，提前进行知识产权纠纷应对策略的制定。

除此之外，企业还应当针对企业自身商业战略的实施情况，密切关注自身未来发展的潜在市场中的知识产权纠纷情况，为后期经营业务的拓展做准备。

（二）收集各国知识产权法律

企业应当提前收集各个国家或地区知识产权的相关法律制度，这是企业有效防范风险、快速解决纠纷的重要基础。了解相关法律法规有利于企业在该国或该地区市场开展活动时遵循知识产权规则，降低纠纷发生的概率，也可以在侵权行为发生时有效维护自身权利，依法办事和解决问题。

（三）掌握各国知识产权环境

企业应当了解对自身商业战略实施具有重要意义以及知识产权风险较高国家或地区的知识产权环境，包括该国或该地区对知识产权保护的态度、近期政策、知识产权司法程序和侵权判定标准、赔偿标准、诉讼成本等。企业可以做好该国或该地区知识产权大环境的分析报告，以便在发生纠纷时能够及时、准确融入该地的各种法律程序，做好纠纷应对。

（四）分析市场竞争情况

企业应当着重收集目标市场、对知识产权制度依赖性较大、对企业竞争有重大影响的重点产业、重点产品、重点技术领域以及企业潜在发展市场的竞争情况，对竞争对手的知识产权获得、研发情况进行情报收集，针对性地设计企业知识产权的发展战略。一方面有利于企业降低无效研发的沉没成本，另一方面可以针对这些竞争对手进行诉讼策略、维权偏好等的分析，提前制订应对策略。

（五）建立知识产权风险管理体系

企业应当建立自己的知识产权风险管理体系，设置专门的知识产权风险评估团队，结合企业其他知识产权管理制度、部门的日常运作以及知识产权监测预警系统的持续监测预警，保证企业能够及时、准确地进行风险预知和应对。

知识产权风险管理体系的建立并非易事，需要企业投入大量知识产权风险防控专项资金、知识产权人力资源，还需要企业及时与外部专业评估机构、法律服务机构进行定期合作、信息对接，方能保证体系的构建和正常运转。

二、积极应对

一般而言，企业面临的海外知识产权纠纷的具体情况主要包括：接到律师函、遭遇临时禁令、知识产权侵权诉讼、知识产权相关贸易调查、海关执法以及遭遇不合理的知识产权收费等。如前文对华为公司、立讯精密公司等应诉案例的分析，企业在遭遇这些纠纷时一定要保持积极态度应对，海外诉讼的重要特点就是法律适用的地域性、周期长、距离远，外国企业最愿意面对中国企业的惧诉、怠诉，可以最低成本拿到外国法院、机构的有利裁判。因此，只有积极应对，制订诉讼策略与布控才能最大限度降低企业的侵权、赔偿风险，还能获得与外国企业谈判的有利地位。具体应对策略有以下六个方面。

（一）接到律师函❶

企业接到海外律师函时，可以遵循以下五个步骤处理。

1. 核对律师函的基本信息

接到律师函时，企业应先核对权利人所主张的知识产权与涉嫌侵权产品是否相符，核对涉嫌侵权产品是否为自身生产、销售、许诺销售或进出口，律师函的发出是否为权利人或其许可人的真实委托等。如果相关事项并不相符，则不用采取进一步措施。

---

❶ 智南针．如何应对海外知识产权纠纷？［EB/OL］．（2015－01－21）［2022－12－12］．https：//www. worldip. cn/index. php?m = content&c = index&a = show&catid = 70&id = 561#C5.

2. 分析律师函的具体内容

企业应当根据律师函的具体内容了解并分析发函人的意图及企业所处境况，包括：①律师函的目的分析，对方是要签订许可协议而获得许可费，还是企图妨碍企业进入市场或逼迫企业退出市场；②严重性分析，协商和起诉更侧重于哪一种；③紧迫性分析，是否有明确时限的要求、时限是否很短；④可能性分析，接受要求事项的可能性和协商的可能性等。

3. 开展分析评议

企业需要针对律师函中提出的实质性内容进行分析评议。例如，针对提出企业产品侵犯知识产权的律师函，企业应开展涉嫌侵权产品究竟是否构成侵权的分析评议工作。该项工作可选择委托当地的律师事务所或知识产权服务机构完成。

4. 确定纠纷应对方案

根据实质内容分析评议结果，企业应选择合适的纠纷应对方案，包括：①针对律师函，如果分析评议结果显示产品不构成侵权，企业可采取积极应对方案，强调产品不构成侵权，并注意将分析评议报告留存，若日后进行诉讼，可作为不构成侵权或非故意侵权的证据；②如果分析评议结果显示存在一定侵权风险的，可提前制订应对方案，视情况采取规避设计方案、无效对方知识产权或者停止使用、积极沟通提出合理谈判方案等。

5. 回复律师函

一般应在律师函限定的回信期内进行回复。企业对律师函的回复应当简略冷静、简略叙述，只记录必要的事项，切忌写入不必要的内容或可构成自认的内容。对律师函视不同情况可采取不同策略。

（1）暂定性回复

企业确定将如实进行检查分析，但检查、分析、收集资料等需要一定时间，暗示愿意良好地解决纠纷等。

（2）实质性回信

企业确认产品不构成侵权，简述不侵权理由，或概述对方指责毫无道理。

（3）存在侵权可能的回复

企业表明愿意立即停止侵权，并同意双方对纠纷进行和解等。

（二）遭遇临时禁令

临时禁令是指在诉前或诉中程序中由受诉法院作出的要求当事人为或者不为特

定行为的临时性命令。临时禁令一旦发出，可以在一段时间内要求被告方停止制造、销售、许诺销售、进出口侵权产品等行为。临时禁令程序由于能及时阻止侵权产品的生产和销售，因此成为知识产权诉讼中最有效率的方式，被海外国家高频率地使用。除此之外，临时禁令也可以作为竞争对手拖延中国企业产品或技术的海外市场投入、影响企业经营战略的手段，中国企业需要高度注意。

如前文使用海外标准必要专利的风险部分所述，企业对竞争对手申请禁令措施时应当积极应诉，否则法院将会根据禁令的相关适用规则、标准判定不存在其他救济途径或者不采取禁令措施会给申请人带来无法挽救的损失，进而适用禁令措施，影响中国企业的正常经营。此外，即使法院已经决定采取禁令措施，中国企业也不能坐以待毙，而应积极采取无效宣告、谈判等策略降低禁令带来的影响。

（三）遭遇知识产权侵权诉讼

当企业面临海外知识产权侵权诉讼时，一定要及时组建应诉团队，制订应诉策略。

1. 组建侵权诉讼应对团队及分工

组建由企业内部人员和外部专业人员共同组成的知识产权侵权应诉团队，包括：①企业内部人员负责整体把控方向、协调内外、提出合理要求等；②外部专业人员负责诉讼策略制订、具体谈判和应诉事务等；③对外部专业人员的选择应考虑其专业资质、是否有办理同类案件的经验、应诉成功率等。

2. 开展分析评议

针对知识产权侵权诉讼起诉书和证据材料中提出的实质性内容进行分析评议，例如，将涉嫌侵权产品与涉诉专利进行对比分析，评议产品是否构成侵权，以及分析评议涉诉知识产权是否稳定、可否被无效等。该项工作可选择委托当地的律师事务所或知识产权服务机构完成，企业内部人员应深度参与该项工作。

3. 明确应诉策略

企业如果在分析评议后决定应诉，应选择适当的应诉策略，可采取以下四种策略。

（1）针对诉讼程序提出异议

例如，原告不具备提起诉讼的资格、受理案件的法院无管辖权或者超过诉讼时效等。

（2）进行不构成侵权的抗辩

例如，根据侵权判定标准，结合当地的相关法律，收集证据证明被诉侵权产品未落入商标、专利的保护范围，与原告作品不构成实质相同，或者被告对该知识产权的使用属于合理使用等。

（3）缩小对方知识产权的保护范围

例如，提供专利权人申请专利时所作的放弃或缩小权利要求范围的陈述，禁止反悔原则，著作权法的场景原则、混同原则等。限缩知识产权的保护范围，使原告侵权诉讼不成立。

（4）其他对抗策略

例如，提出专利无效请求、提起反诉、主张和解等。

（四）遭遇知识产权相关贸易调查

1. 调查种类

知识产权贸易调查是一种准司法调查程序，对与贸易有关的知识产权事务具备广泛调查权。当前国际上与知识产权相关的贸易调查主要有美国的 337 调查、特别301 调查❶，欧盟针对不公平贸易措施的调查等。

2. 贸易调查对我国企业的影响

知识产权贸易调查往往可以通过排除令、制止令等强制措施极大影响企业产品出口、销售等经营行为。此外，知识产权贸易调查一般比司法程序更快捷方便，因此在当前被权利人广泛使用，对中国企业的海外市场拓展造成重大影响。

3. 应对策略

（1）积极应对

如前文对美国 337 调查应对策略的分析所言，当中国企业面对海外贸易调查时，一定要及时组建应对团队，对贸易调查的相关法律进行充分分析，学会利用当地法律、政策维护自身合法权益。

（2）请求宣告权利无效

企业应积极进行知识产权的无效宣告，从根源上阻碍贸易调查的进行。

（3）利用国内法提起反垄断审查投诉或相关诉讼

企业还可以充分利用我国法律武器，对申请贸易调查的权利主体在中国提起合同纠纷、垄断审查等，变被动为主动，获得相应的谈判筹码。

（五）遭遇海关执法

当中国企业面对海关对涉嫌侵权产品的扣押时，应当全面配合海关调查，消极

---

❶ 特别 301 调查是基于特别 301 条款的一种贸易调查行为，特别 301 条款是指经修订的美国 1974 年贸易法第 182 条规定：确定拒绝为知识产权提供足够保护和市场准入的国家。美国贸易代表要对普通 301 条款中已规定的知识产权相关的不公平他国行为保持特殊关注，须在美国《国家贸易评估报告》提交后的 30 天内确定在知识产权保护或知识产权市场准入方面存在问题的重点国家，如发现此类行为使用普通 301 条款程序及时救济。

态度会导致执法程序直接进入处置措施环节。除此之外，应当积极进行异议、申诉、民事诉讼、无效宣告等行政、司法途径救济，尝试多途径解决问题。如果面临海关、法院的侵权认定，应当主动与权利人和解，争取获得许可，避免造成货物被没收、毁损的损失。

（六）遭遇不合理的知识产权收费

由于中国企业的知识产权意识、知识产权管理体系形成较晚，导致企业在知识产权的数量、质量上低于外国企业，在进行产品、技术实施和研发时往往被外国企业"卡脖子"，需要寻求知识产权的许可或收购，在此过程极易遭遇竞争对手不合理的知识产权定价或捆绑销售。面对此种情形，可以采取以下四种策略。

1. 了解许可费计算方式，收集证据

遭遇权利人不合理的知识产权收费，应先了解知识产权许可费的具体计算方式，包括许可时间、地域、产品、专利等，并收集对方不合理收费的证据，包括同一权利人向其他公司收取的许可费、其他权利人收取的许可费标准、是否附加不合理交易条件等。

2. 明确应对策略

基于前一阶段收集的对方不合理收费的证据，企业可以提起反垄断调查申请，以此迫使其降低知识产权收费。例如，专利权人滥用其标准必要专利并在其相关市场上获得支配地位，实施价格垄断行为，包括不公平的高价、歧视性定价、附加不合理交易条件等行为，均可提起反垄断调查申请。

3. 设计攻防策略

在遭遇不合理知识产权收费时企业要做好两手准备，包括：①企业应当做好媒体宣传等舆论攻势，视情况通过媒体公开对手不合理收费的相关情况，包括公布其不公平的高价、歧视性定价、附加不合理条件等垄断行为，为许可谈判创造条件；②企业应当提前做好应对诉讼和临时禁令的准备，提防对手反扑。

企业在通过舆论攻势或通过反垄断调查进行反制等方式进行应对的过程中，要防范对方突然提起诉讼或遭遇临时禁令，评估诉讼可能的影响和结果，并做好应诉及反诉的准备。

4. 与对方进行许可谈判

大多数的知识产权收费问题最终还是要回到谈判桌上，企业在许可谈判要合理地利用谈判策略，设置谈判的底线和合理的区间，灵活运用和解和对抗手段，以最

终达到降低知识产权许可费的目的。

三、海外维权

随着中国企业科技创新能力的提升，我国企业在"走出去"的过程中不断面临知识产权被侵权、商标被抢注等情况，海外维权的需求不断增加。与此同时，由于企业海外维权面临陌生的法律制度、程序规则、语言障碍等问题，中国企业往往处于较为被动的消极维权状态，甚至会被外国企业反向提起侵权诉讼。因此，为了保护我国企业海外商业活动过程中的合法权益，提高我国企业海外维权能力，有必要对企业的海外维权途径和方法进行详细介绍，主要包括行政救济、司法救济、仲裁/调解三种程序。

（一）行政救济

1. 美国

（1）美国专利商标局

美国专利商标局负责授予和管理美国专利权和商标权。下设有发明家协助中心（IAC），向公众提供专利信息和服务。该发明家协助中心由美国专利商标局前专利审查主管人员和经验丰富的初级审查人员组成，他们可以回答有关专利审查政策和程序的一般问题。企业可以向美国专利商标局提出专利无效、商标无效的请求。

（2）USITC

USITC 是美国国内一个独立的、准司法联邦机构，拥有对与贸易有关事务的广泛调查权。其职能主要包括：①以知识产权为基础的进口调查，并采取制裁措施；②产业及经济分析；③反倾销和反补贴调查中的国内产业损害调查；④保障措施调查；⑤贸易信息服务；⑥贸易政策支持；⑦维护美国海关税则。

USITC 有权主动或根据原告申请对进口贸易中侵犯知识产权的行为，例如，侵犯专利、注册商标/普通法商标、注册版权、注册掩膜作品（集成电路布图设计）、商业秘密、商业外观、仿冒、虚假宣传或者其他不正当竞争行为等进行调查并作出决定。企业也可以针对进口贸易中的侵权商品向 USITC 申请 337 调查申请。

（3）美国知识产权执法办公室（IPE）

美国知识产权执法办公室倡导在全球范围内有效保护和执行知识产权，以阻止可能伤害消费者的假冒和盗版商品，保障美国知识产权权利人的利益在美国境外受到保护，并促进执法。

（4）美国版权局

美国版权局负责执行美国版权法中包含的所有行政职能和职责，包括版权声明的登记以及转让与版权有关的文件的记录。美国版权局还负责向美国国会提供建议，并向司法机构和联邦机构提供信息和协助。

（5）美国移民与海关执法局（ICE）

根据美国 2015 年贸易便利化和贸易执法法案，美国移民与海关执法局设立了美国国家知识产权协调中心（IPR Center），与美国国内外知识产权调查机构合作，高效快速地处理知识产权违法犯罪案件。

通过知识产权违法犯罪举报系统，任何人都可以向该中心举报知识产权违法犯罪行为，该中心在收到举报后将迅速审查处理，发给美国国土安全部或合作的其他知识产权调查机构。

（6）美国商务部国际贸易管理局标准和知识产权办公室（OSIP）

该办公室与美国企业合作，帮助它们在美国境外保护知识产权。中国企业在国外设立子公司的可以联系该办公室提出投诉。

2. 英国

（1）英国知识产权局（UKPO）

英国知识产权局负责处理工业产权事务，包括专利、外观设计、商标和版权，其主要职能包括：①专利、外观设计和商标等申请的受理和审批；②促进和支持知识产权法律及知识产权保护的相关活动；③实施英国专利法、英国外观设计注册法、英国商标法、英国版权法及其他与知识产权相关的法律法规；④协调相关国际事务；⑤鼓励和支持创新，确保知识产权法律和政策能够很好地反映出以不断发展的知识为基础且具有强大竞争力的经济体系的需求；⑥确保被授予的专利权等知识产权能够以权利人可以负担得起的法律途径得以保护和实施等。

（2）英国税务海关总署（HMRC）和英国边境部队（BF）

根据英国 2022～2027 年知识产权反侵权战略，作为隶属于英国内政部的执法部门，英国边境部队负责保护英国免受边境安全威胁，其中包括知识产权犯罪。英国边境部队负责代表英国税务海关总署在边境干预和处理涉嫌侵犯知识产权的材料。英国知识产权局与英国边境部队密切合作，在该领域收集证据并采取行动。

拥有英国知识产权的权利人、获得授权的被许可人，以及启动司法程序以保护其权利的各方，可向英国税务海关总署提出申请，要求英国边境部队扣留涉嫌侵权的货物。

（3）英国各贸易标准机构

英国负责牵头解决实地知识产权侵权问题的两类主要机构是英国各贸易标准机构和英国警察局。两者都大量参与知识产权犯罪的报告和记录，是英国知识产权执法环境的重要组成部分。英国知识产权局会与英国的国家贸易标准机构、特许贸易标准协会、地方贸易标准团队和警方就具体项目和更普遍的知识产权侵权问题进行讨论，并为这些机构提供培训。

（4）英国警察局知识产权犯罪部门（PIPCU）

英国警察局知识产权犯罪部门是一个专门的知识产权犯罪调查部门，由英国伦敦市警察局负责管理。英国警察局知识产权犯罪部门负责协调行业、政府和执法机构的活动以帮助打击知识产权犯罪，并与英国各贸易标准机构、英国边境部队和英国签证与移民局等其他机构密切合作。

3. 德国

（1）德国专利商标局（DPMA）

德国专利商标局为德国联邦司法部管辖的联邦高级行政机构，是管理德国工业产权的中心，主要职能有：①发明专利申请的受理、审查和授权；②实用新型、工业产品外观设计、商标和集成电路布图设计申请受理、审查和注册，相关信息的公布；③代表政府对工业产权状况执行监督管理，对知识产权授权纠纷进行裁决。德国专利商标局负责除著作权和植物新品种保护之外的所有知识产权授权和管理事宜。

（2）德国联邦品种局

德国联邦品种局是德国唯一的品种登记机构，育种者可以向该机构申请品种登记和保护。它的任务是对申请的品种进行鉴定、登记和保护。

（3）德国海关部门

德国海关体系由高、中、低三级单位组成。德国财政部是德国海关最高领导机构，8家高级财政管理委员会为中层机构，遍布全国各地的海关总局为基层机构。在知识产权方面，德国海关的主要任务是，对德国境内涉嫌侵权进出口商品的查扣工作，阻止主要来自外国的假冒商品进入零售领域，为工商业提供法律保护。

德国海关主要查扣的侵权产品分为商标侵权和产品侵权两类。其主要执法方式分为按德国细则查扣和按欧盟细则查扣。在德国细则查扣方式中，海关依据权利人的申请进行查扣。在欧盟细则查扣方式中，海关依据申请进行查扣。在没有申请的情况下，海关也可以依职权进行查扣，即在没有指令的情况下，只要有足够的侵权嫌疑，海关仍然可以进行4天的查扣。

（4）德国警察部门

德国警察部门作为法院指令的执行部门，知识产权所有权人请求法院颁布的临时禁令、搜查令等由警察负责执行。

4. 日本

（1）日本特许厅（JPO）

日本特许厅是隶属于日本经济产业省的政府机构，其主要职责包括：①工业产权申请受理、审查、授权或注册；②工业产权方针政策拟订；③工业产权制度的修订；④工业产权领域国际合作；⑤为促进日本产业发展，对工业产权信息的完善。

日本特许厅管辖的范围包括专利和商标。

（2）日本文部科学省

日本文部科学省下属的文化厅负责著作权的管理工作，软件情报中心半导体电路登记部负责集成电路的登记。

日本对著作权的管理，除政府职能部门外，民间还成立了各种社团法人性质的协会，例如，日本电子计算机软件著作权协会、日本音乐著作权协会、日本艺能实演家团体协议会、日本私人录音补偿金管理协会等。参加这些协会的会员包括日本和外国的著作权企业法人、作家和艺术家，各协会以著作权法等为武器，保护其会员的知识产权，协助会员调查收集侵权证据，提供法律咨询服务，并参与侵权纠纷的解决，接受法院委托提供鉴定意见。中国外向型企业也可以向这些协会寻求帮助。

（3）日本农林水产省

日本农林水产省负责实施种苗法。对植物新品种，培育者认为其有经济价值和有必要获得知识产权保护的，可以向该机构提出申请。日本农林水产省对于申请保护的品种，除进行文件审查外，还进行实地调查或栽培实验，以确保新品种的质量和真实性。

（4）日本海关部门

日本海关法规定，遭受知识产权侵害的企业有权向日本海关提出禁止进口侵权商品的请求。受到日本海关执法程序保护的知识产权有专利、商标、著作权和邻接权、集成电路布图设计、植物新品种等，基本上与中国国内市场的保护范围一致。日本海关有权没收侵权货物、处置侵权货物或责令进口人退运侵权货物。

（5）日本警察部门

日本警察部门可以调查专利侵权的刑事责任问题，而且其刑事救济没有门槛或门槛极低。

（二）司法救济

1. 美国

美国的 50 个州和 1 个特区（华盛顿哥伦比亚特区），均有各自相对独立的法律及司法体系。美国属于两审终审制，大部分案件经过初审和上诉审之后即告终结，但是州最高法院和联邦最高法院分别对州法和联邦法拥有最终解释权，可以分别决定是否受理州上诉审案件和联邦上诉审案件。中国企业在美国针对知识产权侵权的司法救济途径包括民事救济和刑事救济两种。

（1）民事救济

美国知识产权民事诉讼的裁判对象包括专利、商标、版权、商业秘密以及集成电路布图设计，企业可以针对侵权情况申请禁令（包括临时限制令、临时禁令、永久禁令）。法院在审理案件时可以扣押侵权产品以及用于制作侵权产品的物品，作出最终裁判时可以命令销毁或者以其他方式处置被扣押的侵权产品和物品。

（2）刑事救济

美国刑事公诉案件涉及的知识产权侵权罪名包括：版权恶意侵权、破坏版权权利人管理信息、经济间谍、盗窃跨州或国际贸易中与产品或服务有关的商业秘密、非法买卖假冒商品或服务。

2. 英国

英国法院体系有三个分支，分别为英格兰和威尔士法院体系、北爱尔兰法院体系和苏格兰法院体系，三个体系各自有不同的司法设置，但三个体系均以英国最高法院为统一的终审法院。北爱尔兰法院体系与英格兰和威尔士法院体系的法律制度相似。英格兰和威尔士法院体系如图 5-2-1 所示。

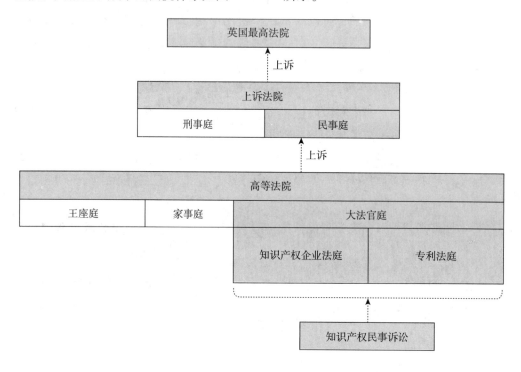

图 5-2-1 英格兰和威尔士法院体系❶

（1）民事救济

英格兰和威尔士法院体系的知识产权案件实行三审终审制度，但分为四级法院系统，分别为郡法院（County Court）、高等法院（High Court）、上诉法院（Court of

---

❶ 中国保护知识产权网. 司法救济［EB/OL］.（2022-06）［2023-11-07］. http：//ipr. mofcom. gov. cn/hwwq_2/zn/Europe/UK/J_remedy. html.

Appeal）和英国最高法院（Supreme Court），不过每级上诉均需上诉对象法院或本级审理法院的同意。高等法院分为王座庭（Queen's Bench Division）、家事庭（Family Division）和大法官庭（Chancery Division），大法官庭又下设知识产权企业法庭（Intellectual Property Enterprise Court，IPEC）和专利法庭（Patents Court，PC）。

知识产权企业法庭的特点包括：①为中小企业和个人提供解决知识产权，主要包括专利、商标、外观设计和版权纠纷的司法途径；②与适用于专利法庭和大法官庭的诉求相比，知识产权企业法庭负责处理用时较短、案情较简单、案值较低的诉讼请求；③知识产权企业法庭有独特的程序，包括多轨程序和小额索赔程序，并规定了涉案金额上限和讼费规则；多轨程序用于处理损害不高于 50 万英镑的案件，法院将根据争议的性质发出讼费令（costs order），上限不超过 5 万英镑。小额索赔程序适用于案值不超过 1 万英镑的案件，讼费令也受到严格限制。

专利法庭审理知识产权企业法庭不予受理的所有涉及专利、注册外观设计和植物品种权的案件，但知识产权企业法庭受理的案件除外（该法庭审理较短、较简单、价值较低的知识产权索赔），大部分与侵犯或撤销英国专利和欧洲专利有关。尽管专利法庭审理涉及所有技术领域的案件，但最常见的领域是制药、生物技术和电信。技术上最复杂的案件由两名拥有科学学位并在整个职业生涯中专门从事知识产权诉讼的法官审理。

与专利、注册外观设计、集成电路布图和植物新品种权有关的案件由上述两个法庭负责处理，与其他知识产权，包括注册商标、共同体商标（community trademark）、商业秘密和版权有关的案件可由大法官庭本身、知识产权企业法庭或设有大法官庭地区登记处（Chancery District Registry）的郡法院听证中心（County Court hearing centre）审理。

（2）刑事救济

英国的知识产权犯罪案件统一由皇家刑事法院（Crown Court）进行审理，主要涉及版权、商标、外观设计以及不正当竞争。

英国皇家检控署（CPS）、地方检察官、北爱尔兰检察署以及苏格兰皇家办公室和地方检察官服务署负责根据其诉讼经验起诉犯罪嫌疑人。其中，英国皇家检控署负责起诉已由英格兰和威尔士警方和其他调查组织调查的刑事案件。英国皇家检控署是独立的，其决定独立于警察和政府。

英国知识产权诉讼涉及的知识产权侵权犯罪有以下四种。

第一，版权。制作、处理侵权物品，非法制作、处理或使用录音，非法制作、销售、进口用于规避技术措施设备或服务等，非法接收广播节目，制作、销售、进口、公开宣传非法解码器等。

第二，商标。为了自己、他人获利或对他人造成损失，未经权利人同意，在产品包装上使用与注册商标相同的商标或可能导致混淆的相似商标等。

第三，外观设计。未经许可，为了生产经营目的制作、提供、上市、使用、进出口或为了上述目的存储注册外观设计产品。

第四，不正当竞争。制作或供应用于欺诈的物品、持有用于欺诈或与欺诈相关的任何物品。

3. 德国

德国的法院系统分为宪法法院、普通法院、劳动法院、行政法院、社会法院和财政法院共六个系统。其中，普通法院系统负责民事诉讼和刑事案件。普通法院系统分为地方法院、州中级法院、州高级法院、联邦最高法院四个级别。普通法院系统的诉讼制度采取三审终审制。地方法院既可以作为一审法院，也可以作为二审法院。

（1）民事救济

第一，法院级别管辖。知识产权侵权纠纷的一审案件（除了著作权纠纷）由各个地方法院负责，侵权诉讼由州中级法院进行一审之后，当事人不服判决的，可以向州高级法院提起上诉进行二审。作为二审的救济手段，当事人还可以向德国联邦最高法院提出再审。

第二，专利法院。德国设有专门的专利法院，不服德国专利商标局的法律事务部的审理的，可以向德国联邦专利法院提起申诉。德国联邦专利法院负责专利无效、异议等案件的审理，其由技术委员和法务委员组成，以保证其专业性，分为申诉判决委员会和无效判决委员会。申诉判决委员会主要负责因专利申请驳回、不许可专利等提起的申诉。无效判决委员会主要负责因专利无效异议、强制许可等提起的申诉。不服专利法院的判决的，可以向德国联邦最高法院提起上诉。

（2）刑事救济

在德国，所有刑事案件的预备程序均由检察机关负责和掌控，知识产权刑事诉讼也如此。知识产权案件主要通过四种方式提交给检察院，分别是海关总署的边境执法、知识产权人的刑事起诉、产品购买者的刑事起诉、警方调查。企业可以选择多途径启动对侵权人刑事责任的追究。

4. 日本

日本的知识产权保护途径主要是通过民事诉讼和刑事诉讼两种途径来进行。日本法院采取四级三审制度。即地方法院为一审法院，各地方的高等法院和东京的知识产权高等法院为二审法院，最高法院为三审法院。一审、二审是实体审，最高法院的三审只是法律审。

（1）民事救济

在日本，知识产权民事诉讼程序中，知识产权人可以通过禁令（包括诉前禁令和永久禁令）、损害赔偿、销毁侵权产品、恢复商业信誉等措施获得救济。

在日本知识产权高等法院中，除了院长，还有法官、处理有关知识产权案件的法院调查官、法院书记员、法院事务员等。对应不同的案件，有时还有非专职的专门委员参与审理。

法院调查官主要负责对有关发明专利、实用新型专利等审理案件进行有关技术方面的调研。此外，遵照法官的命令，为了在口头辩论诉讼期间，明确诉讼案件的内容，法院调查官还可以对当事人进行询问。

专门委员则是在为了明确诉讼案件的内容或者为了诉讼审理能顺利进展，需要根据专业知识作出说明时，根据法院的决定参加案件的审理的相关专业人士，是由日本最高法院任命的非专职职员，被任命者是在各个专门技术领域具有渊博的专业知识的大学教授或公共机关的研究人员等。

（2）刑事救济

日本是世界上知识产权侵权犯罪刑罚最重的国家之一。具有成文刑法典的日本以及普通法系的多数国家及均采用散在型的立法模式，即在相应的保护知识产权的法规中设置具有独立罪名和法定刑的刑法规范，对侵权人可以同时适用监禁或罚款两种刑罚。❶

日本规定有侵犯商标、著作权和专利的犯罪罪名。对于这些侵权行为，企业可以通过检察院启动对其刑事责任的追究。

（三）仲裁/调解

企业在海外商事活动中遭遇涉及平等主体之间的知识产权纠纷时，最常用的救济途径是就该纠纷申请仲裁或邀请第三方居中调解。相较于司法救济、行政救济而言，仲裁、调解具有灵活性、周期短、保密性强、自主性高等的显著特点，更能满足纠纷双方的需求。因此，熟悉和掌握仲裁、调解程序对企业维权具有重要意义。

1. 知识产权仲裁❷

（1）仲裁的形式

仲裁分为强制仲裁和自愿仲裁，大部分仲裁都是自愿仲裁，即双方当事人在纠纷发生前或发生后同意将纠纷提交中立第三方进行类似法院审判并作出裁决的程序。

原则上，将纠纷提交仲裁的前提是有效的仲裁协议。仲裁协议可以是当事人之

---

❶ 智南针. 日本的知识产权司法保护制度是怎样的？［EB/OL］.（2012 - 12 - 15）［2023 - 11 - 07］. https://www. worldip. cn/index. php?m = content&c = index&a = show&catid = 54&id = 39.

❷ 中国保护知识产权网. 了解知识产权仲裁［EB/OL］.［2023 - 11 - 07］. http：//ipr. mofcom. gov. cn/hwwq_2/intro/intro/Arbitration/Arbitration. html.

间合同的一部分，比如仲裁条款，也可以是单独签订的一个仲裁合同。仲裁协议的形式多样，但具体要根据各国仲裁法来确定。仲裁协议可以约定需仲裁的事项、仲裁地、仲裁语言、仲裁员的选择、仲裁庭的组成、仲裁员需满足的条件、仲裁机构、仲裁程序适用的法律、仲裁实体法等。一般来说，有效的仲裁协议至少要约定或能够确定需仲裁的事项和仲裁机构。

（2）仲裁的效力

符合各国仲裁法作出的仲裁裁决均具有强制执行力，一方不履行仲裁裁决的，另一方可以请求法院强制执行。由于知识产权纠纷包括权利归属纠纷、侵权纠纷、合同纠纷、权利有效性纠纷等，各国法律规定允许仲裁的纠纷类型也不尽相同。一般来说，合同纠纷由于多涉及当事人能够自主决定的财产性事项，各国多准许仲裁，而知识产权有效性纠纷因为涉及国家权力，仲裁裁决可能与政府机关或司法机构的裁决产生冲突，大多不允许仲裁。

另外，根据相关的国际公约，仲裁裁决在其他国家也都能得到承认与执行。

（3）仲裁的优点

与向法院提起诉讼相比，仲裁有以下六点优势。

第一，仲裁具有灵活性。各国一般规定当事人可以自主选择仲裁地、仲裁机构/仲裁员、仲裁语言、仲裁规则和准据法等。

第二，仲裁具有专业性、针对性，有利于实现公正。知识产权纠纷尤其是专利权纠纷多涉及复杂的专业技术，当事人可以自主选择具备丰富经验和专业知识的仲裁员以及自己熟悉的仲裁规则和准据法等，更有利于实现双方的利益。

第三，仲裁的效率高。仲裁适用一裁终局制度，没有法院系统的上诉等救济途径，法院撤销仲裁裁决的理由一般也极为有限，而且仲裁程序相比法院程序较为简单，相应的耗费时间也有所减少。

第四，仲裁的执行力强。与法院判决相比，仲裁裁决一般由民间组织作出，在其他国家更容易得到承认与执行。另外，根据《承认与执行外国仲裁裁决纽约公约》，缔约国一方会承认与执行另一缔约国领土范围内作出的仲裁裁决。到目前为止，包括我国在内的150多个国家已经签署或加入该公约。

第五，仲裁有利于维护双方关系。仲裁的非官方性能够弱化当事人之间的矛盾和冲突，和谐的氛围更有利于纠纷的解决和双方的继续合作，特别适合国际商事纠纷的解决。

第六，仲裁的保密性强。除非经过当事人同意，仲裁程序和仲裁裁决一般都不公开，更利于保护双方当事人各自的个人信息、商业秘密甚至声誉。

（4）仲裁的程序

仲裁程序规则可以由双方当事人选择，当事人没有确定的，一般使用仲裁机构的仲裁规则。各个仲裁机构一般都有其仲裁规则，规定其仲裁程序，其仲裁规则均要受到国家仲裁法律的规制。仲裁一般程序如图5-2-2所示。

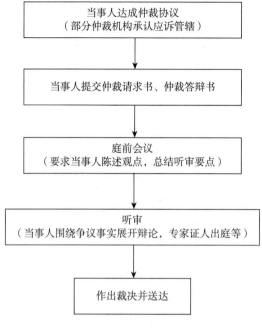

当事人达成仲裁协议
（部分仲裁机构承认应诉管辖）

当事人提交仲裁请求书、仲裁答辩书

庭前会议
（要求当事人陈述观点，总结听审要点）

听审
（当事人围绕争议事实展开辩论，专家证人出庭等）

作出裁决并送达

图5-2-2 仲裁一般程序

（5）仲裁的法律依据

仲裁的实体法规则可以由双方当事人事先约定，当事人事先没有约定的可以协商选择，协商不成的，仲裁庭可能会按照其仲裁机构仲裁规则规定的最密切联系地、冲突法等原则确定。

2. 知识产权调解❶

（1）调解的形式

调解是指由中立第三方居中调解，协助纠纷双方达成和解的纠纷解决方式。调解最重要的是尊重当事人的意愿，包括自愿开始调解、自愿继续调解程序和自愿接受和解协议，当事人不同意的，可以随时结束调解。自愿调解可能存在于法院、行政机构、仲裁机构的程序中，越来越多的官方纠纷解决程序中开始引入调解来解决纠纷。

某些法院或行政机构可能附设强制调解，在法院程序或行政机构程序开始前或过程中由法院或行政机构居中依职权进行调解，即便当事人不同意启动调解。但是当事人坚持不配合调解或不同意和解的，仍应继续进行法院程序或行政机构程序。

---

❶ 中国保护知识产权网. 了解知识产权调解［EB/OL］.［2023-11-07］. http：//ipr. mofcom. gov. cn/hwwq_2/intro/intro/Mediation/Mediation. html.

（2）调解的效力

和解协议的法律效力可能根据中立第三方的地位和各国法律规定的不同而不同。大部分和解协议仅具有一般民商事合同的效力，不能直接请求司法机关强制执行。但是，根据各国法律制度的安排，由法院根据调解结果制作的调解书或判决书、仲裁机构根据调解结果制作的仲裁裁决书等法律文书可能具有直接的法律强制执行力。

（3）调解的优点

调解的优点主要体现为以下七个方面。

第一，调解的时间短，效率高。调解没有法定的时间和程序限制，成本相对少。

第二，调解有利于纠纷的彻底解决和维护纠纷双方的关系。通过诉讼、仲裁等方式解决纠纷的，最终的结果是第三方确定的，很难得到纠纷双方的同时认同，而调解结果必须是双方当事人都同意的结果，在了解对方利益需求的情况下进行一定的自愿妥协，有利于维护甚至增强纠纷双方的关系。

第三，整个调解过程完全自主。调解程序的进行和调解结果的确定是纠纷双方在中立第三方协助下进行的，纠纷双方能够控制整个程序以及最终的结果，避免了诉讼和仲裁等程序可能出现的不利于自己的裁判的情况。

第四，调解的保密性强。调解程序的进行和调解结果一般都不公开进行，即便是法院根据调解结果制作的调解书或判决书一般也不公开。

第五，调解结果的执行率高。调解结果是纠纷双方均同意的结果，因此更容易得到当事方的执行。

第六，调解的成本较低。相较于仲裁而言，调解不需要支付高额的仲裁费用，对于中小企业维权来说更具有经济上的可行性。

第七，调解的适用范围更广。任何纠纷都可以用调解解决。

（4）调解的法律依据

调解没有法定的严格程序，也无需仅仅按照僵硬的法律规则确定双方的权利义务，调解主要考量的是双方的利益、双方未来关系的发展、纠纷解决的紧迫性、双方的实力和态度等因素，道德、惯例、法律等也是考量的因素。当然，有些规范的中立调解机构也设有调解规则，同意该调解机构调解的当事人应当遵守。另外，国家立法对和解协议作为一般合同的有效性判断也有相应的规则。

四、帮助指引

部分国内涉外知识产权法律服务机构、海外知识产权法律服务机构及海外知识产权纠纷仲裁、调解机构详见第七章介绍。

第三节　海外展会知识产权风险应对

一、海外展会相关知识产权规则

企业在海外展会上的知识产权风险主要集中在专利、商标和著作权上，多表现为产品侵权和参展使用的材料侵权，也存在自身产品被仿冒的风险。因此，企业在海外参展前应充分了解会展地的知识产权保护环境、准备合法有效的知识产权权属证明、收集参展竞争对手可能侵犯己方知识产权的证据，并且分析参展产品的知识产权风险。另外，还要制定一套海外参展的知识产权应急预案。下面以德国、美国、法国为例介绍其展会的知识产权规则。

（一）德国展会涉及的主要知识产权规制措施

1. 海关扣押

（1）海关扣押地点

海关执法不以地域为限，而以货物是否来自国外为准。因此，其扣押地点可以是边境口岸（海港、航空港等）以及国际展会等。德国海关对涉嫌侵权的展品予以扣押是常用的知识产权保护措施。

（2）海关扣押方式

海关扣押方式主要包括：①权利人向海关备案登记其知识产权以申请海关保护后，在展会前或展会中向海关申请扣押涉嫌侵权的货物；②在权利人预先提供了财产保全的情况下，海关可在其申请前或在申请获得批准前扣押展品；③在权利人已申请了海关保护，其知识产权有效（无权属纠纷、权利在有效存续期内），且在海关怀疑侵权时，海关可自行决定扣押有重大侵权嫌疑的货物。

（3）异议

展品被海关扣押后，被扣押人认为其展品不构成侵权时应在 10 天以内，以书面形式表明不同意销毁涉嫌侵权的产品。10 天以后，权利人可通过民事救济途径，申请临时禁令或者提起民事诉讼；如被扣押人不提出异议，经权利人申请展品则被销毁；被扣押人也可和权利人进行谈判，经权利人同意，被扣押展品可获释。

2. 临时禁令

临时禁令，又称诉前禁令，是德国法律对权利人提供的一种临时性的救济措施。

它是一种为避免申请人因拖延决定而无法弥补损失的措施。法院根据权利人申请而自由裁量签发的禁止涉嫌侵权产品参展的强制令，以提供及时有效的法律保护。临时禁令适用的门槛较低，申请时不用缴纳担保押金，没有起诉要求，也无需审理，法院可快速作出裁定，是德国企业在展会上常用的武器。

（1）临时禁令申请条件和所需材料

权利人在符合下列三种条件的情况下可申请临时禁令：①情况紧急；②临时禁令的签发可避免更大的损失；③禁令的签发可避免侵权范围扩大等。权利人申请临时禁令应提供：相关权利证书及可信凭证、被申请人侵权产品的实物、照片、广告和视频等、情况紧急的说明。

（2）临时禁令签发条件

法院在符合以下情况时可签发临时禁令：技术简单、相关权利在德国是有效的、显而易见的侵权、案件情况紧急、权利受到侵害或有受到侵害的风险。

（3）临时禁令签发结果

法院在收到临时禁令申请后，给予被申请人参加口审的机会。在情况紧时可不进行口审，就在一两天内，甚至是当天就作出签发临时禁令的裁定。在签发临时禁令后，被申请人应立即停止侵权行为和撤展，且法院查封和扣押展品。

（4）临时禁令异议

被申请人如认为其不构成侵权，可以对临时禁令提出异议，法院则开庭作出判决。如果对判决结果不服，双方当事人均可提起上诉。被申请人也可向法院提出申请，要求申请人在一定期限内提起知识产权侵权诉讼，否则可申请撤销临时禁令。如果申请人启动知识产权侵权诉讼，临时禁令程序则被正式的诉讼程序吸收。但临时禁令未解除前，不影响其执行。

（5）临时禁令的内容

临时禁令一般包括以下：①要求停止侵权，比如停止展出侵权展品，撤下相关宣传资料、海报和广告等，停止侵权产品的销售并召回已经投放市场的产品；②要求披露相关信息，例如，产品来源，推销渠道，生产、订购、销售数量，可以为以后索要损害赔偿做准备。有时，申请人还会申请查封和扣押侵权产品，被申请人会被要求将侵权产品交给强制执行人。

3. 警察扣押

警察扣押通常发生于展会期间。执行条件为：合理的初步怀疑、存在故意的知识产权侵权行为、权利是有效的。警察扣押有 3 个月的异议或上诉期限。警察扣押的后续程序是刑事诉讼，法律效果是结案或确定赔偿金。

4. 刑事执法措施

德国的知识产权法律中有相应的刑事处罚，根据行为的性质可能对行为人处以

3～5年的有期徒刑。由于刑事处罚的严厉性，许多权利人偏好刑事举报，但实际上真正进入刑事程序的非常少。刑事调查往往会因情节轻微而自动结案，检察官也会放弃刑事检控。通常权利人提起刑事诉讼的目的是对展品进行搜查或没收。

（二）美国展会涉及的主要知识产权规制措施❶

1. 337 调查

根据337条款规定，如果外国企业出口到美国的产品侵害了美国有效的知识产权，该权利人可向 USITC 提出调查申请，并要求 USITC 采取相关救济措施。USITC 经过调查核实后，可颁发强制排除令或禁止令，由海关采取相应措施扣押侵权产品，即建议美国海关阻止侵权产品进入美国或针对已进口到美国的侵权产品，要求企业或个人停止销售、广告宣传、市场开发等行为。由于申请337调查的门槛并不高，美国企业往往在国际会展中利用337条款规定对参展产品提起侵权调查。

337调查的法律效力主要包括四个方面：①USITC 针对展会的337调查，其裁决结果由美国海关自动执行，可扣押侵权产品或禁止侵权产品进入美国；②由于USITC 给予的救济方式仅包括禁令，而不包括损害赔偿，因此申请人在提起337调查申请的同时向法院提起损害赔偿的侵权诉讼；③337调查一旦启动，应诉方不参加诉讼则自动败诉，自动导致其产品被驱逐出美国市场；④被申请人在337调查过程中可以提出反请求，反请求可能被移交到地区法院。

2. 海关执法

美国海关执法可分以下四种情况分别对待：①权利人可将其商标和版权在海关先备案，但与德国海关不同的是，美国海关在检查进口物品时可以自行认定相关物品是否侵权并决定禁止进口或扣押；②没有备案的美国联邦注册商标和版权，海关也可以根据相关法律处置其仿冒商品；如果未得到权利人的书面许可，被扣押后的侵权物品将被没收并销毁；③专利权无海关备案程序，但海关会依据排除令阻止专利侵权产品入境；④对于涉嫌商标或版权犯罪的物品，美国移民与海关执法局有权扣押，相关刑事程序由美国司法部在侵权行为地的联邦检察官启动。

中国企业赴美参展的物品如果被认定涉嫌侵权，有可能在入境时被海关截留，导致无法参展。对于已进入美国的侵权展品，可能被禁止展出。因此，中国企业在赴美参展时应避免涉及知识产权侵权问题，包括在展品中避免涉及如仿冒品、侵权物品等。组织参展的单位应严格审查展品，各参展企业应提前自查，对展品进行相关知识产权检索，针对敏感产品准备相关权利证书及相关认证。

---

❶ 王磊，高瑞鑫，等. 美国展会相关知识产权规则 ［EB/OL］.（2015 - 01 - 08）［2023 - 11 - 07］. https：// www. worldip. cn/index. php?m = content&c = index&a = show&catid = 69&id = 476.

3. 临时禁令

美国的临时限制令和初步禁令均是在法院尚未对案件实体问题作出判决前的救济措施，可统称为"临时禁令"。临时限制令适用于诉前，初步禁令适用于起诉后判决前。两者获准均需法院评估以下四项因素：①申请人实体胜诉的可能性；②如果拒绝发布禁令，申请人是否会遭受不可弥补的损害；③申请人的损害是否大于被申请人因签发禁令而遭受的损害；④是否影响公共利益。如果对这四项因素评估的结果显示有利于申请人，法官可能在当天就颁发临时禁令。

关于临时禁令的法律效力及异议。法院签发临时限制令前会通知被申请人，否则申请人必须继续申请初步禁令。法院对初步禁令申请进行听证后，决定临时禁令的撤销还是发布。若申请人没有继续申请初步禁令或起诉，法院则撤销临时限制令。法院在单方签发临时限制令 2 天或规定的更短时间后，被申请人可申请撤销或变更临时限制令，法院将尽快组织听证并作出裁决。初步禁令与临时限制令不同，必须通知被申请人，且经过庭审程序。申请人申请初步禁令时须提供担保，若被申请人提供了反担保，可不实行禁令。被申请人对于初步禁令可提出上诉。

4. 扣押涉案物品或人员

在民事诉讼开始或进行过程中，为了保证证据不会灭失或转移，或申请人胜诉的判决得以顺利执行，法院可以采取相应的措施，如扣押物品、冻结账户、拘留涉案人员等，具体类型由法院所在地的州法律所规定。类似于我国法律中的证据保全或财产保全措施，但范围更广。美国的州法院审理的案件可以在诉前执行扣押涉案物品等上述措施，但美国联邦法院审理的案件必须在诉讼提起后才能执行。

5. 刑事执法措施

对于涉嫌犯罪的知识产权侵权行为，权利人可向美国联邦调查局举报，由其展开调查。调查完毕后，由美国联邦检察官办公室决定是否提起公诉。与其他国家类似，刑事措施在实践中很少采用。

（三）法国展会涉及的主要知识产权规制措施

1. 海关扣押

法国海关扣押措施可由权利人申请或海关依职权执行。如果海关事先向检察官通告其干预，海关可以对展会上侵犯商标权、著作权及邻接权或注册的外观设计产品进行没收。

（1）由权利人申请扣押

如果海关人员发现涉嫌的物品是假冒的，最多可将物品扣留 10 个工作日，并通知权利人同时向其披露有限的信息，以便权利人确定商品是否属假冒。权利人可以在海关扣留货物的 10 日内向法院起诉，否则海关会将货物归还。

（2）海关依职权扣押

海关依职权没收明显是假冒的货物时，不需要权利人提起诉讼。海关会通知权利人及检察官，权利人可在接到通知起 3 日内向海关申报权利，否则海关会归还货物。如果产品明显是假冒的，并且没收的数量非常有限，则海关可以主动销毁这些产品。

2. 调查取证程序

调查取证程序是在民事或刑事程序开始前，权利人向法院申请收集侵权证据，请求法院授权其在可能发现侵权商品的展会上进行调查的程序。该程序只能在展会前申请。作为收集侵权证据最快捷的方式，在法国展会上经常会有调查取证程序的要求。

（1）申请执行的条件

紧急且理由充分（所谓紧急即双方当事人没有就同样的事项讨论过，或者申请人知道该事项分别不超过 6 个月或 9 个月，并且理由要充分，即提供可靠证据）。申请人必须提供拥有相关知识产权权属的证据。

（2）法律效力

申请人向法院申请后通常会在 1～2 天内颁发令状。令状的执行范围以令状的内容为限，可将涉嫌侵权的产品从展会中清除出去，并可扣押部分或全部产品。后续诉讼程序必须在"调查"开展后的 20 个工作日内或 31 天内（以较长的为准）提出，否则"调查"就会失效，可能会要求申请人对损害承担赔偿责任。涉及著作权时，如权利人能证明展会可能使其受到不可挽回的损失，可单方面向法官司请求中止展会。

3. 临时禁令及没收

法国的临时禁令措施分为紧急审理程序和依申请作出裁定的程序。两者都是由权利人向法院提出申请，紧急审理程序要求被申请人到场或对其传唤，进行对席审理后，再由法官作出临时性裁定。依申请作出裁定的程序不需被申请人到场答辩，法官就可作出裁定。

（1）申请时间

向法院申请临时禁令必须是展会开始之前。申请人对侵权行为的态度应及时表现出来，如果自知道侵权行为之日起 6 个月内不主张，其后提出的临时禁令申请就可能被驳回。

（2）执行条件

法院受理的此类案件的执行条件包括：①紧急性，就是要有证据证明由于常规审理程序诉讼周期过长，可能给权利人带来不可挽回的损失，必须采取临时禁令措施；②理由充分，能提供对侵权行为作出迅速评估的最基本的证据；③明确性，要求申请人和被申请人的权利义务关系比较明确。相对前两者，法国的民事诉讼更强调明确性以有利于法院作出裁定；④在依申请裁定的程序中，要求法院必须立刻作出事先不能让被申请人知晓的结果。

（3）法律效力

针对会展侵权，法院作出颁布禁令的裁定，同时可没收侵权物品，将同时进行行为保全和证据保全。

二、如何应对临时禁令风险

（一）提交保护函

在参展前及时向参展地的管辖法院提交保护函是预防临时禁令的最好办法。在准备参展时，先行预测哪些权利人可能在展会期间向法院申请临时禁令，并在展会开始前，用书面方式事先反驳对方的临时禁令申请，包括可能纠纷涉及的双方当事人、可能纠纷涉及的专利、不适合颁布临时禁令的理由，例如案件不具备紧急性、案件技术复杂、涉及的专利无效或参展产品不侵权等。

保护函可使用文件和图片等支持，并提交到参展地管辖法院。一旦管辖法院对保护函进行登记，权利人在该法院提出临时禁令申请时，法官会首先查阅是否有相关的保护函，而不会单凭权利人片面之词下达临时禁令。参展商要重视保护函的提交和提交时间，避免提交不及时造成保护函没有发挥作用。当然也存在提交了保护函，法院经权衡后依然认为需要颁发临时禁令的情况。一旦遭遇临时禁令，参展人员不可暴力对抗执法人员，最好先配合执行临时禁令，以避免执法人员进一步采取拘留展会人员等刑事措施。

（二）参展商认可侵权的处理方式

如果参展商认可侵权行为，可与权利人取得联系，争取达成庭外和解，获得授权，避免权利人之后进一步提起诉讼。因为如果参展商最终被法院判定构成侵权，赔偿金和诉讼费将是一笔很大的支出。如果对临时禁令的具体内容有异议，包括权利人的专利保护范围不合理、标的值过高等，可向法院提出主张，法院会予以开庭，给予参展商申辩的机会。当收到停止侵权声明时，企业最好先与自己的律师沟通，咨询律师的意见，谨慎签署声明，因为通常声明内容会让参展企业承担很大的责任。如果签署了停止侵权声明，权利人则不会再提起诉讼。同时，参展商及时签署停止侵权声明后可向法院主张权利人承担临时禁令的费用，让法院认可权利人要求临时禁令是多余的。

（三）参展商不认可侵权的处理方式

如果参展商不认可临时禁令，应第一时间向法院提出异议，要求对方限期之内提起诉讼。例如，根据德国法律规定，参展方提出异议后，法院必须开庭审理，听取双方意见，如果权利人在期限内没有提出诉讼，参展商可以要求法院取消临时禁令。如果法院因权利人没有及时提出诉讼而取消临时禁令，或者经过诉讼判定临时禁令无效，那么参展商有权要求损害赔偿，包括由于执行临时禁令而产生的损失，例如，停止生产、停止供货造成的损失，以及必要的、为修改广告而产生的费用。❶要注意的是，临时禁令的实施不会因提出异议而阻挡，临时禁令最终的判决结果也要在几周或几个月后才能作出，所以遭遇临时禁令会不可避免地影响展会的后续参展。但如果不提出异议，临时禁令将长期有效，并且参展商也会失去获得损害赔偿的权利。❷

三、如何保护自身知识产权

（一）开展分析评议

参展中，当发现有参展产品涉嫌侵犯自身知识产权时，应立即保留好证据，并确认自身知识产权的有效性和稳定性。根据收集的证据材料，自主或委托专业咨询机构、律师对构成侵权的可能性进行分析评议。涉及专利侵权的，企业应将对方参展产品的技术特征或参数与己方专利的权利要求进行对比，依据对比结果选择维权策略。

（二）准备相关材料

视侵权情况，参展企业应及时整理相关材料，包括：①请求（起诉）书、侵权人主体信息、侵权行为的描述、诉求等；②证明自身享有知识产权的证据；③对方实施侵权证据，如侵权产品实物或样品、销售记录、销售发票、侵权产品广告、网

---

❶ 朱美婷. 在德国参展常见的知识产权问题"警告函"和"临时禁令"的应对措施［J］. 进出口经理人，2006（2）：62－64.

❷ 纪圆圆. 德国展会的知识产权侵权执法措施与应对策略［J］. 中国发明与专利，2020，17（11）：91－97.

络信息、证人证言等；④参展企业营业执照复印件；⑤注明授权权限的授权委托书等。

对涉嫌侵权的展品可以通过拍照、索取产品宣传册或者购买等方式来固定证据，必要时还可通过公证方式保全证据。对无法取得的证据可申请诉前证据保全，为将来提起诉讼做准备。鉴于不同国家的证据制度存在差异，我国企业在取证时一定要符合展会所在国的法律，最好委托有资质的专业律师予以处理，避免证据被认定为无效而无法在诉讼中被采信。

（三）寻找渠道和采取措施

参展企业可通过展会举办方设立的知识产权投诉部门、展会举办地的知识产权行政和司法部门采取维权措施。

1. 发警告信

指出对方存在的侵权事实，要求停止侵权行为并赔偿损失。

2. 沟通协商

以口头或书面形式就对方侵权问题进行沟通，协商解决办法，达成一致的，应订立书面协议。

3. 申请执法

依据展会举办地相关法律法规向有关部门提出诸如扣押和没收产品的执法申请。

4. 申请禁令

依据当地法律向法院提出申请诸如颁发临时禁令等措施规制。

5. 提起诉讼

凭借侵权证据和知识产权凭证，向法院提起诉讼，请求保护自身权利。

四、如何避免侵权

针对参展中可能侵犯他人知识产权或被他人侵犯的风险，展前可采取海关备案、获取知识产权、开展规避设计和协商谈判、攻防布控、收集侵权证据和联合参展等多种防范规避措施。

（一）海关备案

目前大部分国家实行知识产权海关保护制度，海关可根据权利人的海关备案对过境侵权产品采取强制扣押等措施。参展企业一方面应查询与参展产品关联度较大的知识产权是否已在参展地海关进行备案，提前进行风险布控；另一方面应将自身在参展地获得的知识产权进行海关备案，以阻击竞争对手。

（二）获取保护

由于知识产权具有地域性，只有在参展地申请获权才能受到当地法律的保护。因此，企业在参展前，应确保自身的知识产权在当地获得保护。一方面可防止企业产品被低成本模仿，另一方面可防止他人反以权利人的身份指控自己侵权。具体措施包括：①涉及创新技术的，及时申请专利；②涉及商标的，及时申请注册；③涉及著作权的，应根据参展地和我国缔结的国际协定分析国内的作品在当地如何获得保护，进而采取相应保护措施。

（三）规避与协商

通过知识产权分析评议，如果自身产品在参展地有较高知识产权侵权风险，可以考虑采用规避设计绕过对方的知识产权藩篱。例如，提前修改产品技术方案或更换商标标识等，尽力避免落入他人权利保护范围。如果是在临展前才发现准备好的参展产品、材料存在侵犯他人知识产权的情况，企业应及时与权利人进行协商谈判，力求获得知识产权许可，扫清参展前障碍。

（四）攻防布控

企业如果无法通过规避设计或协商谈判的方式化解风险，也可以采取一系列攻防布控措施提高对抗筹码。例如，对于专利风险，企业可以在参展前主动请求宣告风险专利无效，或针对他人专利的相关技术申请外围专利以求获得交叉许可。

（五）收集证据

企业参展前，可以对其他参展商涉嫌侵权的竞争性产品进行初步调查。例如，通过登录竞争对手网站等方式获取竞争对手可能参展的新产品信息，就其涉嫌侵权的产品作必要的对比分析，委托专业律师寄发警告信，预先阻止涉嫌侵权人参展。

（六）联合参展

企业可以通过组建联盟、加入行业协会等形式与相关的企业和机构联合参展，共同抵抗知识产权风险。

第四节　海外投资与合作知识产权风险应对

一、投资与合作前的风险及应对

（一）宏观环境风险

随着国内出现收购国外企业的浪潮，国际上出现了"中国崛起"等对国内企业负面的思维，中国企业的海外收购活动容易在舆论上处于不利地位。另外，被收购企业所在国对收购项目审查严格情况、经济对外开放的程度、被并购企业所在国对技术出口的限制程度，种种因素将从国家层面影响中国企业海外收购项目的推进。

（二）知识产权选择风险

收购目标知识产权需要有严密的知识产权保护体系，如一项技术只通过专利进行保护，而生产工艺、制作方法缺乏商业秘密的保护，将减少该项技术知识产权的价值。此外，收购目标知识产权的经济价值和战略价值若与收购方的商业目标、战略目标不符，也将造成收购失败。所以，知识产权选择存在一定风险。

（三）专业化管理风险

目前，我国企业在进行知识产权收购时多关注于知识产权法律层面上的转移问题，而对于收购目标企业与企业自身的知识产权匹配度、收购知识产权的管理，国内一些企业尚未达到专业化的知识产权管理水准。因此，管理水平的限制也为国内企业进行知识产权收购的推进带来风险。

二、投资与合作中的风险及应对

（一）权属瑕疵风险

目标知识产权权属情况需通过严密的程序调查才可明晰其中的真实情况。目标知识产权是否属于收购目标企业、目标知识产权的使用是否受到"关联专利"的制约、目标企业对知识产权是所有权还是使用权、目标企业是否存在虚报知识产权权属情况都将影响知识产权价值，从而为收购带来不确定风险。

（二）知识产权地域性特征风险

知识产权的地域性是指依据一国法律产生的知识产权仅在该国领域内有效，除非该国缔结了相关国际条约，否则没有域外效力。在企业海外收购中，通常涉及两个以上的国家，而知识产权的地域性将限制该知识产权在不同国家的有效性。

三、投资与合作后的风险及应对

（一）技术消化能力

即使企业通过海外收购获得了知识产权，但如果不能吸收且成功运用这些战略资产，就会缺乏整合收购目标知识产权与收购方现有资源的能力，无法提高知识产权与企业发展的匹配度，所收购的知识产权也将出现"水土不服"的情况，这就不是成功的收购。

（二）知识产权维持与稽查能力

专利、商标等知识产权需要通过缴纳年费维持其有效性，因此每年对知识产权维持的支出将成为公司财务的重要部分。通过海外收购知识产权将为收购企业带来数十项甚至上千项的知识产权费用支出，若不能及时放弃不必要的知识产权，企业将不堪知识产权维持费的重负。

第五节　国际化人才引进的知识产权问题

企业从海外引进高级技术人才后，可能因知识产权问题遭遇诉讼，也可能产生引入的人才因知识产权问题或创新能力与预期存在差距等原因不能很好地发挥作用。具体可能面临以下三个方面的知识产权问题。

一、知识产权和技术的信息不符

海外人才引进可能遇到人才声称拥有的知识产权或技术与实际情况不符的情况，例如，人才并不拥有知识产权权利，拥有的知识产权权利失效，引进技术并不是最先进的技术，以及技术领域与引进企业所需技术信息不符等。

二、人才使用受限问题

（一）竞业限制问题

一般来说，原雇主单位对人才离职后在同一领域或行业内工作存在限制性条款，主要涉及商业秘密和知识产权相关的保密事项。需要特别注意高级管理人员和高级技术人员与原雇主单位签订有竞业限制性协议。这类协议一般约定了竞业限制的范围、地域和期限，进而导致用人企业在引进人才时受限。

（二）知识产权归属问题

引进人才与原雇主单位签署过相关协议以规范后续知识产权归属，例如，拟引进人才离职后多长时间内的知识产权仍归原雇主单位所有等。

（三）知识产权的权利行使问题

知识产权权利归原雇主单位所有，或相关知识产权已经被许可、被转让或者被限制实施等，人才引进后无法使用。此外，还可能存在连带纠纷问题、利益不清问题等。

三、人才引进的对策

为避免上述问题以及给企业在后续经营中带来巨大的困扰。一般来说，企业在引进海外技术人才前和引进人才过程中应当做好以下三个方面的工作。

（一）人才引进前开展的知识产权工作

明确人才引进的需求及目标，运用知识产权挖掘合适的人才群体。

1. 人才来源分类

根据企业自身的发展战略和知识产权规划，检索相关领域技术现有状况、发展脉络和趋势，形成技术需求。确定哪类人才可以从企业自身满足该需求，哪类人才需从海外引进。

2. 确定备选人才群体

围绕引进人才需求，通过专利数据库在相关技术领域检索国内外主要专利权人、发明人、发明团队等，也可以直接检索海外知名企业、大学和科研机构的研究人员。

再结合市场信息、领域内其他信息等资源，形成引进人才备选群体。

3. 选择人才备选对象

确定人才备选群体后，企业需对人才的知识产权情况进行初步分析评议，排除明显不满足技术需求的人员或知识产权风险极高的人员，据此确定更为聚焦的人才备选对象。

4. 评议备选人才拥有的知识产权

在确定更为聚焦的人才备选对象后，应当对人才备选对象所拥有的自主知识产权真实性进行进一步评议。对备选人才拥有的知识产权的真实性、稳定性、可执行性和完整性进行审查，包括相关知识产权的最新法律状态、相关年费或续展费是否按时足额缴纳、相关知识产权的权利范围是否稳定等。

（二）人才引进过程中开展的知识产权工作

人才引进企业需要对人才引进知识产权事项进行明确约定，具体可包括：在人才引进合同中明确约定拟引进人才现有知识产权的使用规则和条件。附加相关声明，对是否存在技术转让和许可、侵犯原雇主的商业秘密和竞业限制条款等情况进行明确澄清和责任约定。对支付知识产权使用费、技术入股、期权等方式进行明确约定。

在人才引进合同中约定拟引进人才现有知识产权后续使用出现纠纷或诉讼的处理方式、违约责任等。约定拟引进人才后续产出知识产权的归属、使用奖励、报酬方式和相应比例等。

（三）人才引进后开展的知识产权工作

在完成人才引进后，对后续知识产权利益分配进行科学管理，有助于提升引进的人才对企业的认同度和融入度。科学管理措施具体包括：①在劳动合同中约定知识产权归属和利益分配原则；②明确界定职务发明的范围；③约定职务发明的奖励和报酬的比例和方式，例如现金奖励、技术入股比例、期权奖励等。❶

---

❶ 王静．基于海外知识产权管理体系的过程方法［J］．工业技术创新，2018，5（3）：15－20.

第六章　知识产权公共服务资源

第一节　知识产权公共服务平台

知识产权公共服务平台是国家知识产权局、各地方知识产权局为了更好地让公众了解、保护、实施知识产权，而设立的一个信息集成平台，主要是以线上方式对公众进行服务，在其官方网站上对用户想要了解知识产权相关的内容进行指引。根据平台的搭建主体，我国的公共服务平台可以分为国家知识产权公共服务平台、省级知识产权公共服务平台、地市区公共服务平台三类，平台网站的架构具有相似性，各地也根据自身情况开设了特色服务。

一、国家知识产权公共服务网

该平台是由国家知识产权局公共服务司负责搭建的信息平台，提供专利、商标、地理标志和集成电路布图设计等知识产权信息传播和知识产权申请、授权、注册、登记等信息的公布。该网站包括首页、网上办事、信息服务、行政许可、在线公益课堂、公共服务机构查询、服务事项通知、地方特色等八个板块，集成了公众在进行知识产权申请、管理、保护以及知识产权学习等领域所需要的信息和服务。首页提供网上办事、信息服务、行政许可、在线公益课堂、公共服务机构、服务事项通知、地方特色等七个板块的入口。

（一）网上办事

网上办事板块提供专利、商标、地理标志和集成电路布图设计的申请注册，包括：①提供专利申请的办事指南和专利业务办理系统的链接，通过链接进入专利业务办理系统，还可办理专利申请复审、专利权无效宣告、行政复议等事项；②提供商标申请办事指南和在线办理申请系统进入中国商标网的链接；③提供地理标志产品保护申请的办事指南及电子受理平台链接，以及作为集体商标、证明商标注册的地理标志网上申请的办事指南和进入中国商标网的链接。

（二）信息服务

信息服务板块提供以下四个方面的内容：①提供专利的公布公告、检索及分析系统，高校和科研机构存量专利盘活系统，中国及多国专利审查信息查询系统，外观设计专利检索公共服务系统，专利复审、无效审查信息查询，知识产权数据资源公共服务系统，专利代理师及专利代理机构查询，国家重点产业专利信息服务等平台，以及专利审查政策，国际专利分类表，专利审批程序，收费政策及标准，发明专利或实用新型专利的强制许可等内容；②提供商标查询、商标数据开放、商标注册审查决定文书、商标注册证明公示、商标异议决定文书、商标公告、商标评审文书的查询，以及知识产权数据资源公共服务系统的链接；③提供地理标志产品检索，专用标志使用企业检索，以集体商标、证明商标注册的地理标志检索，地理标志专用标志下载；④提供集成电路布图设计公告查询、集成电路布图设计收费政策及标准和相关表格下载等事项。

（三）行政许可

行政许可板块提供专利代理师资格认定、专利代理机构执业许可审批、专利代理机构执业许可事项变更审批、专利代理机构执业许可注销审批、律师事务所申请开办专利代理业务审批、外国专利代理机构申请在我国境内设立常驻机构审批，以及向外国申请专利的保密审查等内容的办事指南及在线办理。

（四）在线公益课堂

在线公益课堂板块包括中国知识产权远程教育系统和中国科学院知识服务平台。主要提供知识产权相关的各类在线学习课程，包括知识产权学科知识、知识产权培训视频等内容。内容覆盖范围广，涉及企业知识产权管理策略、专利文献基础知识、国内外现状与发展形势，更新频率也较高，用户可以在此学习系统、新颖的知识产权相关知识与政策。该课堂的内容基本可以满足不同行业、不同层次的知识产权从业人员的学习需求。

（五）公共服务机构

公共服务机构板块提供全国范围内的省级知识产权公共服务骨干节点、地级市综合性知识公共服务机构、直辖市区级综合性知识产权公共服务机构、全国范围内的技术与创新支持中心（TISC）、高校国家知识产权信息服务中心、国家知识产权信息公共服务备案网点、知识产权保护中心、知识产权快速维权中心、知识产权维权援助中心、专利审查协作中心、商标审查协作中心、综合受理窗口、商标业务受理窗口、全国专利文献服务网点，以及国家级专利信息传播利用基地等相关知识产权公共服务机构的职能和联系方式等信息。

（六）服务事项通知

服务事项板块主要提供和知识产权服务相关事项的通知、公告等，例如，各类相关的知识产权比赛通知、考试通知、全国性会议的举办、与知识产权相关的管理办法的公告等内容。

（七）地方特色

地方特色板块主要提供具有地特色的内容。例如：①江苏省主导行业专利数据库。包括电子、医药、化工、纺织、新材料、汽车等领域，以及制冷行业、船舶行业、生物医药、数控机床、新能源、生物芯片、医疗器械、智能电网、装备制造、节能环保、新一代信息技术、物联网与云计算等领域的专利数据库。②浙江知识产权在线。提供浙江省各类知识产权业务办理、知识产权交易、知识产权调解、行政裁决、维权援助的在线申请和办理、知识产权类案的公示和知识产权评议业务的办理，以及各类知识产权的检索、学习和在线咨询及公益培训等服务。③企业专利数据分析调研系统。该系统由中国（南通）知识产权保护中心提供，可以从专利申请趋势、技术趋势、发明授权率、专利保护现状、代理机构、撰写质量、竞争对手和专利技术布局等维度进行专利的数据分析。④重庆对手通。可以根据企业和发明人进行检索所需信息，同时提供与新型冠状病毒有关的专利数据库。⑤黄河流域知识产权大数据中心。主要提供黄河流经的青海省、四川省、甘肃省、宁夏回族自治区、内蒙古自治区、陕西省、山西省、河南省、山东省，以及新疆维吾尔自治区和西藏自治区相关知识产权的数据供检索使用。

二、各地区知识产权公共服务平台

各地区知识产权公共服务平台的网址可以从国家知识产权公共服务网中查询，其中，长三角地区建设有长三角知识产权信息公共服务平台。黄河流域建设有黄河流域知识产权大数据中心。各地区的知识产权公共服务平台与国家知识产权公共服务网类似，亦整合了各类数据资源、业务办理、维权援助、教育培训等内容。

以四川省知识产权公共服务平台为例。该平台是涵盖专利、商标、著作权等知识产权领域一站式便民利民的公共服务平台。整合了国家知识产权局专利局成都代办处、国家知识产权局商标局在四川的各个商标受理商口、国家知识产权局四川省专利信息服务中心、国家专利技术（四川）展示交易中心、国家知识产权国际合作基地（四川）、中国（四川）知识产权维权援助中心等国家和省级知识产权公共服务资源，提供知识产权申请受理和政务服务、知识产权信息检索与分析服务、知识产权大数据资源服务、知识产权维权援助服务、知识产权军民融合服务、知识产权运营及金融服务、知识产权创客服务、知识产权培训和咨询服务、知识产权动态监测管理、知识产权文化宣传和传播九大服务功能。

该平台由线下服务窗口与线上网站构成。线下服务提供包括知识产权申请受理和政务服务、知识产权信息服务、知识产权举报投诉维权援助、知识产权运营交易、知识产权大数据服务、知识产权培训与咨询和知识产权金融服务等服务。线上网站由"四川省知识产权公共服务平台"提供知识产权申请和政务在线申请办理、知识产权数据检索、知识产权信息在线服务、知识产权远程培训和教育等。❶

（一）知识产权申请受理和政务服务

知识产权申请受理和政务服务包括以下五种。

第一，国家知识产权局专利局委托开展的知识产权申请受理、费用收缴以及专利事务服务业务。提供专利申请受理、专利费用收缴、专利许可合同备案、专利权质押登记、通知书发文和远程票据递送、专利登记簿副本和批量法律状态证明办理、专利费减备案、优先审查受理、专利事务查询咨询等服务。

第二，国家知识产权局商标局委托开展的商标注册申请受理，注册商标专用权质权登记，商标变更、转让、续展、许可备案，马德里商标国际注册申请等业务。

第三，国防知识产权局委托开展的国防专利申请受理等业务。

第四，版权登记等受理业务。提供确权存证、作品登记、监测维权及版权资产管理研究咨询培训等专业服务。

第五，各省知识产权中心集中开展的专利代理师考务办理事务、专利资助受理业务等。

（二）知识产权大数据服务

引进了知识产权出版社专利、商标、版权、标准、地理标志等知识产权基础数据资源，搭建形成了知识产权公共服务平台检索分析系统，汇集了知识产权服务机构信息资源，知识产权教育培训文档视频资源，知识产权法规政策信息资源、知识产权判例资源，省知识产权专家、人才信息数据资源，用户可以在该平台网站的相应板块对上述资源进行检索。

（三）知识产权信息服务

包括网点导航，开展知识产权服务创新发展和高质量发展的研究和咨询工作，以及知识产权信息检索分析、产业导航和风险预警等专利信息分析服务，让用户可

---

❶ 四川省知识产权服务促进中心. 四川省知识产权公共服务平台简介［EB/OL］.（2022－01－20）［2023－11－07］. http：//scipspc. sc. gov. cn/zgpt/202201/t20220120_30337. html.

根据集成的信息对知识产权环境进行了解分析。

（四）知识产权维权援助服务

提供知识产权侵权分析、知识产权快速维权援助、知识产权海外维权援助服务。线上平台提供维权援助实务指引和在线援助申请，用户可以：①通过知识产权维权援助"12330"热线服务、知识产权口审庭、平台对接的知识产权快速维权援助中心、中国成都（家居鞋业）快速维权援助中心等进行国内维权援助申请；②获取知识产权海外维权援助的法规政策并请求定制化服务方案；③通过知识产权侵权假冒监测（专利声呐系统），监控假冒产品和专利的侵权预警。

（五）原创认证保护服务

用户可以通过平台进行原创认证保护，记录自己的创作过程、创作结果，在侵权现象发生时及时取证，该原创认证保护可以作为司法认可的有效电子证据，有效解决传统知识产权保护过程中存在的确权耗时长、维权举证难、维权效率低等问题。原创认证平台保护范围包括技术成果、版权、商标与商号、原产地、传统知识等保护。

（六）知识产权运营服务

平台提供的知识产权运营服务包括知识产权金融服务、专利权质押许可转让服务、专利产品和专利技术路演推介和展示服务。用户可以此桥梁进行转让交易、质押融资等。同时该平台为专利技术供需各方提供专利技术推介、专利产品发布、技术和资本对接，运作洽谈、信息支撑等服务。

（七）知识产权培训和咨询服务

平台设有培训和咨询服务系统，涵盖了线下教室、线上课堂、线上远程培训及会晤等系统。用户可以在此进入各地区知识产权局举办的远程培训等培训项目。

（八）知识产权文化宣传和传播

平台搭建有线上电子书吧，用户可以在此了解知识产权文化、政策和知识，创新活动动态资讯，技术发展热点，前沿技术研究成果，典型案例，企业可以通过参考这些信息，确定公司知识产权管理决策。

（九）知识产权信息发布和动态监测管理

线上网站提供各类知识产权公共服务平台门户网站、知识产权指标动态监测结果、知识产权相关信息和产业导航信息发布系统等。

第二节　知识产权保护维权机构

从 2007 年印发的《关于开展知识产权维权援助工作的指导意见》，到 2020 年印发的《关于进一步加强知识产权维权援助工作的指导意见》，其过程见证了我国知识产权保护维权机构的变革。目前，知识产权保护中心、快速维权中心、维权援助中心均可提供知识产权维权援助服务。截至 2023 年 8 月初，我国现有的知识产权维权援助机构包括知识产权保护中心 62 个、知识产权快速维权中心 35 个、知识产权维权援助中心 75 个。登录中国知识产权维权援助网，可对全国所有维权机构的服务内容、地址与联系方式查询并在线提交维权援助申请。

值得注意的是，2007 年印发的《关于开展知识产权维权援助工作的指导意见》中将知识产权保护维权援助对象明确为：①因经济困难，不能支付知识产权纠纷处理和诉讼费用的中国公民与法人；②遇到难以解决的知识产权事项或案件的中国公民、法人或其他组织。在 2020 年印发的《关于进一步加强知识产权维权援助工作的指导意见》中，其要求注重对"走出去"企业、民营企业、中小微企业、个体工商户等重点对象的维权援助。与此同时，公众通过有关网站向各维权机构线上提交维权援助申请时，仅需明确请求维权援助的事项，而不必提交经济情况证明等可以看出，我国在知识产权维权保护的范围有所扩张，企业可以合理利用该公共服务进行知识产权维权。

一、各地区知识产权保护中心

各地区知识产权保护中心成立的目的是完善知识产权协同保护机制，是由各地区市场监督管理局设立的公益组织。在一些地区，知识产权保护中心与公共服务平台共同构成了线下与线上结合的集成服务平台，以福建省泉州市知识产权保护中心为例，其也承担福建省泉州市公共服务平台功能。目前全国共有 62 个知识产权保护中心，为省、地级市、高新技术区的政府主体创办，维权领域也与当地的优势产业相关。

根据《知识产权保护中心管理办法（试行）》可以总结出知识产权保护中心的核心功能：专利快速审查、专利巡回口审、专利快速维权、协同保护机制、提升产业竞争力、专业人才队伍培养。但是大多数保护中心的线上平台功能除了专利等知识产权预审工作较为完善，其他领域还有待发展。

二、各地区知识产权快速维权中心

为了解决专利授权周期长、知识产权维权艰难和知识产权服务能力弱等问题，国家知识产权局设立了知识产权快速维权中心。此类机构多是围绕特色产业和创新能力强、知识产权纠纷普遍、知识产权保护诉求强的产业集聚区而建立，集专利申请、维权援助、调解执法、司法审判于一体的一站式综合服务平台，有效解决特定产业（如灯具、家纺等）的知识产权纠纷。根据产业集聚区发展需求，我国已先后设立了30多家快速维权中心。

三、各地区知识产权维权援助中心

各地区的知识产权局设立了知识产权维权援助中心，目前全国共有70余家。其职能以海内外知识产权维权援助为主，兼承担公共服务、行政审批等事务性工作，该机构由各地区知识产权保护中心的内设机构法律援助处演化而来，部分地区将其与信息服务中心、知识产权保护中心功能进行集成，如天津市和江苏省苏州市等。

四、知识产权海外维权及侵权责任保险机构

知识产权海外维权公共服务与侵权责任保险机构是海外知识产权保护体系的重要一环，知识产权海外维权公共服务集成于前述的公共服务平台或者知识产权维权援助中心，本部分主要介绍知识产权侵权责任保险。

（一）知识产权侵权责任保险内容

为了分担企业"走出去"海外知识产权侵权与被侵权风险，国内依据性质不同将知识产权保险分为知识产权执行保险与知识产权侵权责任保险。前者亦被称为"进攻型"保险、"追击"保险，其承保范围为被保险人起诉侵权人时所必须支出的诉讼费用；后者被称为"防御型"保险，承保范围为被保险人被他人起诉侵权时所须支出的应诉费用和被判承担赔偿责任时支付的赔偿金。

近几年，在我国一些企业走向海外市场时，由于对目标市场的知识产权环境评估不充分，或者不熟悉当地的法律法规，往往遭遇知识产权诉讼，承担动辄上百万元人民币的诉讼费、赔偿金以及惊人的法律费用，或者自身维权举步艰难。这种情况就需要知识产权侵权责任保险作为后盾。该责任险由保险公司为投保单位在海外经营中可能面临非因故意侵犯第三方知识产权而在承保区域内直接引起的侵权损害赔偿责任，以及为支付诉讼费等必要的费用提供保障。一旦投保企业收到第三方起

诉书，即可第一时间向保险公司报案，保险公司即刻启动理赔服务，并提供线上线下维权援助，如固定证据、指派律师等。知识产权侵权责任险保费一般在十万元至几十万元不等，根据企业实际营业额及承保区域调整保费系数。这样可以降低企业在海外侵权诉讼中承担高额赔偿的风险，为保障企业的正常经营和拓展海外业务提供支持。

（二）保险公司及政策

中国人民财产保险股份有限公司（以下简称"中国人保"）是知识产权海外侵权责任保险的先行者。2020 年 5 月，中国人保财险广州市分公司推出全国首单知识产权海外侵权责任险。同年 6 月，中国人保粤港澳大湾区知识产权保险中心发布了知识产权海外侵权责任保险服务体系。该体系由中国人保财险广东省分公司与多家第三方机构提供服务。❶ 2021 年 10 月，广州开发区成立了知识产权保险中心，建立健全企业的海外知识产权纠纷应对机制。中国人保宝鸡市分公司也开展了知识产权侵权责任险业务。

政策上，浙江省在知识产权保险方面走在前面。中国人保无锡市分公司也推出了知识产权海外侵权责任险，同时政府也给予补贴奖励等激励措施。《宁波市知识产权战略专项资金管理办法》也为知识产权海外侵权责任保险提供 80% 的保费补助，让出海企业没有后顾之忧。《广州市黄埔区　广州开发区　广州高新区知识产权专项资金扶持和管理办法》也提出，对提供知识产权海外侵权责任险业务的保险机构，按每单保费的 6% 给予扶持，每张保单最多扶持 30 万元。

第三节　知识产权担保机构

一、担保对象和范围

为了响应国家知识产权保护战略，激活知识产权的财产金融属性，帮助知识产权所有人融资，我国探索出了一种风险共担的知识产权质押融资模式。该模式以政府引导、风险共担、市场化运作方式实施，将风险分层，由政府、担保机构、银行按比例共同承担。在实践中，其具体的表现方式是知识产权所有人的知识产权经政府或市场评估作价后，担保机构为所有人提供担保用以银行贷款，政府为担保机构提供反担保，如果所有人到期无法偿还贷款，坏账的风险由该模式下的三个主体共

---

❶ 林岸. 知识产权海外侵权责任保险"C 位"出道［EB/OL］.（2022－08－08）［2023－07－11］. https：//www. 163. com/dy/article/HE8P1U380530IU8N. html.

同承担。为了更好地确保该种模式具有可行性，担保公司多为国有资本控股的政府性担保融资机构和商业保险机构。

在各地政府主导知识产权担保融资模式的背景下，担保机构的担保对象一般限定为各地辖区内的符合产业政策和发展方向的科技型企业，重点支持区级以上（含）的知识产权优势企业、贯标企业、试点示范企业及高新技术企业。

如果企业符合相应的要求，就可以按照如下五个步骤向担保机构提出担保请求并向银行融资：①提出融资需求，提交政府相关部门或政府指定机构进行审核；②企业提交拟质押专利相关资料由政府指定或银行、保险公司共同指定的专业专利评估机构出具正式价格评估报告；③企业向银行提交专利评估报告和贷款申请材料进行信贷审核；④银行和评估机构向保险机构移交评估报告资料进行投保审核；⑤办理贷款保证保险、专利质押、贷款合同、发放贷款。

从制度出现的初衷来看，知识产权的各类客体，如商标、著作权、专利权等财产权都可以作为质押物请求担保机构担保融资，但由于商标与著作权的财产价值评估机构的缺失、担保机构的运行情况等因素，各地知识产权担保机构接受的知识产权质押物多为专利。

二、国内知识产权担保机构

如前所述，国内知识产权担保机构主要由政府性融资担保机构和政府指定的商业保险公司组成。一般能够在各地区的知识产权公众服务平台、知识产权保护中心网站、知识产权局网站找到相应的机构名单。

（一）政府性融资担保机构

政府性融资担保机构是由政府及其授权机构出资并实际控股的融资担保、再担保机构，例如，北京中技知识产权融资担保有限公司、上海浦东科技融资担保有限公司等属于此类机构。担保机构的对象具有区域性，例如，四川省的政府性融资担保机构为成都中小企业融资担保有限责任公司，该公司以政策性担保、企业化管理、市场化运作的模式，为符合国家产业政策、有市场、有效益、讲信用的中小企业提供融资和非融资担保服务，知识产权担保是其在知识产权保护战略背景下开展的业务之一。

（二）商业保险公司

商业保险公司也是知识产权担保机构之一，例如，上海将中国人保作为能够为高科技企业提供担保的担保机构，四川将中国人保作为指定的知识产权担保机构。此外，商业保险公司本身可能也包括知识产权侵权责任险等相关知识产权险种，已经对知识产权质押、评估业务有充分的了解，企业可以通过保险公司的担保服务和责任保险服务充分发挥知识产权的金融属性。

第四节　知识产权信息公共服务机构

一、知识产权信息公共服务的主体与内容

（一）服务主体

《知识产权信息公共服务工作指引》指出，知识产权信息公共服务体系的主体是知识产权信息公共服务体系中的各类节点、网点。节点是各级知识产权管理部门所属的知识产权信息公共服务机构；国家级、省级和部分区域中心城市节点构成全国知识产权信息公共服务主干网络。主干网络在公共服务体系中是基础和支撑。网点是提供知识产权信息公共服务的社会化信息服务机构，包括技术与创新支持中心（TISC）、高校国家知识产权信息服务中心，以及其他高校、科研院所、科技情报机构、公共图书馆、产业园区生产力促进机构、行业组织、市场化服务机构网点等。布局合理、服务能力强的网点是主干网络与创新创业主体之间的中介和桥梁，也是公共服务终端。

（二）服务内容

服务内容是知识产权信息公共服务节点和网点能否有效发挥作用、社会公众和创新创业主体知识产权信息需求能否得到满足的关键。节点负责面向所在区域提供基础性的知识产权信息公共服务，辐射、支撑区域内服务网点。而网点则连接依托主干网络，主要面向社会公众、创新主体以及特定领域或特定行业提供基础性知识产权信息公共服务，强化知识产权信息公共服务供给。各节点和网点的服务内容分为两部分。

1. 基础服务

知识产权信息公共服务节点、网点保障基础性知识产权信息公共服务供给，根据自身基础和条件，向服务对象免费提供知识产权公益培训、基础性检索查询和分析、知识产权文献传递、信息咨询等基础服务。

2. 专业服务

低成本公共服务是公共服务供给的重要特点。在保证基础性公共服务的可及性和

服务质量的前提下，鼓励具备相应资质和服务能力的节点、网点提供低成本专业化公共服务，包括知识产权专业检索和分析、专题数据库建设、专利导航等。《知识产权信息公共服务工作指引》中规定的知识产权信息公共服务内容如表6-4-1所示。

表6-4-1　知识产权信息公共服务内容

服务类型	基础性公共服务	专业化服务
收费与否	免费提供	低成本提供
服务具体内容	①开展知识产权公益培训、公益讲座等宣传教育活动，普及知识产权基础知识和信息利用方法技能；②指导服务对象进行基础性知识产权信息检索、查询和分析；③通过节点、网点协作开展知识产权文献传递；④通过电话、网络、窗口等途径开展知识产权文献信息、信息分析利用相关咨询服务；⑤传播知识产权信息，推广公益性知识产权信息分析利用成果；⑥利用国家知识产权局等部门单位的知识产权公共服务资源，向创新主体和社会公众进行推广；⑦其他基础性服务	①专利、商标、地理标志等各类知识产权专业检索和分析服务；②面向特定技术领域创新需求，提供知识产权专题数据库建设服务；③面向政府部门、企事业单位、行业组织等各类主体，结合实际需求，开展区域规划、产业规划、企业经营、研发活动、人才管理等专利导航服务；④面向国家和地方重点产业、企业等市场主体开展专利预警服务；⑤为知识产权保护和运用，特别是确权、维权、交易、转化等提供知识产权信息服务支撑；⑥面向多层次、多样化知识产权信息服务需求，开发特色化知识产权信息应用工具；⑦其他专业化服务

二、知识产权信息公共服务节点

截至2023年11月，全国知识产权信息公共服务主干网络节点共58家机构。❶根据《知识产权信息公共服务工作指引》有关规定，国家级、省级、区域中心城市知识产权信息公共服务节点在服务重点上各有不同。各级知识产权信息公共服务节点机构的服务重点如表6-4-2所示。

---

❶　国家知识产权公共服务网. 知识产权信息公共服务主干网络节点 ［EB/OL］. ［2023-11-07］. http：// ggfw. cnipa. gov. cn：8010/PatentCMS_Center/template?t = systemNavigation&typeCode = 10202&cityCode = all&typeFrom = countrycenter.

表6-4-2　各级知识产权信息公共服务节点机构的服务重点

节点类型	服务重点
国家级知识产权信息公共服务节点	国家级知识产权信息公共服务节点主要承担全国性知识产权信息检索分析技能提升指导、公益培训、信息咨询等工作，积极参与知识产权信息基础分析工具开发等基础性工作
省级知识产权信息公共服务节点	省级知识产权信息公共服务节点主要在省（区、市）知识产权局支持下参与构建该地区知识产权信息公共服务体系，对地市级知识产权信息公共服务节点进行业务指导，参与地方特色化、差异化公共服务平台建设，聚焦区域重点产业，开发本地专题数据库，开展知识产权宏观数据统计、产业知识产权发展态势分析等，为地方政府决策提供基础数据分析支撑，协助省（区、市）知识产权局做好区域内知识产权公共服务资源的统筹工作。支持鼓励具备数据加工能力的省级知识产权信息公共服务节点参与国家重点行业领域知识产权数据加工等基础工作
区域中心城市知识产权信息公共服务节点	区域中心城市知识产权信息公共服务节点主要推动区域创新主体知识产权信息利用能力提升，加强知识产权政策宣传，协调区域内公共服务网点，根据地区需求提供个性化、特色化区域信息公共服务，推动知识产权信息公共服务便利化、普及化、精准化，促进知识产权信息与当地产业、科技、经济深度融合

三、知识产权信息公共服务网点

知识产权信息公共服务网点是指面向创新创业主体和社会公众开展知识产权信息公共服务的社会化信息服务机构，包括技术与创新支持中心、高校国家知识产权信息服务中心，以及高校、科研院所、公共图书馆、科技情报机构、行业组织、产业园区生产力促进机构以及相关市场化服务机构等，是全国知识产权公共服务体系的重要组成部分。其网点主要职责包括信息查询、信息检索、事务咨询、公益培训、政策宣传等基本信息服务。截至2023年年底，全国共有197家机构。❶

其中，我国技术与创新支持中心、高校国家知识产权信息服务中心按照其建设实施办法要求开展工作。其服务重点如表6-4-3所示。

---

❶　国家知识产权公共服务网. 国家知识产权信息公共服务备案网点［EB/OL］.［2023-11-07］. https：//www.gov.cn/lianbo/bumen/202312/content_6920095.htm.

表6－4－3　我国技术与创新支持中心与高校国家知识产权信息服务中心服务重点

网点类型	服务重点
技术与创新支持中心	主要提供查阅在线专利和非专利（科学技术）资源及知识产权相关出版物；协助检索和查询技术信息；提供数据库检索培训；按需检索（新颖性、现有技术和侵权等）；监控技术和竞争对手；工业产权法律、管理和战略以及技术商业化和营销等方面的基本信息
高校国家知识产权信息服务中心	高校国家知识产权信息服务中心发挥高校的信息资源和人才资源优势，为知识产权的创造、运用、保护、管理提供全流程服务；促进高校协同创新和科技成果转移转化，支撑国家创新驱动发展战略和知识产权强国建设

《知识产权信息公共服务工作指引》给出了不同类型的知识产权信息公共服务网点的服务重点，如表6－4－4所示。

表6－4－4　不同类型的知识产权信息公共服务网点的服务重点

网点类型	服务重点
高校类服务网点	①利用信息资源和人才资源优势，将知识产权信息公共服务纳入日常教学、科研管理；②面向高校师生开设知识产权信息利用课程，举办知识产权信息分析利用培训，增强高校师生知识产权意识，探索建立知识产权素养教育人才档案；③积极服务高校科技创新、学科建设、成果转化和人才培养，促进高校发挥创新源头作用；④有服务能力的高校网点可扩大服务范围，服务区域经济和产业发展；⑤发挥专业与学科优势，开展行业专利信息分析
科研院所、科技情报机构类服务网点	①将知识产权信息利用贯穿于该单位科技项目的立项、研发、产出成果等全流程，推动提升研发起点，促进研发成果形成高质量知识产权，助力研发成果转化；②在做好该单位服务的同时，鼓励支持有服务能力的科研院所、科技情报机构类网点扩大服务范围，积极服务地方经济和产业发展；③发挥专业与学科优势，开展行业专利信息分析
公共图书馆类服务网点	发挥场地资源齐备、受众广泛等优势，结合参考咨询等职能工作，开展知识产权信息咨询服务，通过举办展览、讲座、论坛、沙龙、公开课、阅读推广等活动，增强公众知识产权意识，推动知识产权基础知识传播
经济技术开发区、高新技术产业开发区、产业园区生产力促进机构类服务网点	发挥生产要素聚集优势，将知识产权信息公共服务深度融入园区技术转化、企业创新、产业发展。积极为园区内企业和服务机构搭建对接交流平台，推进产学研合作和整合创新资源

网点类型	服务重点
行业组织类服务网点	加强横向合作，发挥桥梁和纽带作用，将知识产权信息传播利用融入行业服务，建立行业专题数据库，重点面向成员（会员）单位开展信息利用培训、信息推送等服务
市场化服务机构类服务网点	推动知识产权信息传播利用与知识产权专业服务相融合，不断提升服务质量，满足服务对象多层次知识产权信息服务需求。鼓励支持市场化服务机构向社会免费或者低成本提供公益性信息服务

以上公共服务机构可在国家知识产权局公共服务网查询。以四川省为例，截至2024年1月19日共有43家知识产权公共服务机构，具体如表6-4-5所示。

表6-4-5　四川省知识产权公共服务机构

机构名称	机构名称	机构名称
专利审查协作四川中心	成都中医药大学	国家知识产权局商标业务青白江自贸区受理窗口
国家知识产权局四川业务受理窗口	中国（成都）知识产权保护中心	国家知识产权局商标业务广安受理窗口
中国成都（家居鞋业）知识产权快速维权中心	中国（四川）知识产权保护中心	国家知识产权局商标业务巴中受理窗口
中国（四川）知识产权维权援助中心	四川大学知识产权信息服务中心	国家知识产权局商标业务成都受理窗口
中国（成都）知识产权维权援助中心	成都理工大学知识产权信息服务中心	国家知识产权局商标业务达州受理窗口
成都市知识产权服务中心（成都市知识产权维权援助中心）	电子科技大学知识产权信息服务中心	国家知识产权局商标业务泸州受理窗口
中国（德阳）知识产权维权援助中心	西南石油大学知识产权信息服务中心	国家知识产权局商标业务绵阳受理窗口
电子科技大学技术与创新支持中心（TISC）	西南交通大学知识产权信息服务中心	国家知识产权局商标业务宜宾受理窗口
四川省知识产权发展研究中心技术与创新支持中心（TISC）	西南石油大学知识产权信息服务中心	国家知识产权局商标业务南充受理窗口

机构名称	机构名称	机构名称
行之知识产权服务集团有限公司技术与创新支持中心（TISC）	专利信息传播利用（四川）基地	国家知识产权局商标业务雅安受理窗口
中国科学院成都文献情报中心技术与创新支持中心（TISC）	四川川大科技园发展有限公司	国家知识产权局商标业务德阳受理窗口
西南科技大学技术与创新支持中心（TISC）	成都双新孵化器管理有限公司	国家知识产权局商标业务南充受理窗口
宜宾市知识产权服务促进中心	泸州市知识产权服务中心	国家知识产权局商标业务攀枝花受理窗口
德阳市知识产权服务中心	四川天府新区知识产权协会	—
绵阳市知识产权促进服务中心	国家知识产以局商标业务眉山受理窗口	—

第七章　知识产权社会服务机构

第一节　知识产权代理及咨询服务机构

一、国内知识产权代理机构

知识产权业务的代理机构可以在国家知识产权公共服务网站的代理查询板块查询。其中，专利代理管理系统可查询专利代理机构、专利代理师、年度报告公示、经营异常名单公示、严重违法名单公示；商标备案代理机构系统可查询商标申请代理机构相关信息，包含备案代理机构名单（不含律所）、备案代理机构名单（律所）、代理机构注销备案名单、代理机构已停止经营名单、行政处罚信息查询等信息。国内知识产权业务部分代理机构如表7-1-1所示。

表7-1-1　国内知识产权业务部分代理机构

名称	名称
中国国际贸易促进委员会专利商标事务所	成都九鼎天元知识产权代理有限公司
北京市柳沈律师事务所	四川省天策商标专利事务所
北京万慧达知识产权代理有限公司	四川力久律师事务所
北京三友知识产权代理有限公司	成都虹桥专利事务所
行之知识产权服务集团有限公司	成都市鼎宏恒业知识产权代理事务所
成都天嘉专利事务所	成都科海专利事务有限责任公司
成都惠迪专利事务所	泰和泰律师事务所
成都希盛知识产权代理有限公司	成都顶峰专利事务所（普通合伙）
上海专利商标事务所有限公司	成都环泰专利代理事务所

名称	名称
成都超凡明远知识产权代理有限公司	成都初阳知识产权代理事务所（特殊普通合伙）
重庆博凯知识产权代理有限公司	重庆中之信知识产权代理事务所（普通合伙）
重庆强大凯创专利代理事务所（普通合伙）	重庆百润洪知识产权代理有限公司
成都七星天知识产权代理有限公司	—

二、国外知识产权代理、法律服务机构

国外很多律师事务所都同时提供知识产权代理和法律服务。主要服务内容通常为知识产权代理和诉讼服务，以及知识产权咨询服务。国外知识产权服务机构信息的获取可访问智南针网，或者访问中国保护知识产权网获取海外知识产权服务机构信息和国内涉外知识产权服务机构信息。国外知识产权业务部分服务机构如表7-1-2所示。

表7-1-2 国外知识产权业务部分服务机构❶

名称	名称
KIRKLAND & ELLIS LLP	MORGAN, LEWIS & BOCKIUS LLP
FISH & RICHARDSON P. C.	EIP US LLP
LATHEM & WATKINS LLP	HOGAN LOVELLS INTERNATIONAL LLP
CROWELL & MORING LLP	SHEPPARD MULLIN RICHTER & HAMPTON LLP
CANTOR COLBURN LLP	WHITE & CASE LLP
LADAS & PARRY LLP	BAKER & MCKENZIE LLP
FINNEGAN, HENDERSON, FARABOW, GAR-RETT & DUNNER LLP	FOLEY & LARDNER LLP
	ORRICK, HERRINGTON & SUTCLIFFE LLP
THOMSON REUTERS (SCIENTIFIC) LLC	SEED INTELLECTUAL PROPERTY LAW GROUP PLLC
GREENBERG TRAURIG LLP	
NI, WANG & MASSAND PLLC	QUINN EMANUEL URQUHART & SULLIVAN LLP

---

❶ 本表根据指南针网海外知识产权服务机构名录提供的内容（网址为 http：//www. worldip. cn/index. php? m = content&c = index&a = lists&catid = 95&s = 1）和中国保护知识产权网救济指南提供的内容（网址为 http：//ipr. mofcom. gov. cn/list/bzzn/jjzn/1/cateinto. html）整理而成。

续表

名称	名称
BUCHANAN INGERSOLL & ROONEY PC	BIRD & BIRD LLP
BIRD & BIRD LLP	HUASUN PATENT – UND RECHTSANWÄLTE
BRISTOWS LLP	GULDE & PARTNER
ROUSE & CO. INTERNATIONAL LLP	PRINZ & PARTNER
R. G. C. JENKINS & CO	VOSSIUS & PARTNER PATENTANWÄLTE RE-CHTSANWÄLTE MBB
POTTER CLARKSON LLP	
VENNER SHIPLEY LLP	ZACCO GROUP
WITHERS & ROGERS LLP	GRÜNECKER PATENT-UND RECHTSANWÄLTE PARTG MBB
EIP EUROPE LLP	
DEHNS	EISENFÜHR SPEISER PATENTANWÄLTE RE-CHTSANWÄLTE PARTG MBB
ALBRIGHT IP	
BARKER BRETTELL	HOFFMANN EITLE
BOULT WADE TENNANT	ADVANT BEITEN
CAMERON INTELLECTUAL PROPERTY LTD	AUGUST DEBOUZY
ABEL & IMRY LLP	CABINET PLASSERAUD
DENNEMEYER	LLR
PINSENT MASONS LLP	CABINET BEAU DE LOMENIE
LINKLATERS LLP	CABINET LAURENT & CHARRAS
HOGAN LOVELLS INTERNATIONAL LLP	BIGNON LEBRAY
ANDERSON MORI & TOMOTSUNE	UGGC AVOCATS
TMI 総合法律事務所	GIDE LOYRETTE NOUEL
志賀国際特許事務所	LEFEVRE PELLETIER & ASSOCIES, AVOCATS
SHINJYU GLOBAL IP	BAKER & MCKENZIE LLP
杉村萬国特許法律事務所	DENNEMEYER
IBC 一番町弁理士法人	PACKFIC LAW FIRM
青山特許事務所	SHIN & KIMLLC
大江橋法律事務所	LEE & KO
弁護士法人黒田法律事務所	SHEPPARD MULLIN RICHTER & HAMPTON LLP
河野特許事務所	
HOGAN LOVELLS INTERNATIONAL LLP	

第二节　知识产权法律服务机构及仲裁、调解机构

一、国内知识产权法律服务机构

国内知识产权法律服务机构见前述国家知识产权公共服务网中包含律所的代理机构，一般可提供知识产权法律服务。国内部分知识产权法律服务机构如表 7-2-1 所示。更多法律服务机构信息可通过各地律师协会网站查询或者前述国家知识产权公共服务网站查询。

表 7-2-1　国内知识产权部分法律服务机构

名称	名称
北京清源汇知识产权代理事务所	北京律盟知识产权代理有限责任公司
北京大成律师事务所	上海大邦律师事务所
北京市磐华律师事务所	北京万慧达知识产权代理有限公司
北京高文律师事务所	北京三友知识产权代理有限公司
北京市柳沈律师事务所	北京金信知识产权代理有限公司
北京东正知识产权代理有限公司	北京正理知识产权有限公司
北京高文律师事务所	杭州五洲普华知识产权服务公司
上海专利商标事务所有限公司	山东千慧知识产权代理咨询有限公司
浙江裕阳知识产权代理有限公司	四川省天策商标专利事务所
超凡知识产权服务股份有限公司	成都七星天知识产权代理有限公司
北京市环球律师事务所	永新专利商标代理有限公司
江苏东银律师事务所	北京集佳知识产权代理有限公司
哈尔滨华夏松花江知识产权代理有限公司	北京中北知识产权代理有限公司
中国专利代理（香港）有限公司	广州新诺专利商标事务所有限公司
中伦律师事务所	四川力久律师事务所
君合律师事务所	金杜律师事务所
隆天知识产权国际专利商标有限公司	方达律师事务所
北京市隆安律师事务所	立方律师事务所

名称	名称
金诚同达律师事务所	泰和泰律师事务所
四川发现律师事务所	四川恒和信律师事务所
环球律师事务所	—

二、部分涉外/海外知识产权纠纷仲裁、调解机构

国内外部分知识产权纠纷仲裁、调解机构如表 7 - 2 - 2 所示。

表 7 - 2 - 2　国内外部分知识产权纠纷仲裁、调解机构

名称	地址
重庆市涉外知识产权调解中心	重庆市江北区建新北路 65 号重庆外经贸大厦 23 楼
粤港澳大湾区涉外知识产权调解中心	广东省广州市黄埔区香雪大道中 85 号 601 房
世界知识产权组织仲裁与调解上海中心	上海市浦东新区世纪大道 88 号金茂大厦 28 层
广州仲裁委员会	广东省广州市黄埔区，另设：中山分会、东莞分会
中国国际经济贸易仲裁委员会	①北京总会：北京市西城区桦皮厂胡同 2 号国际商会大厦 6 层；②上海分会：上海市浦东新区世纪大道 1198 号世纪汇广场 1 座 16 楼；③华南分会：广东省深圳市福田区中心四路 1 号嘉里建设广场 2 座 12 层；④天津分会（天津国际经济金融仲裁中心）：天津市河东区六纬路与大直沽八号路交口天津万达中心写字楼万海大厦第 18 层 1803 单元、1804 单元；⑤西南分会：重庆市江北区江北嘴聚贤岩广场 8 号力帆中心 1 号楼 15 - 5，15 - 6 浙江分会地址；⑥香港仲裁中心：香港中环雪厂街 11 号律政中心西座 5 楼 503 室；⑦浙江分会：浙江省杭州市延安路二轻大厦 A 座 10 楼；⑧湖北分会：湖北省武汉市武昌区小洪山东路 34 号湖北省科技创业大厦 B 座 11 楼；⑨福建分会（福建自贸区仲裁中心）：福建省福州市台江区闽江北 CBD 祥坂街 357 号阳光城时代广场 16 层 1602 号；

续表

名称	地址
中国国际经济贸易仲裁委员会	⑩江苏仲裁中心：江苏省南京市玄武区长江路 188 号德基大厦 31 层；⑪丝绸之路仲裁中心：陕西省西安市高新区丈八四路 20 号神州数码产业园五号楼 22 层；⑫四川分会：四川省成都市高新区天府大道中段 1577 号中国—欧洲中心 12 层；⑬山东分会：山东省济南市历下区龙奥西路一号银丰财富广场 2 号楼（B 座）301 室、304 室；⑭海南仲裁中心：海南省海口市美兰区国兴大道 15A 号全球贸易之窗大厦 1306 室
世界知识产权组织仲裁与调解中心（WIPO Arbitration and Mediation Center）	①瑞士日内瓦总部（34，chemin desColombettes，P. O. Box 18，1211 Geneva 20，Switzerland）；②新加坡办公室（Maxwell Chambers，32 Maxwell Road #02 – 02，Singapore 069115）

第八章　主要知识产权数据资源获取途径

第一节　专利数据获取途径

一、公共获取途径

1. 国家知识产权局中国专利公布公告系统

该系统包括了自 1985 年 9 月 10 日以来公布公告的全部中国专利信息，其检索功能可以按照发明公布、发明授权、实用新型和外观设计四种公布公告数据进行查询。数据主要包括中国专利公布公告信息，以及实质审查生效、专利权终止、专利权转移、著录事项变更等事务数据信息。

2. 国家知识产权局专利检索及分析系统

（1）收录数据齐全及多元化检索功能

该网站收录了多个国家、地区和组织的专利数据，包括引文、同族、法律状态等专利信息。其功能由检索板块与分析板块构成。检索板块具有常规检索、高级检索、命令行检索、药物检索、导航检索、专题库检索功能；分析板块具有维护分析文献库、申请人分析、发明人分析、区域分析、技术领域分析、中国专项分析、高级分析、日志报告功能。该系统支持多种语言版本，包括汉语、英语、法语、德国、俄语、西班牙语、日语、阿拉伯语、葡萄牙语。

（2）定期数据更新

该系统的中国专利数据每周二和每周五更新，滞后公开日 3 天；国外专利数据数每周三更新；引文数据每月更新；同族数据每周二更新；法律状态数据在每周二更新。

（3）PC 端访问

登录国家知识产权公共服务网，选择检索查询，即可进入专利检索及分析。

（4）手机访问

手机除了可以通过上述方式进入移动端页面，还能通过关注"国家知识产权局"微信公众号，点击底部"专利检索"进入该系统。

3. 外观设计专利检索公共服务系统

该系统数据涵盖中国、美国、欧盟、日本和韩国的外观设计专利，提供检索、分析、咨询功能。通过计算机图形图像识别与检索技术，可以对图形图像进行自动识别与基本判断，快速作出相同相近似的初步判断。该系统可以为创新主体提供外观设计专利申请前评估参考、授权后权利稳定性分析、在海内外市场的侵权风险分析、相关领域外观设计专利发展情况分析，以及业态发展动向跟踪等多维度参考信息。该系统面向全国各类知识产权公共服务机构开放，企业可联系相关公共服务机构提供服务。

4. 专利信息服务平台

该平台由知识产权出版社有限责任公司开发，数据范围为中国专利及国外专利（包括美国、日本、英国、德国、法国、加拿大、EPO、世界知识产权组织、瑞士等多个国家和组织），支持专利的法律状态、失效及运营信息等专业检索，用户可以自定义专题库、专题库导航检索进行专利管理。同时该平台还提供专利评估系统、专利分析系统、专利机器翻译、高价值专利挖掘系统，用户可以通过该途径全面深入地挖掘专利资料的战略信息，制订和实施企业发展的专利战略。该平台根据使用的功能不同分为免费用户和付费用户。在专利详情页面支持英语和日语翻译功能。

5. 国家重点产业专利信息服务平台

该平台由国家知识产权局牵头建设，为十大重点产业提供公益性的专利信息服务。产业包括绿色低碳、人工智能、种业、核心工业软件、数据库管理系统、芯片产业、中医药产业、稀土产业、汽车产业、钢铁产业、电子信息产业、物流产业、纺织产业、装备制造产业、有色金属产业、轻工业产业、石油化工产业和船舶产业等。在内容上涵盖有关技术创新重点领域的国内外数十个国家专利文献信息；在功能上，针对科技研发人员和管理人员，提供集一般检索、分类导航检索、数据统计分析、机器翻译等多种功能于一体的集成化专题数据库系统。

6. 美国专利商标局

美国专利商标局提供包括授权专利数据、公开专利申请数据、失效专利数据、专利权转移数据等专利数据检索服务。

7. 欧洲专利局

欧洲专利局提供免费的 Espacenet 专利数据库。该数据库包含世界范围内多件专利文档；数据时间跨度为从 19 世纪至今；提供世界 100 多个国家专利检索、同族专利检索、法律状态检索和引文检索。该数据库的检索和数据全文下载全部免费，并提供多个语言版本。

8. 日本工业产权信息与培训中心

该培训中心免费提供日本、欧洲和美国专利信息检索服务，包括专利审判信息、程序和审查进度等法律状态信息。

9. 日本特许情报机构（JAPIO）

该机构提供快速准确的专利程序文件副本，包括提交专利申请文件、上诉/异议文件、注册簿和引用文件。此外，还提供电子数据的电子邮件递送服务。

10. 韩国专利信息研究院（KIPI）

该研究院提供工业产权领域的重点数据，包括专利 – 商品联系信息（电气领域）、外观专利、实用新型公报、专利审判书信息、注册异议申请书信息等。

11. 世界知识产权组织 PATENTSCOPE 数据库

该数据库可从国际申请公布之日起进行全文检索，也可以对国家和地区专利局的专利文献进行查询。该数据库可以通过多种语言输入关键字、申请人名称、国际专利分类及其他检索条件来进行专利检索方式。该数据库每周五更新一次。

二、商业途径

1. 中国知网专利库

该数据库属于《中国学术期刊（光盘版）》电子杂志社有限公司，其收录了 1985 年至今的中国专利，包含发明专利、实用新型专利、外观设计专利三个子库。该数据库收录的海外专利包含美国、日本、英国、德国、法国、瑞士、世界知识产权组织、欧洲专利局、俄罗斯、韩国、加拿大、澳大利亚等国家和地区的专利。

该数据库可以通过专利申请号、公开号，专利名称、摘要、分类号、申请人、发明人、优先权等检索项进行检索，并能够一次性下载专利说明书全文并集成了与该专利相关的最新文献、科技成果、标准等信息，可以完整地展现该专利产生的背景、最新发展动态、相关领域的发展趋势，浏览发明人与发明机构更多的论述以及在各种出版物上发表的文献。

2. 大为专利搜索引擎

该搜索引擎属于保定市大正计算机软件开发有限公司，是集专利信息检索、下载、分析与管理为一体的平台，其最大特点是具有专利价值深度包检测（DPI）检索功能，并且所有的小语种专利均有英文翻译，具有可读性。

3. SooPAT 专利搜索引擎

SooPAT 专利搜索引擎整合了国家知识产权局互联网检索数据库、国外官方专利网站的数据，再加以人性化的调整，建立的专利数据检索系统，从而使用户可以通过熟悉的检索方法检索专利。该搜索引擎不用注册即可免费使用基本功能；若注册为该搜索引擎的会员，可进行个性化的设置。该搜索引擎还提供专利分析功能，可以对专利申请人、申请量、专利号分布等进行分析，且该功能免费。

4. 佰腾网

佰腾网属于江苏佰腾科技有限公司，该网站提供专利检索服务，包括专利最新的基本信息、费用信息、法律状态等，相似专利可以进行对比查看分析。

5. 智慧芽全球专利数据库

该数据库覆盖多个国家/地区，提供精准、多维度、可视化的专利和研发情报，以及专利著录项目和全文信息的机器翻译，专利权利转移、法律状态、复审、无效和诉讼、许可、海关备案、专利获奖情况等数据。其中，外观设计专利支持图像检索。该数据库还提供专利的技术分析、引用分析、诉讼风险分析、地域分析和价值分析等功能。该数据库每周更新一次。

6. 德温特专利情报数据库（DII）

该数据库以德温特世界专利索引（Derwent World Patent Index，DWPI）和德温特世界专利引文索引（Patents Citation Index）为基础形成的专利信息和专利引文信息数据库，是世界上最大的专利文献数据库之一，收录来自全球 40 多个专利机构（涵盖 100 多个国家）授权的 1460 多万条基本发明专利，3000 多万条专利情报，资料回溯至 1963 年。

7. incoPat

截至 2023 年 3 月，该数据库收录了全球 170 个国家、组织或地区的超过 1.7 亿件的专利文献。其数据采购自官方和商业数据提供商，并且对专利著录信息、法律、运营、同族、引证等信息进行了深度加工及整合，可实现数据的 24 小时动态更新。其整合了知识产权法律状态、诉讼信息、技术运营信息、海关备案、通信标准、国防解密专利等增值数据，检索字段超过 400 个，集成了专利智能检索、大数据库分析、批量下载、动态监视、在线学习等多个功能板块。

其特色在于，incoPat 的旗舰版整合了德温特世界专利索引全球数据，通过人工阅读，采用英语对专利的标题与摘要进行标引。同时，对现有同族信息中的错误进行纠正，识别具有相同发明点的专利同族。从发明的新颖性、独特性、改进点及其用途角度，重新撰写专利的标题与摘要，并以中文形式呈现，为中文用户提供全球唯一的中文版 DWPI 数据。

第二节　商标数据获取途径

一、公共获取途径

1. 中国商标网

中国商标网提供有关商标数据的查询，主要包括商标申请、注册、异议、评审、公告等。

2. 欧盟商标查询系统

该系统由国家知识产权局与广东省知识产权保护中心共建。是基于国家知识产权局与欧盟知识产权局签订中欧商标信息交换协议的成果。该系统提供按商标名称、申请人、申请号、申请日、国际分类的检索功能。可浏览商标的基本信息、商品与服务信息、优先权信息、分类信息、流程信息等。用户可对单条商标检索的结果下载。

3. 美国商标查询系统

可通过该系统搜索美国专利商标局的注册商标数据库和之前待处理的申请，以找到因商标混淆拒绝的可能性而阻止商标注册的标记。

4. 世界知识产权组织全球品牌数据库

该数据库涵盖非洲、北美洲、亚洲、南美洲、欧洲、大洋洲等商标申请、原产地名称、徽记等名称。该数据库提出商标的基本检索和高级检索功能，可按商标名称、品牌标志、商品和服务、商标所有人进行检索。

二、商业途径

1. 国方中国商标查询监测软件

该软件提供商标查询、商标比对、评审文书、商标检测、商标公告、商标分类、商标统计等服务。可通过中文、英文版本的图形要素、注册人、注册号、代理机构、指定商品服务等查询入口，查询结果一键导出，支持多个注册号批量查询。

2. 科睿唯安

科睿唯安是一家信息服务和分析公司，提供全球商标的筛查、检索、监测等服务。

第三节　地理标志数据获取途径

一、公共获取途径

1. 国家知识产权局地理标志

该网站提供用户检索与地理标志相关内容的功能，例如查看有关地理标志的通知公告、法律法规，以及申请受理进度的入口平台、国际互认互保和一些检索查询的入口。其中，地理标志产品通过地理标志保护产品批准公告检索；地理标志专用标志的使用企业可通过系统检索，须注意该系统的数据并非实时更新，有一定滞后性，仅供参考，不具有法律效力；以集体商标、证明商标注册的地理标志通过链接进入中国商标网上检索系统检索。

2. 郡县地标特产大全

该平台是地理标志保护与发展专业资讯和大数据平台，数据涵盖原产地特产资讯、地理标志、原产溯源等数据。

3. 欧盟知识产权局 GIview 数据库

该数据库由欧盟委员会农业和农村发展总局（DG AGRI）和欧盟知识产权局

（EUIPO）的合作项目，其可以检索所有受欧盟保护的地理标志。该数据库中还包括了通过双边和多边协议在欧盟层面保护的非欧盟地理标志，以及在非欧盟国家保护的欧盟地理标志。

4. 世界知识产权组织 Lisbon Express 数据库

该数据库是世界知识产权组织国际局根据里斯本体系保存的国际注册簿中登记的所有原产地名称和地理标志的数据。

二、商业途径

地理标志数据获取的商业途径为海中地理标志运营平台，该平台提供地理标志申报、数据获取、培训、品牌提升、产销对接等。

第四节 集成电路布图设计数据获取途径

集成电路布图设计数据获取途径主要为公共获取。国家知识产权局官方网站更新有集成电路布图设计公告数据，社会公众无须注册，可直接访问该网站查询集成电路布图设计专有权公告、集成电路布图设计专有权终止公告及集成电路布图设计专有权事务公告的数据。

此外，部分地区的知识产权公共信息服务平台将国家知识产权局公布的信息进行整合，也提供集成电路布图设计专有权信息的检索功能。例如，北京市知识产权公共信息服务平台，用户可以根据集成电路布图设计的名称、登记号等初步信息进行检索。